ㅇㅌㅂ젊은부자들
ㅠㅠㅡ

이 책을 만드는 데 도움을 준 유튜버 23인

1. 엔터 **[제이제이]** ⋯ 58만 명
2. 재테크 **[단희TV]** ⋯ 26만 명
3. 러시아어 콘텐츠 **[KyunghaMIN]** ⋯ 55만 명
4. 엔터 **[채채]** ⋯ 52만 명
5. 키즈 **[프리티에스더]** ⋯ 21만 명
6. 운동 **[제이제이살롱드핏]** ⋯ 56만 명
7. 영화 리뷰 **[리뷰엉이]** ⋯ 47만 명
8. 키즈 **[애니한TV]** ⋯ 총 73만 명
9. ASMR **[Miniyu ASMR]** ⋯ 51만 명
10. 사회 실험 **[JAUKEEOUT x VWVB]** ⋯ 90만 명
11. 키즈 **[유라야놀자]** ⋯ 총 124만 명
12. 국제 정치 **[효기심]** ⋯ 65만 명
13. 먹방 **[야식이]** ⋯ 67만 명
14. 테크 리뷰 **[양품생활]** ⋯ 12만 명
15. 요리 **[승우아빠]** ⋯ 23만 명
16. 지식, 에세이 관련 **[책 읽어주는 남자]** 콘텐츠 그룹 ⋯ 총 130만 명
17. 뷰티 **[itsjinakim]** ⋯ 31만 명
18. 한국 문화 **[한국언니]** ⋯ 73만 명
19. 국제 결혼, 다문화 **[MKH]** ⋯ 10만 명
20. 엔터 **[핫도그TV]** ⋯ 총 97만 명
21. 스타트업 **[EO]** ⋯ 8만 명
22. 재테크 **[신사임당]** ⋯ 28만 명
23. 테크 리뷰 **[최마태의 POST IT]** ⋯ 총 81만 명

* 여러 채널을 운영하는 유튜버의 구독자 수는 모두 합하여 표기하였습니다.

일러두기

책에 등장하는 크리에이터들의 정보(구독자 수, 조회 수 등)는
2019년 9월을 기준으로 작성하였습니다.

구독자 0명에서 억대 연봉을 달성한 23인의 성공 비결

유튜브 젊은 부자들

김도윤 지음

구독자 0명,
과연 유튜브로
돈을 벌 수 있을까?

세상에는 직업이라고 부를 수 있는 일이 무려 40만 개가 넘는다고 한다. 40만 개 이상의 직업적 고민이 세상에 존재한다는 얘기다. 지금 이 글을 쓰고 있는 내 직업은 인터뷰를 바탕으로 책을 쓰는 작가이다. 매년 한 권의 책을 쓰는 것을 목표로 하고 있기 때문에 연말이 되면 그다음 해에 어떤 책을 낼지 깊은 고민에 빠진다.

지난 연말의 풍경도 다르지 않았다. 여느 때처럼 다음 책 구상을 위해 사람들이 좋아하는 트렌드는 무엇인지, 영감이 될 만한 주제는 없는지 평소에 자주 보던 유튜브를 뒤지며 자료 조사를 하고 있었다. 그러던 중 불현듯 『연금술사』의 양치기 청년 산티아고가 보물은 원래 자신의 일상에 있었다는 것을 깨닫듯 내게도 작은 깨달음이 찾아왔다. 바로 다음 이야기의 소재가 멀리 있지 않다는 사실이었다.

전 세계에서 18억 명이 넘게 시청한다는 유튜브. 그러한 시대의 흐름에 맞춰 2018년, 우리나라 초등학생 희망 직업 순위 5위에 '유튜버'가 처음으로 등장했다. 영상 촬영 장비가 보편화되고 인터넷이 발전하면서 언제 어디서나 1인 미디어로 활동할 수 있는 바야흐로 '1인 크리에이터'의 시대가 열린 것이다.

하지만 그만큼 사회적인 부작용도 많다. 아무런 준비도 없이 유튜버가 되겠다는 각오 하나로 안정적인 회사를 나오는 사람이 있는가 하면, 구독자와 조회 수를 늘리기 위한 선정적인 영상이 경쟁처럼 늘어나고 있다. 잘나가는 부자 유튜버들의 수십억 대 연봉을 자신의 수익과 비교하며 박탈감을 느끼는 경우도 생겼다. 그리고 그 박탈감은 악플로 이어져 다시 여러 사람에게 상처를 주었다.

그렇다면 왜 사람들은 이런 부작용을 알면서도 유튜브에 관심을 보이는 걸까? 텔레비전에서는 볼 수 없는 솔직하고 신선한 콘텐츠를 만날 수 있어서? 지식 습득이나 학업에 도움이 되는 교육 콘텐츠를 접할 수 있어서? 물론 모두 맞는 말이다. 하지만 유튜브에 대한 대중의 지대한 관심을 들여다보면 그 근원에는 분명 '유튜브로 어떻게 저 많은 돈을 벌었을까?', '나도 유튜브로 수익을 낼 수 있을까?' 같은 생각이 자리하고 있을 것이라고 생각한다. 유튜버들의 수익과 수익 창출 방법에 대한 궁금증은 지금 대한민국 사회의 가장 큰 화두임에 틀림없다.

이런 시점에서 시대에 필요한 이야기를 전하는 직업이 작가라고 생각한다. 그래서 이 책을 통해 1인 미디어 시대, 유튜브라는 새로운 부의 추월차선에 올라탄 사람들의 수익 창출 노하우를 꼼꼼하게 정리하고 전달하고 싶었다.

이 책의 집필을 위해 분야별 톱 크리에이터를 직접 만나 인터뷰한 결과, 그들의 성공은 결코 '한 방의 운' 덕분이 아니라는 사실을 확인할 수 있었다. 그들은 유튜브라는 낯선 플랫폼에서 본인만의 독창적인 콘텐츠를 생산하기 위해 밤낮없이 치열하게 고민하고 있었다. 인터뷰를 진행하면 할수록 부자 유튜버에 대한 오해를 바로잡고 싶었고, 이들의 성공 노하우를 독자들에게 널리 공유해야겠다는 마음이 더욱 절실해졌다.

과거 나는 취업 준비생들에게 도움이 되는 책을 쓰기 위해 인사 담당자 100명을 만났고, 몰입에 대한 책을 쓰기 위해 올림픽 금메달리스트 33명을 만났다. 공부에 관한 책을 쓰기 위해 수능 만점자 30명도 심층 인터뷰했다. 다행히 지금 말한 책들은 모두 베스트셀러가 되었다. 판매량을 떠나 취업, 몰입, 공부에 대헤 내가 쓴 책보다 정리를 잘한 텍스트는 없다고 자부한다.

그러나 딱 거기까지였다. 분야의 전문가들을 만나고 좋은 책을 썼다고 해서 내가 남들보다 몰입을 잘하거나 공부를 잘하게 되는 것은 아니었다. 내용은 좋았으나, 내 스스로 경험한 내용은 아니어서 진정성 있게 호소할 수 있는 부분이 적었다. 그런 점에서 『유튜브 젊은 부자들』은 기존의 인터뷰를 토대로 쓴 다른 책들과 큰 차이점을 가진다. 바로 그 차이점이 여러분들에게 실질적인 도움을 제공할 것이다.

나는 『유튜브 젊은 부자들』을 집필하면서 큰 결심을 했다. 이 책을 보는 독자들과 똑같은 입장에서 구독자 0명으로 유튜브를 시작해보자는 것이었다. 톱 크리에이터들을 인터뷰하며 알게 된 숨은 성공 비결을 직접 적용하고, 스스로 성장해가는 과정을 보여주면 살아 움직이는 책이 될 수 있지 않을까?

사실 이 같은 도전은 나에게 큰 모험이었다. 글을 쓰는 작가로서, 말을 하는 강사로서 어느 정도 자리 잡아 가고 있는 상황에서 새로운 세상에 발을 내딛기란 결코 쉬운 일이 아니었다. 빠듯한 인터뷰 일정을 소화하는 가운데 유튜브 콘텐츠 생산을 위한 시간을 따로 내야 했고, 만약 내가 만든 채널이 망하기라도 하면 이 책의 생명력 또한 함께 사라지기 때문이다.

그럼에도 불구하고, 도서를 집필하면서 유튜브를 시작해야겠다고 결심한 데는 그만한 이유가 있다. 좀 더 많은 사람이 유튜브를 시작할 수 있도록 동기부여하기 위해서, 내가 직접 유튜브를 운영하면서 알게 된 팁을 사람들과 나누기 위해서였다. 백문(百聞)이 불여일견(不如一見)이라고 하지 않았는가. 톱 크리에이터들의 이야기를 듣고 직접 경험해야 그들의 노하우를 제대로 습득할 수 있다고 생각했다.

『유튜브 젊은 부자들』은 지난 1년 동안 직접 유튜버로 활동하면서 부딪혔던 난관들과 이를 해결하기 위해 만났던 톱 크리에이터 23인의 노하우가 합쳐진 한 편의 살아 있는 유튜브 드라마다. 내 경험만 나열하여 객관성을 잃거나, 23명 유튜버와의 인터뷰만 나열하여 지루한 구성이 되지 않도록 노력했다. 내가 직접 유튜브를 운영하면서 느낀 궁금증을 그들에게 물어보고, 함께 유튜브 스튜디오 앱을 보면서 어떻게 하면 좀 더 구독자를 늘리고 수익을 올릴 수 있는지, 궁극적으로 어떻게 하면 좀 더 행복한 유튜버가 될 수 있는지, 지난 1년간의 고민을 담은 실전 지침서다.

톱 크리에이터 23명은 내가 지금까지 만났던 올림픽 금메달리스트나 수능 만점자들과 확연히 달랐다. 26~53세까지의 다양한 나이대에, 사이버대에서부터 서강대, 워싱턴 주립대까지의 다양한 학력에, 직장생활 경험이 전혀 없는 사회초년생부터 베테랑 영업맨까지 정말 다양한 스펙트럼의 인물들이 포진해 있었다. 어쩌면 비주류라고 할 수도 있는 그들의 성공기에 마음속으로 박수도 보냈고, 유튜브란 세상은 우리네 현실과 달리 아직 개천에서 용이 날 수 있는 세상이 아닌가 하는 생각에 가슴이 설레기도 했다.

이 책을 통해 나는 성공한 유튜버의 수익과 운영 노하우가 궁금한 독자들에게, 유튜브를 시작했으나 수익 내는 법이 어려운 초보 크리에이터에게, 새로운 비즈니스 모델로 유튜브에 관심을 갖는 사람들에게, 1인 크리에이터를 시작해보려고 고민하는 사람들에게 억대 연봉을 버는 유튜버들의 비밀을 이야기하려 한다.

국내 크리에이터 1만 명의 시대, 누구나 뛰어들지만 아무나 성공할 수 없는 유튜브 판에서 어떻게 해야 구독자와 조회 수를 늘릴 수 있는지, 유튜브를 통해 수익을 늘릴 수 있는 방법은 무엇인지, 내가 직접 유튜브를 개설하여 1년 만에 연봉 1억을 달성할 수 있었던 노하우와 이렇게 되기까지 톱 크리에이터들을 만나 함께 고민했던 이야기를 공유할 것이다.

그럼에도 앞으로 들려줄 이야기에 흥미를 느끼지 못하는 사람이 있다면 먼저 다음 페이지의 표를 보아주기 바란다. 만약 표를 보고도 별다른 생각이 들지 않는 사람이라면 돈에 대한 욕심이 없는 자연인이거나, 돈을 벌 필요성을 못 느끼는 어마어마한 부자일 가능성이 높다.

	2015년	2016년	2017년	2018년	2019년
년 차	1년 차	2년 차	3년 차	4년 차	5년 차
1월	–	***,***	*,***,***	*,***,***	**,***,***
2월	–	*,***,***	*,***,***	*,***,***	**,***,***
3월	–	*,***,***	*,***,***	*,***,***	**,***,***
4월	–	*,***,***	*,***,***	*,***,***	**,***,***
5월	–	*,***,***	*,***,***	*,***,***	**,***,***
6월	–	*,***,***	*,***,***	*,***,***	**,***,***
7월	142,280	2,140,480	4,957,236	6,121,102	53,142,021 (21일까지)
8월	***,***	*,***,***	*,***,***	*,***,***	–
9월	***,***	*,***,***	*,***,***	*,***,***	–
10월	**,***	*,***,***	*,***,***	*,***,***	–
11월	***,***	*,***,***	*,***,***	**,***,***	–
12월	***,***	*,***,***	*,***,***	**,***,***	–
총합	*,***,***	**,***,***	**,***,***	**,***,***	***,***,***
연봉 상승 (전년 대비)		14.7배	2.2배	1.6배	3.7배

2015년 7월 월 수익 14만 원이었던 한 유튜버는 정확히 4년이란 시간이 지난 2019년 7월 월 수익 5,300만 원을 만들었다. 심지어 한 달이 채 되지 않은 21일치의 수익으로만 말이다. 세상에 대체 어떤 일이 단 4년 만에 한 달 수익을 약 379배로 성장시켜 준단 말인가. 그 모든 것을 위해 필요했던 자본은 늘 손에 쥐고 있던 스마트폰 카메라와 마이크 하나뿐이었다.

책은 이처럼 무일푼으로 시작한 유튜버들이 어떻게 구독자와 수익을 늘리고, 젊은 부자의 세계로 진입했는지 안내할 것이다. 구체적으로 PART 1에서는 유튜브라는 새로운 부의 수단에 대해 알아보고, PART 2에서는 월 수익 1,000만 원짜리 콘텐츠를 만드는 방법에 대해, PART 3에서는 유튜브 수익을 극대화하는 방법에 대해, PART 4에서는 고수익 유튜버들의 전략적 공통점이 무엇인지 알아볼 예정이다. PART 5에서는 유튜브라는 플랫폼으로 인생을 바꾼 젊은 부자들의 진솔한 얘기를, PART 6에서는 유튜브 수익성 안에 감춰진 위험과 그것을 돌파하는 방법에 대해, PART 7에서는 이제 막 시작하는 유튜버들에 대한 응원의 메시지가 담겨 있다.

그럼, 이제 유튜브 세계 속으로 들어가보자. 책의 마지막 페이지까지 영상을 끄지 않는다면 당신은 이 말의 의미를 진정으로 이해하게 될 것이다.

"1인 미디어 시대, 유튜브라는 부의 추월차선이 열렸다!"

목차

PART 1
유튜브 젊은 부자들의 시대가 열렸다

대한민국 유튜브 젊은 부자들 1~4

PART 2
월 1,000만 원 콘텐츠를 만드는 10가지 법칙

대한민국 유튜브 젊은 부자들 5~8

PART 3

유튜브 수익 100배 만드는 핵심 전략

대한민국 유튜브 젊은 부자들 9~11

PART 4

돈 잘 버는 유튜브 젊은 부자들의 5가지 공통점

대한민국 유튜브 젊은 부자들 12~14

PART 5

유튜브 플랫폼이 만든 젊은 부자들의 신화

대한민국 유튜브 젊은 부자들 15~17

PART 6
그럼에도 당신이 유튜버가 되기를
머뭇거리는 이유

대한민국 유튜브 젊은 부자들 18~20

PART 7
오늘의 유튜버가 내일의 유튜버에게

대한민국 유튜브 젊은 부자들 21~23

PART 1

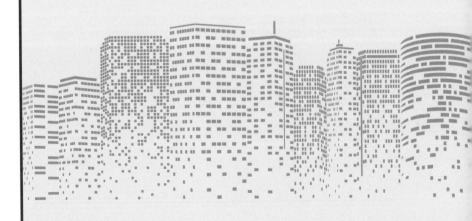

유튜브 젊은 부자들의
시대가 열렸다

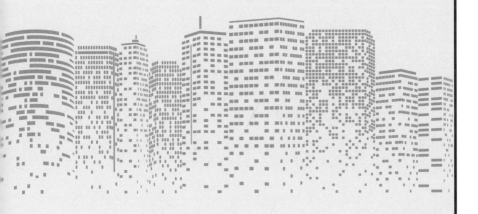

크리에이터가
억대 연봉을 버는 세상이 왔다

2010년대 초반까지만 해도 유튜브는 특정 분야 마니아들이 촬영한 B급 영상이 올라오는 사이트였다. 그러나 불과 10년도 채안 된 지금, 유튜브는 전 세계 18억 명이 시청하는 대형 미디어 플랫폼이 되었다. 그리고 그만큼 사회적으로 미치는 영향력도 커졌다. 여섯 살 유튜버 [보람튜브]의 회사는 청담동의 한 빌딩을 95억원에 매입했고, 73세의 박막례 할머니는 시가 총액 866조인 구글 CEO를 만났으며, 한 대기업 CEO는 임직원 조회에서 유튜브 영상을 틀었다가 물의를 빚어 결국 사임했다.

심지어 유튜브는 아직 전성기가 아니다. 교육부와 한국직업능력개발원이 조사 발표한 〈2018년 초 · 중등 진로 교육 현황〉에 의

하면 유튜버는 초등학생 희망 직업 5위에 올랐다. 현실적으로 모든 아이가 유튜버가 되지는 않겠지만, 그만큼 유튜브는 더 많은 유튜버와 구독자를 얻게 될 것이다.

이처럼 유튜브는 사람들이 시간을 가장 많이 보내는 플랫폼이 되며 세상에 큰 변화를 가져오기 시작했다. 그리고 그 변화의 물결은 내가 인터뷰한 23명의 유튜버에게도 수많은 기회를 가져다주었다.

순위	직업	비율(%)
1위	운동선수	9.8
2위	교사	8.7
3위	의사	5.1
4위	조리사(요리사)	4.9
5위	인터넷 방송 진행자(유튜버)	4.5

2018학년도 초등학생 희망직업 순위 (출처: 교육부)

프로 마술사로 12년 동안 활동하며 국제 무대에서 여러 차례 상도 받았지만, 군 입대로 인한 공백기를 거치며 마술사란 직업을 포기하고 치킨 배달을 하던 청년이 있었다. 그런 그에게 유튜브는 완전히 새로운 인생을 선사해주었다. 지금은 58만 명의 구독자를 가진 유튜버 [제이제이]의 이야기다.

처음에 그는 유튜브를 자신의 일상을 찍어서 올리는 취미 생활로 생각했다. 초반에 구독자가 워낙 늘지 않아서 구독자 1만 명을 찍었을 때 울면서 방송을 하기도 했다. 이를 계기로 [제이제이]는 비로소 언젠가 유튜브로 생계를 유지할 수 있는 날이 올 수도 있겠다는 희망을 품었다. [제이제이]에게 유튜브는 희망의 시작이었다.

어렸을 때부터 리포터가 되고 싶다는 생각밖에 없었던 유튜버 [채채]는 방송국에 서류만 내면 탈락하기 일쑤였다. 경력이 없어서 떨어진다는 생각에 단순히 경력을 만들기 위해 시작했던 게 유튜브였다. 하지만 유튜브를 시작한 이후로 더 이상 리포터 오디션을 보지 않게 되었다. 오디션을 안 봐도 될 정도의 경력이 쌓였기 때문이다. 오히려 유튜브를 보고 방송국에서 먼저 연락을 주기도 한다. 이제는 구독자 수가 52만 명이 된 [채채]에게 유튜브는 새로운 기회의 시작이었다.

50대 유튜버 [단희TV]는 '어떻게 살아야 의미 있는 삶인가'에 대한 고민이 많았다. 그는 먹고사는 문제가 어느 정도 해결된 뒤, 평생 하고 싶은 일이 무엇인지 찾기 시작했다. 고민 끝에 80세, 90

세가 돼도 자신의 이야기를 할 수 있고, 사람들과 소통할 수 있는 공간을 마련해야겠다는 생각에 유튜브를 시작했다.

"영상을 기획하고 촬영해서 올리는 모든 과정이 설레고 행복해요. 50대의 나이에 어디에서 이런 감정을 느껴보겠어요. 10대 때 느꼈던 설렘과 행복을 지금 다시 느끼고 있는 거죠."

이제는 구독자 수 26만 명이 된 [단희TV]에게 <u>유튜브는 설렘의 시작</u>이었다.

대한민국 최초 ASMR 유튜버 [Miniyu ASMR]은 어느 날 우연히 접한 해외 ASMR 영상을 보고 마음이 치유되는 듯한 묘한 매력을 느꼈다. 한국어로 된 영상을 찾았지만 없는 것을 보고 '그럼 내가 해볼까' 하는 마음으로 유튜브를 시작했다. 처음 1년 동안 쌓인 수익은 단돈 17만 원에 불과했다. 그러나 그만두기엔 이미 ASMR의 세계에 깊이 빠진 뒤였다. 이 일이 너무 재미있어서 그녀는 전업 유튜버의 길을 택했다.

"늘 제가 하고 싶은 일을 찾고 있었어요. 제대로 된 직업을 못 찾고 잠깐 취업했다가 그만두고, 잠깐 일하다가 그만두기를 한두 달 간격으로 반복했죠. 아르바이트를 하면서 스스로 '난 할 수 있는 게 아무것도 없다'는 생각이 들어 자괴감과 좌절을 많이 느꼈어요. 제가 인생의 실패자라고 생각했죠. 하지만 ASMR 방송을 시작한 뒤, 태어나서 이렇게 재미있는 일을 할 수 있다는 사실에 늘 감사하고 행복해요."

이제는 구독자 수 51만 명이 된 [Miniyu ASMR]에게 <u>유튜브는 삶에 대한 자신감의 시작</u>이었다.

친구들과 재밌게 놀기 위한 취미 생활로 유튜브를 시작했던 [신사임당]은 전직 방송국 PD였다. 유튜브는 자신의 경력을 지켜주는 길이면서도, 실패에 대한 위험 부담이 적다는 생각에 시작했다. 회사를 그만두고 쇼핑몰, 스튜디오 사업을 하고 있었기 때문에 PD로서의 경력 단절이 신경 쓰였던 것이다.

"유튜브를 해서 일정 수준 이상의 구독자를 모으면 나중에 뉴미디어 PD로 경력이 남으니까, 경력 단절이 아니잖아요."

이제는 구독자 수 28만 명이 된 [신사임당]에게 <u>유튜브는 경력을 이어나가기 위한 수단의 시작</u>이었다.

동국대 역사교육학 석사 학위를 받고, 학원에서 학생들을 가르치며 임용 시험을 준비하던 유튜버 [야식이]는 2012년부터 2014년까지 내리 시험에 떨어졌다. 수험 생활의 스트레스를 아프리카TV 먹방을 보며 풀던 어느 날, 그는 결심했다. '먹는 설 좋아하고, 심지어 잘 먹는 나야말로 먹방에 제격이다. 낮에는 공부하고 밤에는 먹방을 해보자'는 생각으로 방송을 시작했다. 그러던 2015년 어느 날 먹방 중에 시청자 한 명이 질문을 던졌다.

"야식이님, 임용 시험 접수해야 되는 거 아닙니까?"

찾아보니 이미 시험 접수는 끝나 있었다. 먹방에 너무 집중한 나머지 미처 시험 일정을 확인하지 못했던 것이다. 접수 기간을 놓쳐 시험을 못 본 이후, [야식이]는 전업 유튜버가 되기로 결정했다. 이제는 구독자 67만 명이 된 [야식이]에게 유튜브는 새로운 인생길의 시작이었다.

내가 만난 크리에이터 모두에게 유튜브는 새로운 기회로 들어가는 문이었고, 무한한 기회의 장이었다. 그러나 이들 중 누구도 어릴 적 꿈이 유튜버였던 사람은 없다. 그럴 수밖에 없는 것이 유튜브가 한국어 서비스를 시작한 때가 2008년이고, 한국에서 인기를 끌기 시작한 것은 불과 3~5년도 채 되지 않았기 때문이다. 말 그대로 유튜버란 직업 자체가 모두에게 생소했다.

이들에게 뛰어난 엔터테이너적 재능이나 영상 편집 실력이 있는 것은 아니었다. 평범한 사람들과 다를 바 없었던 이들이 유튜브에서 크게 성공할 수 있었던 이유는 어쩌면 일찍이 유튜브라는 기회를 알아본 통찰력과 도전하는 용기가 있었기 때문이지 않을까?

2005년 페이팔의 직원이었던 스티브 첸(Steve Chen), 채드 헐리(Chad Hurley), 자베드 카림(Jawed Karim)이 친구들에게 파티 비디오를 배포하기 위해 만든 플랫폼이 유튜브의 시초이다. 그리 대단하지 않은 이유로 만들어진 플랫폼이 이제는 사람들이 가장 많은 시간을 쏟는 플랫폼이 되었다.

기성세대는 여전히 좋은 대학을 나와 대기업에 입사하거나, 공무원이 되어 안정적인 삶을 사는 것을 성공의 지표로 생각한다. 그러나 세상은 이미 바뀌었다. 전 세계의 하루 유튜브 시청 시간은 10억 시간이 넘는다. 국내 사정도 다르지 않다. 와이즈앱의 2018년 4월 조사 결과에 따르면 모든 연령대가 스마트폰에서 가장 많이 사용한 앱은 유튜브였다.

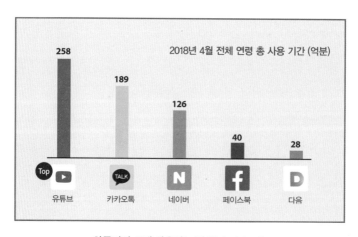

한국인이 오래 사용하는 앱 (출처: 와이즈앱)

또한 국내 사용자의 한 달 유튜브 이용시간은 총 333억 분으로 2017년과 비교하면 42%나 증가했다. 지금까지 이렇게 국가를 막론하고 폭발적인 성장세를 보인 플랫폼이 또 어디 있을까? 이제 거대한 부를 획득하는 수단이자 젊은 부자들의 성공 신화가 탄생하는 곳은 사람들이 가장 많은 시간을 쏟는 플랫폼, 유튜브가 될 것이다.

유튜브 젊은 부자들의 시대는 지금 막 시작되었다.

월 수익 6,000만 원을 버는
유튜버의 자본금은 0원

"나도 유튜브 해야겠어!"

결심을 하고도 실천에 옮기지 못하는 이유 중에는 촬영 장비가 없기 때문인 경우가 많다. 특별히 사진이나 영상에 취미가 없었던 사람은 대부분 카메라가 없을 것이고, 막상 새로 장만하려고 해도 가격이 비싸서 쉽사리 구매 결정을 내리기 어렵다. 심지어 야심차게 카메라를 구매한 사람들 중에는 사용법을 몰라서 포기하는 사람들도 있다.

내가 잘 알지 못하는 분야에 덜컥 수백만 원의 돈을 쓰는 건 누구에게나 망설여지는 일이다. 게다가 잘나가는 유튜버들을 보면 다들 최고급 DSLR과 미러리스 카메라를 사용하는 것 같다. 마치

나도 처음부터 좋은 장비를 사야 한다는 압박감을 느끼게 된다.

이는 유튜브에 국한된 이야기만은 아니다. 어떤 영역이든 처음 시작할 때는 부담감을 느끼게 마련이다. 지난해 공부 관련 도서를 출간하기 위해 수능 만점자 30명을 인터뷰했을 때 그들 중 한 명이 이런 이야기를 했다.

"수능 만점자라고 하면 학생들이 '수능 만점자는 원래 다르겠지'라고 생각하는 경우가 많아요. '하루에 12시간 공부했다' 이런 말을 들으면 사실 반감부터 들잖아요. 그런 이야기를 듣고 거부감이 들어서 아예 공부를 안 하는 친구들도 많았어요. 그런데 저도 처음부터 12시간씩 한 것은 아니에요. 수많은 시행착오 끝에 그렇게 할 수 있었던 건데 영상을 보는 학생들은 처음부터 완벽한 방법으로 공부해야 한다고 생각하더라고요. 시행착오는 누구에게나 있다는 사실을 알았으면 좋겠어요."

누구에게나 처음은 생소하고 힘들다. 이런 사실을 받아들이고, 내가 할 수 있는 것부터 시작해보면 어떨까? 유튜브 젊은 부자들 역시 당장 부담이 가는 촬영 장비를 사는 것보다, 바로 시작할 수 있는 장비를 활용해볼 것을 강력 추천한다.

가장 간편한 도구는 역시 스마트폰이다. 실제로 인터뷰했던 유튜버의 70% 이상은 스마트폰으로 영상 촬영을 시작했다. 지금은 좋은 카메라로 촬영한 영상과 고퀄리티의 편집 기술로 많은 사람들에게 사랑받고 있는 유튜버 [제이제이]는 구독자가 1만 명이 될 때까지 스마트폰을 메인 카메라로 사용했다. 구독자가 늘면 점차 좋은 카메라로 업데이트할 것 같지만, 꼭 그렇지만도 않다. 놀랍게도 아직까지 스마트폰을 사용하고 있는 유튜버도 많다.

먹방 유튜버 [야식이]의 촬영 장비는 정말 간소하다. 갤럭시 노트9, 마이크, 삼각대, 작은 책상이 전부다. 유튜브를 시작한 지 1년도 채 안 되어 구독자 수 28만 명을 달성한 유튜버 [신사임당]도 마찬가지다. 신사임당은 과거 방송국 PD 출신이기 때문에 좋은 장비를 쓸 거라고 생각했다. 그러나 그의 촬영 장비는 갤럭시 S10과 소니tx650 녹음기, 가판대에서 산 삼각대가 전부였다.

"제 유튜브에 출연하시는 분들이 제가 주섬주섬 장비를 꺼내면 깜짝 놀라요. 이걸로 찍는다고 생각을 못하시더라고요. 근데 생각해보세요. 스마트폰이 6인치 정도 되지 않나요? 심지어 유튜브 영상은 세로로 댓글을 보면서 시청하잖아요. 그럼 우리가 실제로 보는 영상의 사이즈는 2~3인치 정도란 말이죠. 그 안에서 FHD 화질로 보나, 4K 화질로 보나 큰 차이가 있을까요?"

유튜버 [신사임당]을 만나기 전까지만 해도 나 역시 좋은 영상을 제작하려면 좋은 카메라가 필요할 거라고 생각했다. 그러나 이 논리적인 의견 앞에 할 말을 잃었다. 세상이 바뀌었는데, 우리가 영상을 보는 시선은 여전히 두꺼운 브라운관 세계에 머물러 있었다. 고작 2~3인치 공간에서는 촬영 장비가 달라진다고 해도 시청자들은 눈치채지 못하거나 미세한 차이만 느낄 것이다.

무엇보다 요즘은 스마트폰 카메라의 기능이 일반 카메라를 능가할 정도로 우수하다. 유튜버들은 스마트폰이 휴대가 간편하다는 장점을 제외하더라도 기능이 뛰어나다는 이유로 사용하고 있다. 키즈 크리에이터 [애니한TV]는 좋은 촬영 장비들을 많이 갖고 있지만, 스마트폰을 주로 활용한다.

"지금 많이 쓰는 카메라는 갤럭시 S10+이에요. 이 카메라가 손떨림 방지 기능도 좋고 광각 촬영도 가능해서 크리에이터들에게 완전 안성맞춤이에요."

[신사임당]처럼 방송국에서 PD로 근무했던 크리에이터 [유라야놀자]도 마찬가지다. 캠코더, 미러리스 카메라, 액션캠 등 보유한 카메라가 총 7대가 넘지만, 스마트폰으로도 많이 촬영하고 있었다. 카메라를 전문으로 다루는 유튜버들조차 요즘 워낙 스마트폰 카메라가 좋아서 처음부터 무리해서 전문 카메라를 사지 않아도 된다고 의견을 모았다.

구독자들이 원하는 건 엄청난 해상도의 영상이 아니라 '친밀감'과 '콘텐츠의 질'이다. 화질이 더 중요했다면 지상파 방송국의 위상이 지금처럼 떨어지지는 않았을 것이다. 오히려 너무 좋은 촬영 장비는 시청자들에게 거부감을 불러일으킨다.

러시아 유튜버 [KyunghaMIN]은 카메라가 2대나 있지만 주로 스마트폰으로 촬영한다. 가끔 촬영 감독님이 텔레비전 지상파 방송에 버금가는 좋은 화질로 영상을 찍어줄 때도 있지만, 이런 영상들은 그녀가 혼자서 스마트폰으로 찍었던 영상보다 조회 수가 낮았다. 그녀의 일상 콘텐츠에 공감했던 구독자들에게 너무 좋은 화질의 영상이 낯설고 멀게 느껴진 것이다. [KyunghaMIN]은 화질보다도 구독자들과의 친밀한 관계가 중요하다고 말했다.

물론 늘어나는 구독자 수에 맞게 장비를 업그레이드하여 고화질의 영상을 제공하려는 노력도 필요하다. 그러나 좋은 카메라가 콘텐츠의 질까지 보장하지 않는다. 구독자들이 보고 싶은 것은 어디까지나 영상이 담고 있는 '내용'이다. 어떻게 더 나은 내용을 담을 수 있을지, 새로운 콘텐츠를 개발할 수 있을지 고민하는 것이 우선이다. 촬영 장비는 유튜버가 영상에 익숙해지고, 구독자 수가 쌓여 수익이 안정화될 때 업그레이드해도 충분하다. 유튜버 [채채] 또한 그런 경우다.

"처음에 영상을 찍을 때는 스마트폰으로 찍었고, 유튜브로 돈을 벌어 중고로 카메라를 샀고, 그 이후에 새 카메라를 하나 더 장만했어요. 이렇게 단계적으로 카메라를 구매할 수 있으니까 장비에 대한 걱정은 안 하셨으면 좋겠어요."

유튜브를 시작하기 전, 영상 촬영에 대한 무게감이 클 때는 촬영을 함께하는 카메라의 무게라도 가벼워야 한다고 생각한다. 또한 평소에 스마트폰으로 작은 것부터 영상으로 남기는 취미를 가지는 방법도 좋다. 들고 다니면서 촬영할 목적으로 샀던 DSLR이나 미러리스 카메라는 생각보다 무거워 시간이 지날수록 점차 두고 다니는 경우가 많다. 지금도 당장 중고나라에 검색해보면 새것 같은 촬영 장비가 실시간으로 올라온다.

영상을 촬영하는 일 자체가 부담되던 시절이 있었다. 무겁고 큰 카메라를 사야 했고, 배우는 것조차 쉽지 않았다. 하지만 이제는 누구나 스마트폰으로 촬영할 수 있고, 스마트폰 앱으로 편집도 가능한 시대가 되었다. 여전히 영상이라는 새로운 영역에 대한 진입 장벽이 있지만, 그 벽은 우리가 충분히 넘을 수 있을 만큼 낮아졌다. 우리가 넘어야 할 유일한 벽은 촬영 장비가 아니라, 새로운 분야에 대한 두려움이다.

딱 하루만 배우면
누구나 시작할 수 있는
초간단 동영상 재테크

유튜브를 시작하려는 많은 사람이 장비 다음으로 부담을 느끼는 것이 영상 편집이다. 카메라야 비싼 장비를 구입하면 내 실력과 무관하게 좀 더 높은 퀄리티의 영상을 만들 수 있지만, 영상 편집은 그렇게 녹록지 않다.

대표적인 영상 편집 프로그램으로는 윈도 OS 기반의 프리미어 프로, 맥 OS 기반의 파이널컷 프로X가 있는데, 이 프로그램의 이름조차 들어보지 못한 사람들이 유튜브를 시작한다는 것은 생각보다 쉽지 않다. 나 또한 유튜브를 시작하면서 가장 마음에 걸렸던 장애물이 바로 영상 편집이었다.

하지만 실제로 인터뷰에 응한 크리에이터들 중 영상 편집을 전혀 할 줄 모르는 채 유튜브를 시작한 사람의 비율이 52%나 되었다. 조금이라도 편집을 할 줄 알았던 사람의 비율은 48%였고, 영상 편집에 대해 제대로 알고 시작했던 사람은 고작 5명뿐이었다.

영상 편집에 대해 아무것도 몰랐던 52%의 크리에이터들은 유튜브를 시작하면서 동시에 영상 편집을 배워야 했다. 구독자 21만 명의 키즈 유튜버 [프리티에스더]는 영상 편집에 대해 전혀 몰랐다. 유튜브 책을 보니, 영상 편집을 배워야 한다고 해서 신촌역 근처에서 1:1로 3시간 정도 수업을 들었다. 프리미어 프로로 컷편집을 하고 자막과 BGM을 넣는 방법을 알려주는 기본적인 강의였다. 아주 기초적인 실력만으로 유튜브의 세계에 발을 들인 것이다.

국제 정치 소식을 전달하는 구독자 수 65만 명의 유튜버 [효기심] 또한 처음에 영상 편집은 아예 할 줄 몰랐다. 심지어 유튜브라는 플랫폼조차 이용한 적이 없었다. 유튜브에 처음 들어가 본 것이 2017년 2월이었고, 그다음 달부터 6개월 동안 영상 편집 교육을 들으며 유튜브를 시작했다.

프리미어 프로나 파이널컷 프로X와 같이 전문적인 영상 프로그램이 부담스럽다면 초보자용 편집 프로그램으로 유튜브를 시작할 수도 있다. 구독자 수 52만 명의 엔터테인먼트 유튜버 [채채]도 처음에는 윈도우 무비메이커로 편집을 했다. 그녀의 채널에서 조회 수가 400만 회가 나온 영상도 무비메이커로 편집한 것이다.

구독자 55만 명인 러시아 유튜버 [KyunghaMIN]은 아직 초보자용 프로그램을 사용하고 있다.

"저는 지금도 아이무비로 편집을 해요. MCN에서 저한테 프리미어를 사주겠다고 했는데 거절했어요. 저는 지금도 영상 효과를 잘 쓸 줄 모르고 편집을 잘 못해요."

누군가는 영상 편집이 어려워 머뭇거리고 있을 때, 이들은 자신이 할 수 있는 수준에서 일단 유튜브를 시작했다. 처음부터 프리미어 프로, 파이널컷 프로X로 시작하는 게 어렵다면 초보자용 편집 프로그램인 뱁션을 사용할 수도 있다.

유튜브를 하기 위해 유튜브의 도움을 받는 것이 가장 효율적일 수도 있다. 유튜브 젊은 부자들은 지금의 편집 능력을 갖추기까지 유튜브 영상을 시청하면서 많은 도움을 받았다고 말한다. 구독자 수 73만 명의 유튜버 [한국언니]는 자신이 기계치이기 때문에 더욱 유튜브에 의존했다고 한다.

"유튜브는 정말 좋은 플랫폼이에요. 촬영을 어떻게 하는지, 편집을 어떻게 하는지, 업로드는 어떻게 하는지, 어떤 태그를 넣어야 하는지도 알려준다니까요. 요즘엔 내가 살아가는 데 필요한 것들을 모두 유튜브에서 배울 수 있는 거 같아요."

물론 영상 편집을 할 줄 알았던 사람도 있다. 구독자 수 73만 명의 키즈 유튜버 [애니한TV]는 어린 시절 교회 청년부 활동을 하면서 처음 영상 제작을 배웠다. 아들 돌잔치 영상도 직접 만들었던 경험이 있어 영상 편집이 익숙했다. 구독자 수 58만 명의 엔터테인먼트 유튜버 [제이제이] 역시 처음에 어느 정도 영상 편집을 할 수 있었다. 하지만 지금처럼 잘한 것은 아니었다.

"처음 시작하시는 분들이 제 영상을 보고 그 수준으로 만들려고 하니까 어려울 수밖에 없을 거예요. 저도 처음부터 그렇게 잘 만든 건 아니었어요. 편집은 하면서 점점 실력이 늘더라고요."

한 가지 짚고 넘어가야 할 점은 유튜브 젊은 부자들의 영상 편집 능력은 프로급이 아니라는 점이다. 인터뷰했던 유튜버들 중 전문가 수준의 영상 편집 기술을 가지고 있는 사람은 거의 없었다. '영상 편집'이라고 하면 전문가의 영역처럼 보이지만, 하루만 제대로 공부해도 기본적인 기능은 다 익힐 수 있다. 편집 실력은 늘려나가는 것이지, 일반인이 범접하기 어려운 고유의 영역은 아니다.

톱 크리에이터들의 역량은 영상 편집이 아니라 유튜브 알고리즘을 파악하는 것에서 발휘되었다. 유튜브 시스템과 알고리즘을 이해해야 거기에 맞는 대박 영상을 만들 수 있기 때문이다. 유튜브가 어떤 영상을 추천하고, 어떤 영상을 선호하는지 파악하는 것이 가장 시간이 오래 걸리면서도 중요한 일이다. 유튜브 젊은 부자들은 지금도 유튜브 알고리즘을 분석하기 위해 고군분투하고 있다.

마지막으로 크리에이터 3명의 이야기로 유튜버 자질의 핵심을 전달하고자 한다.

▶ 리뷰엉이

"편집에 대해 아예 몰랐어요. 편집을 무슨 프로그램으로 하는지도 몰랐으니까요. 다행히 제가 가진 장점 중의 하나가 도전을 무서워하지 않는다는 거예요. 장애물에 막히면 그걸 어떻게든 뚫어보려고 노력하는 성격이라 유튜브를 할 수 있었던 것 같아요. 보통 사람들이라면 '아, 난 모르는 분야면 안 할래'라고 하거나 새로운 것에 대해 막연하게 두려움을 가지잖아요. 그걸 깨지 않는 이상 유튜브를 시작하는 건 어려울 것 같아요."

▶ 승우아빠

"편집을 할 줄 몰랐지만 유튜브 내에서 영상을 보고, 책도 읽으면서 많이 배웠어요. 제가 모르는 새로운 분야를 경험하는 걸 좋아하고 즐기는 편이거든요. 유튜버들 대부분이 영상에 관한 전문가가 아니더라고요. '저 사람들도 했으니까 나도 시간을 좀 투자해서 배우면 할 수 있지 않을까'라는 생각으로 시작을 했어요."

"모르는 분야에 대한 두려움보다는, 제가 아직 해보지 않은 영역에 대한 기대가 큰 편이에요. 또 무언가를 시작하기 전에 망설이기보다 일단 바로 실행하는 편이죠."

세 명의 유튜버의 말에서 공통점을 찾았는가? 이들과 유튜브를 하지 않는 사람과의 차이는 딱 하나였다. 능력도, 기술도 아닌 새로운 분야에 나를 던질 수 있느냐 없느냐의 용기.

유튜브를 하기 위한 세 가지 요소는 '기획, 촬영, 편집'이다. 그리고 많은 사람들이 이 세 요소에 대한 두려움과 불안 때문에 유튜브를 시작하지 못한다. 나도 그 마음을 잘 안다. 나 역시 카메라가 한 대도 없는 상황에서 영상 편집 기술도 모른 채 유튜브를 시작했기 때문이다. 하지만 새로운 세상이 열리고 있다는 것은 알았다. 그 새로운 세상은 아직 기회로 가득하다는 것을 내 눈으로 봤기 때문에 뛰어들지 않을 수 없었다. 전 세계 인구는 77억 명이지만 현재 유튜브에 개설된 채널의 개수는 2,430만 개에 불과하다. 어쩌면 앞으로의 시대는 채널을 가진 사람과 못 가진 사람으로 나뉠지도 모른다.

STORY 4

전 세계의 자본이
동영상 플랫폼으로 몰리고 있다

텔레비전이 집안의 부를 상징하던 시절이 있었다. 지금의 60대, 70대 노년층에게 어린 시절 텔레비전이 있는 집은 동네 아이들의 부러움의 대상이었고, 마을의 사랑채 역할을 하곤 했다. 그러다 전자 제품의 대중화로 어느 순간 "우리 집에 텔레비전 있다"라는 말이 어색한 시대가 되어 버렸다. 집집이 텔레비전이 있는 것은 물론이고 각 방마다 텔레비전이 있는 집도 숱하게 많아졌다. 이런 변화를 겪은 세대가 지금의 40대, 50대 중년층이다.

텔레비전은 영원히 우리의 친구로 남을 거라 생각했다. 설사 텔레비전의 위상이 줄어들더라도 텔레비전을 보지 않는 세상이 올 줄은 아무도 몰랐다. 그러나 지금의 10대, 20대 청년층은 더 이상 텔레비전을 보지 않는다. 각자 손안의 텔레비전인 스마트폰으로 유튜브 동영상을 시청한다.

무너지지 않을 것만 같았던 '네이버'의 위상도 흔들리고 있다. 어느 매체의 조사에 따르면 검색을 위해 유튜브를 사용하는 사람의 비율은 60%로 구글, 다음을 훌쩍 넘어 네이버의 뒤를 바짝 추격하고 있다. 그뿐만 아니라, 전 연령대에서 10명 중 6명, 10대 10명 중 7명이 정보 검색을 위해 유튜브를 사용한다고 한다.

순위	채널	검색 비율(%)
1위	네이버	92.4
2위	유튜브	60.0
3위	구글	56.0
4위	다음	37.6
5위	인스타그램	27.1

온라인 검색 이용 채널 순위 (출처: 나스미디어, 중복 응답)

그렇다면, 사람들은 왜 유튜브로 검색을 하는 걸까? 일단 쉽다. 텍스트나 사진만으로 이해하기 어려웠던 것을 영상으로 보면 쉽게 이해된다. [제이제이]는 사무실에 있는 텔레비전을 유튜브와 연결해서 보는 모니터로만 활용하고 있다.

"예를 들어, 커피 타는 방법이 궁금하다고 가정하면 블로그에 적힌 글을 보면서 하나하나 따라 하는 것보다, 어떻게 커피를 타는지 영상을 통해 귀로 듣고, 눈으로 보는 게 훨씬 이해가 빠르잖아요. 그래서 궁금한 것이 있으면 주로 유튜브로 검색해요."

비슷한 이름의 유튜버 [제이제이살롱드핏]도 같은 의견을 갖고 있다.

"영상에 익숙해지면서 글을 읽고 이해하는 것이 쉽지 않아요. 젊은 세대들이 책을 읽던 세대가 아니다 보니까, 글을 읽을 때 독해 능력이 떨어지고 마지막까지 집중해서 읽는 것도 어려워하더라고요. 그러다 보니, 누군가가 나에게 쉽게 이야기해줬으면 좋겠다는 수요가 쌓여 아주 사소한 리뷰도 영상으로 보는 시대가 되지 않았나 싶어요"

심지어 유튜브의 영상은 다른 매체보다 더 재밌고 확장성이 좋다. 왜 텔레비전을 보지 않고 유튜브를 보냐는 질문에 사람들은 대부분 "텔레비전보다 더 재밌다"고 대답한다. 실제로 유튜브는 한번 들어가면 나오기 힘들 정도로 각 크리에이터들의 편집 능력이 특화되어 있고, 방송통신위원회의 규제가 없어 지상파 방송보다 훨씬 흥미를 끌 만한 요소가 많다.

또한 유튜브 알고리즘 자체가 사람들이 유튜브라는 세상에서 벗어날 수 없게끔 만들어졌다. 하나의 주제에 대해 알고 싶어서 영상을 보기 시작하면 계속해서 관련 영상이 떠, 꼬리에 꼬리를 물고 시청하다 보면 어느새 한 시간이 훌쩍 지나가 있는 경우가 많다.

한번 편리함을 경험하면 다시 불편한 상태로 되돌아가는 것은 불가능하다. 그렇기 때문에 영상같이 직관적이고 몰입하기 좋은 콘텐츠는 앞으로 무서운 속도로 성장할 수밖에 없다. 누군가는 사람들의 저조한 독서량을 안타까워할 수 있지만, 지식을 습득하고 시간을 보낼 수 있는 도구로 책을 대신할 유튜브가 등장했다는 것은 큰 의미가 있다고 생각한다. 인간이 진화를 통해 지구에 살아남았듯이, 콘텐츠 또한 살아남기 위해 진화를 거듭해오고 있는 것이다. 글에서 이미지로, 이미지에서 영상으로 말이다.

이런 시점에 유튜버 [단희TV]는 새로운 기회를 누구보다 빠르게 포착했다. 텍스트나 이미지로 메시지를 전달하는 힘이 1이라면 영상으로 전달하는 것은 10 이상의 힘이 있다는 것을 일찍이 알고 있었던 것이다. 인스타그램, 블로그 같은 플랫폼은 텍스트나 이미지로 콘텐츠를 전달하는데, 유튜브는 영상을 통해서 전달하다 보니 똑같은 내용이라도 받아들이는 사람 입장에서 임팩트가 완전히 다를 수밖에 없다. 텍스트에선 드러내기 어려운 감정 표현도 영상에서는 그대로 전달할 수 있다는 장점도 있다.

"유튜브는 흡입력 자체가 다르더라고요. 요즘 젊은 사람들은 호흡이 긴 텍스트를 낯설어하고, 연세가 있는 분들은 눈이 안 보여서 작은 글자를 못 보잖아요. 연령별로 영상에 대한 수요가 있는 것이죠. 이건 한때 지나가는 유행이나 트렌드가 아니라 큰 시대적 흐름이에요. 제가 예전에는 페이스북, 블로그 등 다양한 SNS를 했었는데 유튜브가 등장하는 것을 보고 선택의 여지가 없었어요. 무조건 해야겠다는 생각이 들었죠."

그렇다면 유튜버의 생명은 영원한 것일까? 유튜버들은 유튜브의 전망을 어떻게 봤을까? <u>유튜브 젊은 부자들은 향후 최소 5년은 유튜브의 인기가 지속될 것이라고 말했다.</u> 사람들의 머릿속에는 이미 '영상=유튜브'가 되어 버렸기 때문에 네이버의 브이앱, 틱톡 등 여러 가지 동영상 플랫폼이 나왔지만, 아직 유튜브와 경쟁하기에는 어려워 보인다. 또 동영상은 글이나 이미지처럼 단순하지 않기 때문에 플랫폼을 만드는 데 많은 시간과 돈이 들어 대적할 만한 플랫폼이 나오는 것이 쉽지 않다.

구독자 10만 명을 보유한 유튜버 [MKH]는 말한다.

"유튜브의 대체재가 언젠가 나올 수 있겠지만, 사람들이 생각하는 것처럼 쉽게 바뀌지는 않을 거예요. 저는 그런 생각도 들어요. 나중에 시간이 더 지나면, 개인 페이스북 계정이 하나씩 있듯이 누구나 유튜브 계정도 하나씩 가지게 되지 않을까요?"

구독자 수 90만 명의 유튜버 [JAUKEEOUT x VWVB]는 새

로운 플랫폼이 등장하기에는 이미 구글이 너무 많은 것을 점유하고 있다고 말한다. 언젠가 VR이나 AR도 나오겠지만, 그것조차도 구글이 차지할 것이라고 예상한다. 미래에는 유튜브가 VR, AR 기능까지 추가된 더 발전된 동영상 플랫폼이 될 것이라는 전망이다.

물론, 언제까지 유튜브가 지금의 위상을 지킬 수는 없을 것이다. 영원할 것만 같았던 네이버, 페이스북의 인기도 예전 같지 않다. '싸이 감성'이라는 말이 있을 정도로 한 시대를 풍미했던 싸이월드 또한 이제 희미한 도토리의 추억으로 남아 있을 뿐이다.

유튜브도 조금씩 균열이 생기고 있다. 유튜브 라이브가 끊겨 '트위치'에 라이브 방송 시청자를 뺏기기도 하고, 채널 폐쇄, 수익 창출 정지 등 유튜브의 이해할 수 없는 정책에 불만을 가진 유튜버도 늘어나고 있다. 결국에는 유튜브도 무너질 것이다. 그러나, 여기서 가장 중요한 사실은 유튜브란 플랫폼이 대체된다고 해도, 동영상의 시대는 계속된다는 사실이다.

결코 해가 떨어지지 않는 영상의 시대에 1인 크리에이터의 미래가 밝다는 것은 확실하다. 한 시대에 가장 많은 사람들이 자신의 소중한 시간을 쏟는 곳에 수많은 비즈니스의 기회가 있지 않을까?

유튜브 업계에는 '2017년에 유튜브를 시작한 사람과 2018년에 시작한 사람의 구독자 수가 다르다'는 말이 있다. 시장을 먼저 선점하는 것이 그만큼 유리하다는 뜻이다. 아직 늦지 않았다. 2018년에 유튜브를 시작한 유튜버 [양품생활]은 말한다.

"유튜브라는 플랫폼은 영원하지 않을 수 있지만, 소규모 1인 방송 시장은 훨씬 더 커질 거 같아요. 그 안에서 자기만의 가치 있는 채널을 만드는 것이 큰 의미를 지니게 되는 순간이 분명히 온다고 생각합니다. 그래서 저도 미래를 위해 투자를 하고 있는 거죠."

이미 영상의 시대가 왔다.

유튜브는 돈을 제법 벌 수 있는
괜찮은 취미

돈도, 스펙도 없던 청년들이 유튜브라는 새로운 부의 추월차선에 올라타 고수익을 올리는 것은 물론 높은 삶의 만족감까지 누리고 있다. 직장인이라면 이 성공담에 혹해 당장이라도 다니던 회사에 사표를 던지고 유튜브를 시작해야 할 것만 같다. 하지만 절대 그래선 안 된다. 유튜버의 꿈은 퇴근한 뒤나 주말을 이용해 준비하고 아직은 본업을 그만두면 안 된다. 학교와 유튜브, 직장과 유튜브는 충분히 병행할 수 있다. 유튜브는 수익이 어느 정도 안정된 궤도에 오를 때까지 '부업의 개념'으로 생각하는 것이 좋다.

인터뷰를 하며 구독자 수 10만 명에서 120만 명까지 보유한 다양한 크리에이터를 만난 결과, 여전히 유튜브를 부업으로 하는 사람이 30.4%나 되었다. 그리고 거의 모든 유튜버가 입을 모아 전업 유튜버가 되는 것은 조심해야 한다고 말했다. 많게는 월 수익 1억 원이나 되는 크리에이터들이 왜 전업 유튜버가 되는 것을 조심해야 한다고 하는 걸까?

재테크 유튜버 [신사임당]은 유튜브가 잘되기 전에 퇴사할 필요는 없다고 잘라 말한다. 특히 대책 없는 퇴사는 절대 반대다.

"저는 지금 하루에 두세 시간 정도만 유튜브에 시간을 쓰고 있거든요. 그 두세 시간을 내기 위해서 회사를 그만둔다는 건 말이 안 되죠. 그리고 시간을 많이 쏟는다고 꼭 유튜브 콘텐츠가 뜨는 것도 아니에요."

ASMR 유튜버 [Miniyu ASMR]의 생각도 마찬가지다. 처음 시작하는 사람이 유튜브에 모든 걸 건다는 마음으로 시작하는 건 위험하다고 말한다. 본업을 병행하다가 잘되면 그때 고민해도 충분하다는 것이다.

나 또한 원래 하던 일을 그만두고 유튜브를 시작하라고 권하지 않는다. 유튜브는 본인의 일을 지속하면서 퇴근한 뒤나 주말에 충분히 시간을 내어 할 수 있는 영역이다. 잘 다니던 직장을 그만두거나 가정에 소홀해지는 건 유튜브에 대한 성급함이 만들어낸 잘못된 판단이다. 무엇보다도 본업이 가져다주는 고정 수입을 잃게 되는 순간 유튜브 창작 활동은 큰 영향을 받는다는 사실을 기억해야 한다.

요리 콘텐츠로 구독자 23만 명을 만든 [승우아빠]는 주변에서 이제 어느 정도 수익이 되니, 전업 유튜버가 되는 것도 괜찮지 않겠냐는 말을 많이 들었다. 이에 대한 그의 답은 단호했다.

"저는 절대 그럴 생각이 없어요. 유튜브 수익이 영원할 거라고 착각하시는 분들이 있는데 그렇지 않거든요. 제가 평소 한 달에 250만 원 정도의 유튜브 수익이 들어오다가, 지난달에 처음으로 800만 원까지 올랐어요. 거의 세 배 넘게 확 뛴 게 신기하긴 했는데, 그걸 보고 느낀 게 '다음 달은 100만 원이 될 수도 있겠구나'였어요. 세 배로 뛰는 데 이유가 없었거든요.

물론, 제가 지난번보다 영상을 많이 올린 것도 있지만, 시기적인 호재들이 많아서 조회 수가 높아진 영상들이 많았어요. 그건 제가 컨트롤할 수 있는 부분이 아니잖아요. 나의 의지와 상관없이 수익이 올랐으니까, 이 수익은 나의 의지와 상관없이 언제든지 곤두박질칠 수 있다는 거죠. 사실 3개월에서 4개월 전만 해도 250만 원을 벌 때는 유튜브 수익이 어느 정도 올라오면 전업으로 바꾸고 본격적으로 키울 생각이 있었어요. 그런데 오히려 수익이 확 올라가니까 위험하다는 생각이 먼저 들더라고요."

유튜버는 연예인하고 큰 차이가 없다. 연예인들도 한번 뜨면 각종 방송 섭외 및 광고로 수십억 원을 벌지만, 그 인기가 오래 가지 않는다. 몇 년 전만 해도 유명했던 연예인들 중에 지금 어디에서 뭘 하고 있는지 모르는 연예인도 많다.

[승우아빠]는 전업에 대한 생각을 내려놓은 뒤, 채널 운영이 훨씬 더 편해졌다고 고백한다. 그전까지는 '어떻게든 유튜브 채널을 키워 내가 하고 싶은 걸 해야지'라는 생각이 강했다. 그래서 조회수와 수익에 집착했다. 그러다 '유튜브는 돈을 제법 벌 수 있는 괜찮은 취미'라고 생각을 바꾸고 나니 마음이 편해졌다.

유튜버라는 직업은 다른 직업과 달리 특이한 점이 있다. <u>노동의 대가인 조회 수와 수익이 매일 업데이트된다는 점</u>이다. 만약, 전업으로 유튜브를 할 때 수익이 안정화되지 않은 상태에서 조회수나 구독자 수와 같은 수치에 집착하게 되면 수익에 민감해져서 스트레스를 받을 수밖에 없다.

물론, 전업 유튜버로 무리 없이 활동하는 사람도 있다. 국제 정치를 다루는 유튜버 [효기심]은 말했다.

"유튜브를 처음 시작할 때 제가 모아놓은 돈이 3,000만 원 정도 있었어요. 한 달 생활비를 100만 원 정도로 절약해서 쓸 경우, 약 2년은 연명할 수 있으니까 내 가치를 위해서 일단 한번 해보자는 생각이 들었어요."

그러나 그도 유튜브에 확신을 갖고 시작한 것은 아니었다. 유튜버가 되어 성공할 거라는 생각은 더더욱 없었다. 그저 열심히 하다 보면 언젠가 사람들이 알아봐 줄 것이라는 기대감은 있었지만, 그저 사람들이 무엇을 원하고 어떻게 영상을 만들어야 하는지 차차 알아가자는 생각으로 가볍게 시작했다. 초반 6개월 동안 유튜브에 관한 기본적인 교육을 들으며 유튜브 세상이 어떻게 돌아가는지, 알고리즘이 무엇인지, 데이터 분석은 어떻게 하는지 많은 공부를 했다.

"제가 2017년 11월에 한 달 수익이 8,000원이었어요. 그다음 달에 30만 원이 넘고, 그다음 달에 100만 원이 넘더라고요. 절대치로만 봤을 때는 팍팍 늘었어요. 국제 정치에 대해 설명해주는 유튜버가 거의 없어서 '내가 그 역할을 하면 좋지 않을까?' 이런 생각에 시작을 했는데, 어느 순간 먹고살 정도의 돈이 되니까 취업을 해야 되는 이유가 사라졌어요. '전업해도 괜찮겠네?'라는 생각이 들더라고요."

정말로 유튜브를 본업으로 하고 싶다면 영상 편집에 대해 많은 공부를 하고, 사람들이 어떤 영상을 좋아하는지, 트렌드가 어떻게 변할지 계속 학습을 하고 어느 정도 자리가 잡힌 뒤 전문 영상 편집자를 뽑아야 한다는 것이 [효기심]의 생각이다.

"유튜브는 초기에 들어가는 비용이 적잖아요. 그럼에도 불구하고 사람들이 유튜브 때문에 나가는 돈을 굉장히 아까워하세요. '왜 이런 것까지 내가 돈을 들여야 하냐'면서 한 푼도 투자하지 않으려고 하는 분들이 있어요. 저는 자영업으로 치킨집 여는 거랑 유튜브 채널 개설하는 거랑 똑같은 거라고 생각해요. 유튜브도 좀 더 진지하게 생각하고, 투자할 땐 투자해야 하는 부분이 있는 거죠."

그렇다면 부업인 유튜브를 본업으로 만드는 기준이 있을까? 구독자 수 10만 명을 보유한 [MKH]는 유튜브 채널에서 나오는 수익이 본업의 수익을 넘어가면 그때 전업으로 삼아야 한다고 했다. 그때부터는 내가 결정한 것인 만큼 막대한 책임감을 가지고 임해야 하는 것이다.

나 또한 같은 생각이다. 그래서 현재 취미나 부업으로 유튜브를 하고 있는 사람들에게 다음의 세 가지 조건이 충족될 때 전업 유튜버가 되라고 권하고 싶다.

첫째, 구독자 10만 명 이상
둘째, 월 수익이 본업의 수익보다 많을 경우
셋째, 6개월 동안 월 수익이 본업보다 계속 많을 경우

이 조건이 다 충족되었을 때 본업을 그만두어도 결코 늦지 않

다. 잊지 말자. 사표는 단 한 번밖에 낼 수 없다는 사실을 말이다. 유튜브를 시작해서 나쁜 건 전혀 없다. 다만, 본업으로 선택하는 것만큼은 좀 더 많은 고민을 해야 한다. 만약 고민의 시간 끝에 전업 유튜버의 길을 택하기로 했다면 [프리티에스더]의 말을 빌려 응원의 말을 전해주고 싶다.

"굉장히 힘들 수는 있지만 정말 인생을 한번 걸 만한 분야인 것 같아요. 인생을 걸고 도전하면 그만큼의 성과가 있을 거라는 믿음이 있어서, 저는 한번 도전해보라고 말하고 싶어요."

채널명	JayJay제이제이	구독자 수	58만 명
총 조회 수	1억 939만 회	주 콘텐츠	엔터, 리뷰, 먹방
카메라	파나소닉 GH5S, 파나소닉 G95, 소니 A6500 고프로 히어로7, 로지텍 C920, 삼성 갤럭시 S8 Plus		
마이크	로데 비디오마이크 프로 플러스, 줌 F1-SP 인프라소닉 UFO 블랙 에디션		
편집 프로그램	어도비 프리미어 프로, 포토샵, 애프터 이펙트		

2017년 4월, 유튜브에 첫 영상을 올리고 10개월이 지난 뒤인 2018년 2월에 구독자 1만 명을 겨우 만들었다. 하지만 그 뒤로 특유의 편집력과 웃음을 보여주면서 구독자 58만 명을 달성했다. 짜장면 배달부, 고시원 생활을 하며 힘든 시간을 보냈지만, 그 모든 시간을 시청자들과 함께 공유하며 이제는 사무실을 오픈하고, 큰 집으로 이사를 가는 등 역전의 나날을 보내고 있다.

채널명	단희TV	구독자 수	**26만 명**
총 조회 수	2,219만 회	주 콘텐츠	재테크, 힐링, 1인 기업
카메라	소니 A6400, 소니 AX40, 소니 AX100		
마이크	로데 링크 필름메이커 키트		
편집 프로그램	어도비 프리미어 프로		

1967년생 50대 중반의 크리에이터라서 성장 속도가 더딜 것 같지만, 유튜브를 시작한 지 불과 1년 만에 구독자 26만 명을 돌파했다. 그는 주 5일 영상을 올리기 위해 지금도 매일 아침 5시에 사무실로 출근한다. 그렇게 확보한 절대 시간 3시간으로 오늘도 바삐 영상을 생산해내고 있다. 시간이 없어서 유튜브를 하지 못한다고 말하는 사람들에게 좋은 모범이 되는 채널이다.

채널명	KyunghaMIN моя любовь россия		
구독자 수	55만 명	총 조회 수	3,856만 회
주 콘텐츠	한국에 관심 있는 러시아인들을 위한 러시아어 콘텐츠 (여행, 화장품, 문화, 케이팝, 음식)		
카메라	스마트폰, 캐논 G7X Mark 2, 소니 A6400		
마이크	-		
편집 프로그램	아이무비		

어렸을 때부터 전 세계를 여행하며 일하고 싶었다는 그녀는 지금 그 꿈속에서 살고 있다. 한국에 관심 있는 러시아인들을 위해 러시아어 유튜브 채널을 만들고, 그 안에서 다양한 콘텐츠를 만들어 소개하는 그녀는 러시아 대상 한국 유튜버 중 단연 1위다. 지금도 55만 명의 구독자가 그녀가 올리는 여행, 화장품, 문화, 케이팝 등의 콘텐츠를 기다리고 있다.

채널명	채채ChaeChae	구독자 수	52만 명
총 조회 수	1억 2,451만 회	주 콘텐츠	엔터
카메라	캐논 M50, 로지텍 C920, 고프로5		
마이크	소니 UWP-D11, 로데 비디오 마이크로		
편집 프로그램	어도비 프리미어 프로		

어렸을 때부터 리포터가 꿈이었다. 그런데 지원서를 내는 족족 떨어졌다. '경력이 없어서 불합격하지 않았을까? 유튜브를 통해 경력을 쌓으면 합격할지도 몰라' 라는 마음으로 시작했던 유튜브가 어느새 구독자 52만 명이 되었다. 유튜브를 시작한 이후로는 오디션을 아예 안 봤다고 한다. 오디션을 안 봐도 될 정도의 유튜브란 스펙이 생겼기 때문이다.

PART 2

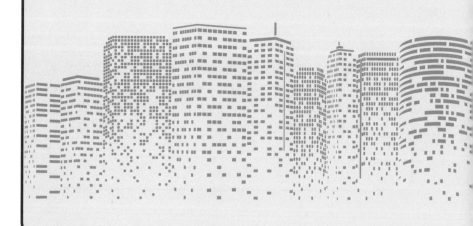

월 1,000만 원 콘텐츠를
만드는 10가지 법칙

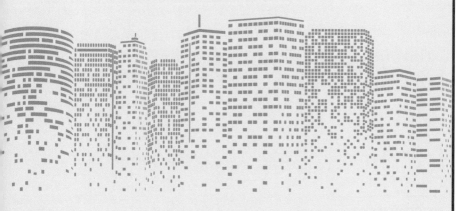

유튜브 채널의 콘텐츠는
이미 정해져 있다

유튜브 채널을 개설하기로 마음먹은 초보 유튜버들이 겪는 첫 번째 난관은 바로 '콘텐츠 주제 정하기'다. 게임, 엔터테인먼트, 먹방, 뷰티, 운동 등 유튜브에서 다룰 수 있는 콘텐츠는 너무 많아서 무엇을 선택해야 할지 혼란스러울 것이다.

하지만 어느 유튜버에게나 할 수 있는 콘텐츠는 이미 정해져 있다. 그것도 딱 두 가지로 말이다. 유튜브 젊은 부자들에게도 주어진 선택지는 동일했다. '내가 좋아하거나, 내가 잘하는 것'을 선택하면 된다.

순위	주제	비율(%)
1위	생활 콘텐츠(여행, 브이로그)	37.1
2위	리뷰/리액션	25.0
3위	뷰티/패션	22.2
4위	엔터테인먼트	18.5
5위	먹방	16.9
6위	게임	14.1

유튜브 주제별 콘텐츠 비율 (출처: 한국노동연구원, 2019.08 기준)

첫 번째 방법은 내가 좋아하는 것을 주제로 선택하는 것이다.
영화 유튜버 [리뷰엉이]는 말했다.

"콘텐츠의 주제를 선택할 때 가장 명확한 기준은 '내가 좋아하
는 걸 하자'였어요. 그때 제가 좋아하는 건 게임하고 영화밖에 없
었는데, 게임 영상은 엄청난 포화 상태였고, 영화 유튜버는 생각보
다 얼마 없더라고요. 물론 '영화 유튜버가 별로 없는 데는 이유가
있지 않을까?'라는 생각도 들었어요. 수익이 별로 안 된다거나, 채
널을 운영하기 어려울 수도 있는 거잖아요. 그래도 게임보단 영화
를 훨씬 더 좋아하니까 바로 영화를 선택하게 된 거죠."

요즘에 돈만 보고 유튜브를 시작하는 사람도 많다. 그런 사람
들은 생각했던 것보다 수익이 안 나거나, 어느 정도 수익이 되더라

도 유튜브에 시간을 많이 쏟아야 하는 순간이 오면 금방 떨어져 나간다. 결국, 지속 가능한 콘텐츠를 위해 가장 중요한 건 자기가 좋아하는 걸 하는 것이다. 중간에 포기하는 사람은 대부분 좋아하지 않는 분야를 선택한 경우가 많았다.

키즈 유튜버 [애니한TV]도 마찬가지 생각이었다.

"내가 좋아하고 관심 있는 걸 하는 게 가장 좋은 거 같아요. 그런 건 하루아침에 끝나지 않잖아요. 유튜브도 덕질하듯이 해야 하는 거 같아요."

많은 사람들이 당장의 조회 수를 올리는 데 급급해 전혀 고민하지 않은 채 사람들이 좋아할 법한 콘텐츠로 시작하면 단편적인 조회 수는 얻을 수 있을 것이다. 그러나 유튜브는 영상 하나로 승부를 볼 수 있는 곳이 아니다. 영상 하나의 조회 수는 낮더라도 내가 지치지 않고 즐겁게 올릴 수 있는 콘텐츠를 선택한다면 자동적으로 성실하게 업로드할 수 있을 거라는 게 모든 유튜버들의 의견이었다.

두 번째 방법은 내가 잘하는 것을 선택하는 것이다. 유튜버 [itsjinakim]은 사람들이 가지고 있는 재능을 살리는 것이 최고의 콘텐츠라고 말한다. 유튜브는 자기의 재능이 자연스럽게 표출되기 최적화된 곳이기 때문이다. 유튜버 [승우아빠]는 자신이 잘하는 걸 선택해야 하는 이유가 있다고 했다.

"자기가 제일 잘하는 거, 제일 잘 아는 내용을 선택해야 콘텐츠를 세분화시킬 수 있다고 봐요. 예를 들어 칼 얘기를 해도 야채용 칼, 고기용 칼, 일식용 칼 이렇게 나눠서 여러 편이 나올 수 있거든요. 잘 알면 그게 가능한데 모르는 사람들은 칼은 그냥 다 똑같은 칼이라고 생각하는 거죠. 본인이 잘 아는 분야를 파면 훨씬 더 많은 콘텐츠를 만들 수 있는 거 같아요."

이처럼 내가 하고 싶거나, 잘하는 분야를 생각해보고 그걸 콘텐츠로 삼는 것이 좋다. 그래야 지치지 않을 수 있다. 다만, 그 둘에 해당할지라도 너무 많은 시간과 비용이 들지 않는 콘텐츠여야 한다. 쉽게 접할 수 있고, 언제 어디서든 쉽게 할 수 있는 콘텐츠여야 한다. 예를 들어 '여행'이라는 콘텐츠를 하기 위해서는 여행 경비는 둘째 치더라도 항상 어딘가를 여행해야지만 촬영이 가능하다. 이처럼 너무 많은 제약이 있거나 시간을 뺏기는 콘텐츠는 결국 주기적으로 영상을 올리는 게 힘들기 때문에 피하는 것이 좋다. 유튜버 [제이제이살롱드핏] 역시 유튜브 알고리즘 상 손이 너무 많이 가는 콘텐츠는 피해야 한다고 말한다.

"유튜브는 좋은 영상을 한 달에 한두 개 올리는 것보다는 매일 하나씩 올리는 게 가장 좋거든요. 아직 사람들이 많이 다루지 않은 영상이면서, 나의 생활 공간 내에서 촬영 가능한 콘텐츠를 찾는 게 가장 중요해요."

가령 치킨집 사장님이 유튜브를 시작한다면 닭을 콘텐츠로 하거나 자영업과 관련된 이야기부터 시작하는 것이 좋다는 것이다. 콘텐츠는 일상에서 쉽게 접할 수 있는 것에서부터 시작하면 된다. 유튜브 채널의 힘은 어디까지나 지속적으로 올라오는 영상의 수에서 나온다.

카메라, IT 기기 리뷰를 통해 81만 명의 구독자를 보유한 유튜버 [최마태의 POST IT]는 유튜브 콘텐츠로 좋아하거나, 잘하는 것을 주제로 삼아야 하는 이유를 이렇게 설명한다.

"콘텐츠라는 것은 만들면 만들수록 무궁무진해서 조금만 고민하면 단발성으로 끝날 수가 없어요. 당장 수익이 나지 않더라도 나태해지지 않고 꾸준히 영상을 찍을 수 있는 마음가짐이 가장 우선이에요. 이런 성실함을 지탱해주는 원천은 바로 내가 좋아하거나, 잘하는 콘텐츠 그 자체인 거죠."

유튜브를 시작하면 사람들이 알아서 영상을 클릭하고 '좋아요'를 누를 것 같지만 결코 그렇지 않다. 연예인들이 유튜브를 시작해도 구독자 수 모으기가 어려운 것이 유튜브의 현실이다. 유튜브 젊은 부자들 역시 처음에 채널을 개설했을 때만 해도 아무도 알아봐주지 않는 것 같아 조바심이 났다. 하지만 누구도 들여다보지 않는 채널에 꾸준히 영상을 올릴 수 있었던 이유는 그들이 좋아하거나,

잘했던 분야를 선택한 덕분이었다. 이런 꾸준함이 있었기에 사람들의 클릭이 더해지고, 점차 많은 사람들이 몰리게 되었다. 본인이 좋아하지 않지만 사람들이 좋아할 만한 콘텐츠의 영상으로 유튜브를 시작하게 되면 가장 빨리 지치는 것은 자기 자신이다.

냉정하게 말해서 좋아하는 분야나 잘하는 것이 없다면 유튜브를 굳이 하지 않는 것이 좋다. 영상은 억지로 만든다고 해서 만들어지는 게 아니기 때문이다. 유튜버 [한국언니]는 말한다.

"콘텐츠는 이미 자기 안에 있어요. 본인이 가장 잘 알 거예요. 지금 머릿속에 떠오르는, '이걸 해야겠다!' 하는 걸 주제로 삼으면 되거든요. 만약, 아무리 생각해도 떠오르는 게 없으면 하면 안 돼요. 하고 싶은 것이 없는데 억지로 유튜브를 해서 성공하는 사람을 저는 못 봤어요."

다만, 그런 역량이 없다고 해서 너무 좌절하지는 말자. 어쩌면 본인이 가진 재능을 스스로 모르고 있을 수도 있다. 2019년에 갑작스럽게 구독자가 86만 명으로 증가한 인기 유튜버 [진용진]은 원래 유튜브 영상 편집자 출신이었다. 초반에 주로 영상 편집에 대해 알려주는 영상을 제작해서 올렸는데, 어느 순간 '그것을 알려드림'이란 이색적인 콘텐츠로 떴다. 분명히 본인이 가지고 있는 재능이었는데, 시청자들이 먼저 알아본 것이다.

유튜브 젊은 부자들은 유튜브를 시작할 때 최소한 구독자들이 콘텐츠에 대해 어느 정도 관심이 있는지를 철저히 분석했다. 유튜버 [핫도그TV]는 지속 가능한 콘텐츠를 만들기 위해 유튜브 내에서 꼼꼼하게 트래픽 조사를 한 뒤 이를 기반으로 영상을 만든다.

"예를 들어 제가 스케이트보드 타는 것을 좋아한다고 가정해볼게요. 그런데 스케이트보드라는 콘텐츠가 유튜브에서 성공할 수 있을지는 따져 봐야 된다는 거죠. 제가 알기론 스케이트보드 하나만으로는 안 돼요. 그걸 알아야 해요."

스케이트보드로 콘텐츠를 만들 수 있을지 고민해보기 이전에 사람들이 지속적으로 볼 수 있는 콘텐츠인지는 먼저 따져 봐야 되는 것이다. 아무리 내가 좋아하는 분야일지라도 너무 마이너한 분야라면 사람들의 사랑을 받기 힘들다.

다만, 유튜버 [제이제이]는 구독자들의 기호에 맞춰주느라 내가 어떤 사람인지 잊어선 안 된다고 말한다. '남들이 어떻게 볼까'를 신경 쓰는 게 아니라, '내가 진짜 궁금한 것인가'를 기준으로 콘텐츠 소재를 정하는 것이 이상적이다. 시청자들도 '이 유튜버는 진짜 이 소재에 대해 호기심을 갖고 알고 싶어 하는구나' 느껴야 반응한다. 유튜브 시청자 이전에 내가 무엇을 원하는지 먼저 알자. 내 영상의 첫 번째 시청자는 언제나 나 자신이다.

구독자를 끌어모으는
트렌디한 기획의 조건 5가지

기획, 촬영, 편집에서 가장 중요한 것은 무엇일까? 당연히 기획
이다. 기획 없이 영상을 만들면 전체적인 방향성이 없어서 촬영할
때는 물론이고 편집을 할 때도 애를 먹는다. 유튜버 [리뷰엉이]는
기획이 제일 중요하다고 말한다.

"기획에서 망가지면 촬영, 컷편집, 내레이션, 음악을 아무리 잘
해봤자 소용이 없는 거 같아요. 첫 단추를 잘 꿰어야 된다는 말이
있잖아요. 저는 기획 단계에서 영상의 전체적인 상이 다 그려져요.
'아, 이거는 내레이션이 어느 타이밍에 나와야 하고, 무슨 음악이
어울리겠구나' 심지어 사람들의 반응까지 예측이 돼요."

유튜버 [최마태의 POST IT] 역시 촬영, 편집은 자신을 대체할

사람을 찾을 수 있어도 기획만큼은 누구에게도 양보할 수 없는 본인 고유의 영역이라고 했다.

기획이 약하면 유튜브에서 가장 중요한 '시청 시간'을 잡는 것이 어려워진다. 촬영이나 편집을 아무리 잘해도 기획 단계에서 사람들에게 전달할 메시지가 명확하게 드러나지 않으면 죽은 영상이 된다.

그렇다고 기획이 전문가만 할 수 있는 대단한 영역은 아니다. 내가 할 수 있는 것 중에 '사람들이 무엇을 가장 재밌어할까?' 고민하는 과정이 곧 기획이다. 전혀 어렵게 생각할 필요가 없다.

그렇다면, 유튜브 젊은 부자들은 어떻게 기획을 할까?

첫 번째 방법은 자신의 일상생활에서 기획 아이디어를 얻는 것이다. ASMR 유튜버 [Miniyu ASMR]은 이 분야의 전문가이다.

"병원을 가든지, 식당을 가든지 어딜 가도 늘 'ASMR 상황극이 될 수 있을까?' 연관 지어 보는 버릇이 있어요. 거기서 들은 이야기나 상황을 최대한 기획에 접목해보고 있어요."

뷰티 유튜버 [itsjinakim]은 주변에 외국인 친구들이 많아 그들과 이야기를 하면서 아이디어를 많이 얻는다. 특히 외국인 친구들이 한국에서 생활하면서 불편했던 점을 말해주면 그걸 메모장에 적어놓았다가 콘텐츠로 활용할 때가 많다. 유튜버들에게 모든 일상은 하나의 소재다.

두 번째로 많은 방법은 독서, 영화, 뉴스 등의 자료를 보는 것이다. 유튜버 [단희TV]는 신문 기사를 통해 200만 조회 수의 영상을 만들었다.

"유튜브 소재로 가장 좋은 게 뉴스 기사예요. 저는 관심 있는 특정 키워드로 검색을 해서 뉴스 카테고리를 쭉 봐요. 뉴스는 실시간으로 올라오고, 기자들도 이슈성이 있는 걸 앞다퉈 다루기 때문에 매력적인 콘텐츠가 될 수 있어요. 제가 올린 영상 중에 조회 수 1위가 '은퇴한 5~60대는 하지 말아야 할 것'인데 조회 수가 250만 회 정도예요."

유튜버 [단희TV]가 언젠가 읽었던 신문 기사에는 '50대의 비참한 삶'이라는 내용이 담겨 있었다. 50대의 현실적인 얘기가 녹아 있어 '이 내용은 터지겠다' 싶었다. 단순히 비참하게 사는 50대의 현실을 다루는 것에 그치지 않고, 거기에 '노후에 5가지만 조심하세요'라는 노후 대비에 대한 정보까지 제시하여 큰 인기를 얻었다.

그 외에도 유튜브 젊은 부자들은 책, 영화, SNS, 웹서핑 등을 통해 콘텐츠가 될 만한 것들을 닥치는 대로 메모하는 경우가 많았다. 그중에 하나라도 자신의 콘텐츠와 연결될 소재를 찾기 위한 노력이었다. 심지어 국제 정치 관련 영상을 올리고 있는 유튜버 [효기심]은 '왜 히틀러가 유대인들을 학살했는지' 영상을 만들기 위해서 논문만 25편을 봤다.

세 번째는 최신 트렌드를 따르는 것이다. 어느 정도 조회 수를 확보할 수 있는 가장 좋은 방법이다. 한국에 관심 있는 러시아인들을 위한 콘텐츠를 제작하는 유튜버 [KyunghaMIN]는 사람들의 현재 관심사를 파악해 영상으로 만든다.

"지금 러시아에서는 미백 크림이 되게 유행이거든요. 그래서 '한국 여자들은 어떻게 미백을 할까?'를 주제로 콘텐츠를 만들었어요. 우선 피부가 왜 까맣게 되었는지 원인을 파악하고, 이를 개선할 수 있는 관련 제품을 찾아 어떻게 하면 오랫동안 하얗게 유지할 수 있는지의 내용을 담는 거죠."

요리 유튜버 [승우아빠]는 트렌디한 영상을 만들어야겠다고 결심한 계기가 있었다. 원래 한 달 치 계획을 세워 영상을 찍은 뒤 오래 보관하곤 했는데 이렇게 하다 보니 트렌드에 민감하게 대처하기가 어려웠다. 특히 유튜브는 유행의 주기가 일주일 정도라 일주일만 지나도 사람들이 지난 키워드에 대해 검색을 안 한다. 트렌드 변화 속도가 엄청나게 빠른 것이다. 예를 들어, 오늘 인기 있는 주제로 영상을 찍었는데 2~3주 있다가 올리면 그 영상은 묻히고 만다. 가급적이면 오늘 찍어 내일 올리는 시스템이 트렌드 검색에 가장 활발하게 노출될 수 있다.

[승우아빠]는 최근 커뮤니티에서 닭껍질이 이슈가 되는 것을 보고 그날 바로 영상을 만들어서 올렸다. 그때 트렌드 검색을 통해

조회 수가 확 늘어나는 걸 몸소 체험할 수 있었다.

"트렌드를 최대한 빠르게 캐치해서 재빠르게 올리면 백발백중
이에요."

네 번째 방법은 다른 크리에이터들의 영상을 시청하는 것이
다. 자신과 같은 분야에서 조회 수가 높은 영상을 시청하거나, 톱
크리에이터들의 영상을 보는 경우가 많았다. 사회 실험을 다루는
유튜버 [JAUKEEOUT x VWVB]는 ASMR부터 슬라임 제작까지
다양한 영상을 보기 위해 노력한다. 키즈 유튜버 [프리티에스더]
는 톱 유튜버들의 소통과 편집 능력을 배우기 위해 영상을 참고하
고 있었다.

"저와 같은 키즈 카테고리에 있는 영상은 국내외를 가리지 않
고 많이 모니터링해요. 톱 크리에이터의 경우 [보겸TV] 채널을 많
이 봐요. 시청자들과 원활하게 소통하는 모습이 보기 좋고, 콘텐츠
의 속도감이 빠르게 편집을 참 잘하는 것 같아요."

다섯 번째 방법은 시청자들의 의견과 댓글에서 좋은 아이디어
를 얻는 것이다. 운동법과 다이어트를 다루는 유튜버 [제이제이살
롱드핏] 역시 구독자들의 댓글에서 아이디어를 얻는 경우가 많다.
특히 댓글에서 공통적으로 고민이라고 얘기하는 부분이 있으면

유심히 살펴본 후 그 내용에 대한 해결 방안을 영상으로 기획한다.

러시아어 콘텐츠를 올리는 유튜버 [KyunghaMIN]도 같은 방법을 활용하고 있었다.

"제가 다른 영상 콘텐츠를 많이 참고하기도 하지만, 구독자들이 먼저 댓글로 제안을 많이 해주세요. 예를 들어 '한국에서 남녀 관계는 어때?'라고 여러 명이 중복으로 물어보면 그걸 주제로 영상을 찍는 거죠."

인터뷰를 바탕으로 스타트업, 혁신 관련 콘텐츠를 만들고 있는 [EO]는 아예 구독자를 대상으로 리서치를 실행하고 있었다. 실리콘밸리에 가서 디자이너를 인터뷰하게 되었을 때도 실제 현업에 있는 디자이너들이 궁금해하는 내용을 질문으로 받았다. 본인이 디자이너가 아니어서 혼자의 생각으로는 디자이너가 100% 만족하는 콘텐츠를 기획할 수가 없다고 생각했기 때문이다. 그리고 인터뷰이에게 질문을 할 때도 현업에 있는 디자이너들이 이런 고민을 가지고 있다고 설문지를 직접 보여준다. 그렇게 해서 인터뷰이가 한국에 있는 디자이너에게 직접 답변하는 느낌이 나도록 한다.

"디자이너가 일반인한테 할 수 있는 얘기는 한계가 있는데, 선배 디자이너가 후배 디자이너에게 하는 얘기는 그 깊이부터가 다르잖아요. 답변 내용도 훨씬 더 자연스럽고요. 인터뷰 영상을 찍을 때는 늘 이렇게 구독자에게 데이터를 많이 얻고 있어요."

위의 다섯 가지 방법을 활용해 콘텐츠를 기획할 때 가장 중요한 것은 결국 '시청자들이 좋아하는 것'을 얼마나 잘 살릴 수 있느냐였다. 영화 유튜버 [리뷰엉이]는 리뷰 할 영화를 선택할 때 본인이 재미있게 봤거나, 사람들이 좋아하는 영화 둘 중에 하나를 고르는데 이것이 엄청난 딜레마다.

"마냥 제가 좋아하는 걸 한다고 하면 고전 영화 리뷰도 많이 하고 싶은데, 고전 영화를 다루게 되면 사람들이 많이 안 찾거든요." 엔터테인먼트, 먹방 콘텐츠로 97만 명의 구독자를 모은 [핫도그 TV]의 생각도 마찬가지다.

"일단 '우리가 무엇을 하면 재밌을까' 중심으로 생각을 해봐요. 그다음에 그 콘텐츠를 이미 했던 사람이 있는지 트래픽 조사를 싹 해요. 그다음 우리가 재밌다면 과연 남들도 재밌어할지를 따져요. 조회 수가 잘 나왔던 영상을 보면서 어떤 부분을 우리가 더 잘할 수 있는지, 어떤 부분은 우리가 조심해야 되는지 면밀하게 검토하고 기획안을 작성하죠."

유튜브 젊은 부자들도 처음에는 기획이 어려웠다. 하지만 방송을 하다 보니 시청자들이 무엇을 원하고, 무엇을 좋아하는지 자연스럽게 체득할 수 있었다. 그리고 점차 경험과 직감만으로도 시청자들이 좋아할 만한 콘텐츠를 찾는 능력을 갖추게 된 것이다.

인기 급상승 동영상
TOP10의 공통점은
오직 '생동감'

앞서 기획이 가장 중요하다고 말했지만, 촬영 또한 기획만큼이나 중요하다. 유튜버 [제이제이]는 "다들 제 영상을 보고 편집을 잘해서 재미있다고 하는데, 편집에서 컷을 나누는 지점인 편집점조차 촬영하면서 만들어내는 거예요. 촬영할 때 재미가 없으면, 절대 재미있게 편집할 수가 없어요"라고 말한다.

그렇다면, 촬영할 때 중요한 요소는 무엇일까? 가장 기본적인 것은 녹화 버튼을 누르는 것이다. 웃을지도 모르겠지만, 생각보다 많은 유튜버들이 초창기에 했던 실수이기도 하다. 촬영을 시작하기 전에 카메라의 초점은 잘 맞는지, 메모리 공간과 배터리는 충분한지, 마이크는 제대로 꽂혀 있는지 등 기본적인 확인도 필수적이다. 카메라에 등장하는 나의 상태를 확인하는 것도 중요하다. 뷰티 유튜버가 아닌 이상 화면에 보이는 모습 때문에 지나친 화장을 할 필요는 없다. 요리 유튜버 [승우아빠]는 남자라면 BB크림만 발라 줘도 얼굴 톤이 정리되어 한결 깔끔하게 나온다고 조언한다.

"복장은 반소매 티처럼 일상복에 앞치마만 입는데 처음에 셰프 복장을 할까 고민도 했으나, 자칫 딱딱해 보일 수 있다고 아내가 말렸어요. 평소에 좋아하는 평상복을 입으니까 촬영할 때도 좀 더 마음이 편해요."

시청자들은 유튜버의 자연스러운 모습을 좋아하기 때문에 특별한 기획 촬영이 아닌 이상, 본인이 평소에 즐겨 입는 복장을 고르면 된다. 본인에게 편하지 않은 옷은 시청자에게도 어색하다.

카메라와 얼굴 상태 확인이 끝났으면 이제 카메라 앞에 등장하면 된다. 카메라에 익숙해지는 것은 생각보다 쉽지 않다. 50대의 유튜버 [단희TV] 또한 마찬가지였다.

"제가 2018년 6월부터 영상을 본격적으로 올리기 시작했는데, 사실 시작한 건 3월부터였어요. 저는 외부에서 강의를 많이 해서 여러 사람 앞에서 얘기하는 건 익숙한데 카메라를 보고 하는 이야기하는 건 완전 다른 영역이더라고요. 너무 익숙하지가 않은 거예요. 카메라랑 친해지려고 카메라에 올려놓은 인형을 보면서 얘기도 하고, 친한 친구라고 생각하고 말하고… 장장 3개월 동안 정말 매일매일 연습을 했어요. 이런 노력을 통해서 카메라에 익숙해질 수 있었던 것 같아요. 그 과정이 정말 힘들었지만 3개월 동안 매일 카메라 앞에 서니까 조금씩 나아지더라고요. 지금은 카메라가 하나의 사람처럼 보이면서 의인화가 된 거 같아요."

나는 지상파 방송에 몇 번 출연한 적이 있는데, 카메라만 보고 이야기할 때마다 PD들은 항상 "저를 보시고 하시면 돼요"라고 말했다. 왜 이런 말을 하는 걸까? 그 이유는 일반인이 카메라를 보고 자연스럽게 이야기한다는 게 결코 쉽지 않기 때문이다. 그래서 사람을 보고 이야기하는 것처럼 장치를 설정하는 것이다. 유튜브 젊은 부자들이 능수능란하게 카메라 앞에서 이야기하는 것을 보고 전혀 기죽을 필요가 없다. 그들의 초창기 영상을 꼭 한번 보길 바란다. 그들도 처음엔 대부분 어색하게 카메라 앞에 섰다. 확실한 건 경험과 시간이 이들을 카메라 앞에서 자연스럽게 만들어주었다는 사실이다.

구독자 수 73만 명의 키즈 유튜버 [애니한TV]은 평소보다 좋은 기분 상태에서 촬영하는 것을 중요하게 생각한다.

"촬영 전에 제 감정 상태를 꼭 점검해요. 카메라 앞에 설 때 이극을 다 끌고 가야 한다는 부담감과 이 기획을 성공시킬 수 있을까에 대한 불안함이 있을 때가 있거든요. 그럼 제가 안 웃게 되는 거죠. 촬영 분위기는 항상 재밌어야 돼요. 그래야 콘텐츠도 재밌어요. 촬영이 재미없으면 시청자들도 다 알거든요."

촬영 카메라에는 유튜버의 말과 얼굴뿐만이 아니라, 감정도 함께 들어간다. 97만 명의 구독자를 보유한 [핫도그TV]는 이와 비슷하게 촬영할 때의 '텐션'을 가장 중요시했다.

"촬영 때 제일 중요한 건 진짜 '텐션' 하나라고 생각해요. 기획이 아무리 좋아도 촬영할 때 텐션이 낮으면 편집으로도 못 살리더라고요. 근데 촬영을 기가 막히게 잘하면 기획, 편집을 못해도 영상이 살더라고요. 제일 중요한 건 '내 기분이 얼마나 좋은가'예요. 지금 유튜브 인기 급상승에 올라온 1~10위까지 영상만 봐도 뭐가 중요한지가 나와요. 상위에 있는 영상 중에 진짜 편집 실력이 낮은 분들의 영상도 많아요. 유튜브에서 중요한 건 '얼마나 재밌는가, 얼마나 흥미로운가'인 거죠. 사람들이 유튜브를 보는 이유는 진짜 날것의 재미를 느끼기 위해서잖아요. 그래서 자연스러움이 가장 중요해요. 사람들이 아나운서처럼 말하는 걸 기대하고 유튜브를 보는 게 아니잖아요. 그럼 자연스럽게 이야기를 해야죠."

유튜브에서 '자연스러움'이 얼마나 중요한지 알기 때문에 대부분의 크리에이터들은 가급적 대본을 보지 않는다. 카메라 밑에 대본을 두게 되면 시선이 아래로 내려가 시선 처리가 부자연스럽다. 대본을 모두 외운다 하더라도 외운 내용을 그대로 말하는 것이라 말투가 어색해진다. 젊은 유튜브 부자들이 촬영에서 가장 중요하게 생각하는 것은 '자연스러운 본연의 모습 그대로를 보여주자'는 것이었다.

한편 유튜버 채널의 특성에 따라 촬영에서 특별한 요소를 중요하게 여기는 경우도 있었다. 스타트업과 관련된 인터뷰 영상을 올리는 유튜버 [EO]는 콘텐츠의 성격상 현장의 무게감이 중요했다.

"인터뷰에 집중할 수 있는 분위기가 제일 중요한 것 같아요. 인터뷰이에게 이 자리가 어떤 자리인지 잘 인지시키고, 인터뷰를 볼 사람들이 어떤 사람들인지 알려줘 그들과의 공감대를 형성시키는 것도 중요한 거 같아요. 저 같은 경우 인터뷰이에게 우리 채널의 구독자가 어떤 사람인지 다 설명해요. 평균적으로 조회 수가 1만 회 정도 나오고, 끝까지 몰입해서 시청하는 사람들이 30%가 넘는다고 다 알려드려요. '3,000명의 사람이 한 강당에 모여 당신의 이야기를 보고 있다'고 느낄 수 있도록 말이죠. 그러면 이제 인터뷰이가 말하는 무게감이 달라지는 거죠."

ASMR 유튜버 [Miniyu ASMR]에게는 촬영할 때 소음 차단이 중요했다.

"아무래도 ASMR은 소음을 막아주는 게 제일 중요한 것 같아요. 예전에는 집 앞에 큰 도로가 있어서 차가 1분에 한 대씩 계속 지나가니까 영상을 연속해서 찍을 수가 없더라고요. 찍다가 화나고 속상해서 울었던 적도 많았어요. 스트레스를 너무 많이 받았죠. 그래서 집에 방음 부스를 설치했어요."

먹방 유튜버 [야식이]는 음식이 메인이다 보니 조명도 중요하지만 음식이 잘 보일 수 있는 구도가 가장 중요했다. 전자 제품 리뷰를 하는 [양품생활]은 제품 설명에 따른 카메라 촬영이 중요하다고 이야기했다. 예를 들어 기기의 버튼에 대해서 얘기할 때 영상에서 버튼이 보여야 하고, 크기에 대해 말할 때는 기기의 크기가 얼마나 큰지 실감할 수 있게끔 촬영해야 한다. 크리에이터가 말하는 핵심을 카메라가 그대로 표현해서 담을 수 있어야 한다. 이를 위해 번거롭지만 컷전환도 자주 하는 편이다. 제품에서 강조해서 전달하려는 내용이 정확하게 표현되느냐가 [양품생활]에겐 가장 중요하다.

마지막으로 크리에이터들이 촬영할 때 공통적으로 중요하다고 얘기했던 것은 '생동감'이었다. 크리에이터가 위축된 상태에서 찍은 영상은 보는 사람 입장에서도 재미없고 지루하다.

생동감은 자신감에서 비롯된다. 틀려도 된다는 자신감, 실수해도 된다는 자신감이 유튜버들의 태도를 자연스럽게 만들어준다. 혹여나 촬영할 때 마음에 안 드는 부분이 있거나 실수를 하더라도 편집을 통해 그 부분을 삭제할 수 있으니 두려워할 필요가 없다. 결국 실수를 볼 수 있는 사람은 아무도 없는 것이다. 이런 자세를

가지고 마치 친구에게 얘기하듯 자연스러운 태도로 임하는 것이
유튜브 젊은 부자들의 촬영 비결이었다.

광고 수익을 만들어내는
동영상 컷편집의 디테일

영상 편집에는 4대 효과가 있다. 바로 컷편집, 자막, 효과, 음악이다. 그중 가장 중요한 것은 뭘까?

유튜브 젊은 부자들은 영상의 기본 뼈대가 되는 컷편집이 가장 중요하다고 강조했다. 유튜버 [리뷰엉이]는 "편집 단계에서 제일 중요한 건 컷편집이죠. 영상의 기초 뼈대가 되기 때문에 컷편집부터 망가져 있으면 아무리 음악을 잘 넣고 내레이션을 잘해도 소용이 없어요"라고 말한다.

유튜버 [제이제이]는 컷편집에만 이틀의 시간을 쓰고 있었다.

"전 영상 편집을 둘로 나눠 생각해요. 전반 작업인 컷편집에 5, 후반 작업인 자막, 효과, 음악에 5의 비중을 두고 있어요. 왜냐하면 영상 제작하는 게 건물 세우는 거랑 똑같다고 생각하거든요. 뼈대를 얼마나 튼튼하게 세웠느냐에 따라 구성이 더 알차 보이고, 영상도 재밌어져요. 영상 편집을 도와주는 직원이 3명 정도 있는데, 지금도 컷편집은 보통 다 제가 직접 하는 편이에요."

컷편집에도 기준이 있다. **첫 번째는 영상의 주제에 집중할 수 있도록 의미 없는 것을 날리는 것**이다. 메시지가 중복되는 부분이나 주제와 동떨어진 멘트, 누군가 봤을 때 불편할 수 있는 내용은 과감히 삭제하여 메시지를 일관성 있게 전달하는 것에 집중한다. 그러기 위해선 유튜버의 입장이 아닌, 구독자의 입장에서 영상을 바라보는 관점이 필요하다.

두 번째는 재미없는 부분을 날리는 것이다. 구독자 52만 명을 보유한 엔터테인먼트 유튜버 [채채]는 컷편집의 기준을 재미라고 말한다.

"컷편집을 할 때 재미가 없으면 아쉬워도 다 삭제해요. 방송국에서도 12시간 촬영해도 1시간밖에 안 나가잖아요. 그럼 11시간이 날아가는 건데, 저도 원본이 5시간짜리인 영상을 10분짜리 영상으로 만들 때도 많아요. 4시간 50분이 날아가는 거죠. 심하게 컷편집을 할 때는 편집 프로그램에 컷이 엄청 촘촘하게 표시되어서 우리가 계산할 때 보는 바코드처럼 보일 때도 있어요."

유튜버 [승우아빠] 또한 같은 생각이었다.

"영상을 볼 때 관심도가 확 떨어지는 순간이 생기면 시청자들이 바로 나가요. 그래서 집중을 떨어뜨릴 것 같은 쓸데없는 얘기, 제가 봐서 지루한 부분은 다 지워버리는 거죠. 예를 들어 10분 분량을 생각하고 한 시간 동안 촬영해도, 10분 분량 중에 5분이 지루하면 그냥 5분짜리 영상을 만드는 거예요. 일부러 분량을 채우는 건 오히려 시청 지속 시간만 떨어지게 만드니까요."

유튜버 본인이 지루하다고 느끼는 부분을 지우지 않으면, 그 타이밍에 시청자들이 영상을 꺼버린다는 것이다.

세 번째는 유튜브식 흐름에 맞추는 것이다. 키즈 유튜버 [애니한TV]는 "편집할 때 중요한 건 유튜브식 흐름을 이해하는 거예요. 그걸 이해하지 못하고 컷편집에 들어가면 아무리 실력이 좋아도 헤매더라고요. 어디서 잘라야 할지 모르는 거죠. 보통 방송이 기승전결의 흐름이면, 유튜브는 결기승전결로 가야 한다고 봐요"라고 말했다.

우리가 영화를 볼 때, 처음부터 결론이 나오지 않았다고 해서 자리에서 일어나지 않는다. 일단 앉았다면 영화가 끝나는 2시간 동안 집중해서 그 영화를 본다. 그런 경우에는 기승전결의 일반적인 흐름으로 가도 되지만, 유튜브의 경우 초반에 구독자의 흥미를 못 끌면 구독자는 바로 다음 영상으로 넘어간다. 그렇기 때문에 초반 30초에 영상의 하이라이트를 넣거나, 제일 재밌는 내용을 가급적 앞에 넣어서 궁금증을 유발해야 한다. 유튜브의 시청 지속 시간 그래프를 보면 어느 순간 그래프가 확 떨어진다. 초반 영상에 힘을 실어 주면 그래프의 앞부분을 어느 정도 유지해서 시청 지속 시간을 늘릴 수 있다. 유튜브는 초반 15초에 모든 것이 결정된다고 봐도 무방하다. 그래서 더욱 유튜브 젊은 부자들은 컷편집에 굉장한 장인 정신을 가지고 있었다.

유튜버 [야식이]는 말했다.

"저는 컷편집을 하면서 제 자신이 예술 작품을 만들어내는 조각가라고 생각해요. 조각가들은 하나의 조각을 위해 수천 번의 심혈을 기울인 끌질을 하잖아요. 제대로 깎지 못하면 작품성이 떨어지죠. 편집도 마찬가지예요. 깎고, 깎고, 깎아서 진짜 재밌는 것만 뽑아내야 제대로 된 영상이라고 봐요."

유튜버 [양품생활]은 컷편집을 일종의 큐레이션으로 생각했다. 구독자들은 본인의 시간을 투자해서 유튜브를 보는 것이기 때문에 크리에이터는 그 시간을 최대한 효율적으로 보낼 수 있도록 큐레이터처럼 원본 영상에서 의미 있는 부분만을 골라서 콘텐츠를 만들어야 하는 것이다.

"촬영 이후 후반 작업에서는 컷편집이 제일 중요해요. 굉장히 다이나믹한 장면을 보는 것 같이 느끼거나 신나야 하는 경우는 컷편집에서 리듬감을 살리는 것이 관건이에요. 그래서 컷을 잘게 나누려고 노력하죠. 컷을 잘게 나누다 보면 영상에 나도 모르게 빠져 드는 효과가 있거든요. 시청 지속 시간을 높이기 위한 좋은 방법인 거죠."

그렇다면 영상의 총 길이는 어느 정도가 적정할까? 그 답은 지금 Z세대(1995년 이후 태어난 19세 미만의 청소년)의 특성과 연관이 있다. Z세대는 기다리지 못하는 세대라고 한다. 꼭 Z세대가 아니더라도, 첨단 모바일 시대에 살고 있는 우리 모두 지루한 걸 못 견딘다. 그래서 점차 영상의 길이도 짧아지고 있다.

대부분의 유튜버들이 적절한 영상의 길이를 5~7분 정도로 생각하고 있었다. 영상이 3분 이내로 너무 짧으면 수익이 나기 힘들고, 7분이 넘어가면 집중력이 유지되기 힘들기 때문이다. 물론, 많은 유튜버가 가장 적절한 영상의 길이로 언급한 시간은 10분 1초였다(이 부분에서 피식 웃음이 터진 사람은 유튜브에 대해 조금이라도 알고 있는 사람일 것이다). 10분 이상의 영상에만 중간 광고인 미드롤 광고를 넣을 수 있어 수익 창출의 효과가 더 높아지기 때문이다.

재미만 보장할 수 있다면 영상이 20분, 30분으로 길어져도 상관이 없을 것이다. 하지만 그렇게 만드는 것이 쉽지 않기 때문에 최대한 짧고 임팩트 있게 영상을 만드는 것이다. 사실, 가장 적절한 영상의 길이는 콘텐츠마다 다를 수밖에 없다. 예를 들어 ASMR

영상은 기본적으로 길이가 길다. 자면서 들어야 하기 때문에 영상이 짧으면 구독자들이 불안해한다. '이 짧은 시간 안에 내가 잠들지 못하면 어쩌지?'하고 걱정하는 것이다. 그래서 ASMR 유튜버 [Miniyu ASMR]은 최대한 넉넉하게 40분 정도를 기준으로 영상을 만들고 있다.

나 역시 유튜브를 운영하면서 영상 길이에 대한 답을 찾지 못했던 적이 있다. 그때 유튜버 [핫도그TV]는 명쾌한 해답을 내려줬다. 구독자 수에 따라 영상 길이를 조정해야 한다는 것이다.

"저는 영상 제작을 할 때 제 고집을 부리지 않으려고 노력해요. 무조건 잘하고 있는 톱 유튜버들의 데이터를 분석해서 참고해야 한다고 생각하거든요. 제가 분석해보니 영상의 길이는 구독자 수에 따라 다른 거 같아요.

구독자가 10만 명이 되기 전까지는 영상 길이가 무조건 짧은 게 좋아요. 왜냐하면 유튜브에서 가장 중요한 지표 중 하나가 시청 지속 시간인데, 시청 지속 시간을 늘리려면 영상의 길이가 짧아야 하죠. 우리가 전혀 모르는 유튜버의 영상을 본다고 생각해봐요. 똑같은 썸네일과 제목이라면 길이가 1분인 영상과 10분인 영상 중 어떤 걸 클릭할까요? 전 1분짜리 볼 것 같아요. 초반에 성장하기 가장 좋은 방법은 영상의 길이를 3분 이내로 짧게 만드는 거예요.

여기서 더 늘리면 개인의 욕심이에요. 짧은 영상 안에 무엇을 담을지, 사람들이 진짜 원하는 것은 무엇인가를 고민해야죠. 그러다가 팬층이 생기면 그때부터 길이를 조금씩 늘려나가는 거죠. 사람들이 알아볼 정도의 크리에이터가 되면 10분 정도가 적당한 것 같아요."

하지만 [핫도그TV]는 영상의 길이를 늘리기 위해 무작정 내용을 늘리는 것은 경계해야 한다고 말한다. 3분짜리 영상을 만들 때 3분 안에 사람들이 원하는 것만 전부 담았다면, 5분짜리 영상을 만들 때는 단순히 2분의 내용을 늘리는 게 아니라 캐릭터나 흥미요소를 더 추가해야 한다는 것이다.

컷편집에서 영상의 길이가 고민이라면 '몇 분으로 해야 사람들이 지루하지 않고 재미있게 볼 수 있을까'를 생각하면 된다. 어떻게 하면 구독자들이 영상을 끝까지 보고, 제대로 이해할 수 있을지 판단하여 다음의 세 가지만 기억하면 크게 어렵지 않을 것이다.

첫째, 영상의 주제와 관련 없는 멘트, 불편한 부분, 지루한 내용은 과감하게 삭제한다.

둘째, 컷편집을 통해 영상의 속도를 조금 빠르게 만든다.

셋째, 이야기의 전체적인 스토리 라인은 이어지게 한다.

죽어가는 영상에도
골든타임은 있다

유튜브 젊은 부자들의 컷편집 노하우를 통해 어떻게 해야 영상에 담겨 있는 내용을 잘 살릴 수 있을지 살펴보았다. 그렇다면 자막이나 음악과 같은 영상의 효과에 대해 유튜버들은 어떤 생각을 가지고 있을까? 왜 이런 부가적인 효과들이 필요할까? 그 이유는 사람들이 영상을 끄는 지점과 관련이 있다.

사람들이 시청 도중에 영상을 끄는 이유는 내용이 불편하거나, 똑같은 얘기가 반복될 때 혹은 영상에 나오는 사람들만 재밌게 놀고 있는 느낌이 들어 시간 낭비라는 느낌이 들 때일 것이다. 그러나 가장 큰 이유는 지루하기 때문이다. 많은 크리에이터들은 바로 이 지루함을 해결하기 위해 부가적인 효과를 활용한다. 특히 유튜버의 목소리 톤이 일정하다거나 말재주가 없는 경우 효과나 음악으로 색다른 즐거움을 줄 수 있다. 그뿐만 아니라 사진이나 영상 효과로 크리에이터가 전하고자 하는 메시지를 더욱 명료하게 전달할 수도 있다.

영상은 시청각 매체이기 때문에 보는 것뿐만 아니라 청각적인 효과도 대단히 중요하다. 유튜버 [JAUKEEOUT x VWVB]는 영상에서 음악이 중요한 역할을 차지한다고 말한다.

"음악이 주는 텐션이 있거든요. 특히 유튜브를 처음 시작하시는 분들은 배경 음악을 많이 간과하시는데. 똑같은 영상이라도 배경 음악만 바뀌면 그 느낌과 몰입도가 확 달라져요. 그래서 제 영상은 주로 몰입해서 볼 수 있도록 도움이 되는 음악을 선택해요."

유튜버 [양품생활]은 구독자들이 영상을 보면서 '힐링된다'고 느끼는 경우, 배경 음악 덕분인 경우가 많다고 했다. 또 '영상이 굉장히 다이나믹하다'고 느끼는 경우도 컷편집에서 살린 리듬이나 음악의 힘이 크다.

"내레이션을 할 때 일부러 속도를 조절해요. 리빙 용품은 가정적인 분위기에 맞게 의도적으로 약간 느리게 해요. 그리고 특정 기능이나 성능 등 설명할 게 많은 부분은 일부러 리듬감을 빠르게 해요. 사람들의 무의식을 조종하는 스킬 같은 게 들어가는 거죠."

우리가 보는 스마트폰은 대략 6인치의 작은 화면을 갖고 있다.

그래서 어쩌면 귀로 듣는 청각적 효과가 훨씬 더 중요할지도 모른다.

음악 다음으로 편집의 가장 기본이라고 할 수 있는 것은 자막이다. 유튜버 [단희TV]는 전략적으로 자막을 활용하고 있었다.

"자막이 참 중요한 거 같아요. 제 채널 영상에는 처음부터 끝까지 자막이 들어가 있어요. 직장인들의 생활 패턴을 보면 출퇴근할 때 유튜브를 많이 보잖아요. 이어폰을 꽂고 듣기도 하지만, 그냥 눈으로만 보는 분들도 있거든요. 귀로 듣고, 자막으로도 보면 이해도가 높기도 하고요. 또 연세가 있으신 분들은 이어폰을 끼고 듣는 것이 익숙하지 않아서 거의 자막만 보기도 하세요. 제 구독자층은 40~50대이기 때문에 신세대 용어를 넣지 않고, 글자도 좀 큼직하게 넣고 있어요. 구독자층에 맞게 자막을 전략적으로 넣는 것도 중요한 거 같아요."

영상에 추가적인 사진, 동영상, 효과를 삽입하는 것도 도움이 된다. 유튜버 [효기심]은 사진이나 영상을 사용할 때는 저작권부터 확인해야 한다고 말한다. 다른 사람의 사진이나 동영상을 함부로 쓰다가는 채널이 삭제당할 수도 있다. [효기심]은 사진을 사용할 때 무료 사진은 '픽사베이', 유료 사진은 '클립아트 코리아', 유료 동영상은 '엔바토'라는 사이트를 활용하고 있다. 중국의 자금성과 관련된 이야기를 할 때는 자금성과 관련된 사진이나 지도가 나와야 구독자들의 몰입에 도움이 되기 때문이다.

인터뷰를 콘텐츠로 만드는 내 채널도 인터뷰이의 얼굴만 나오면 지루할 수 있어서 영상 중간에 인터뷰이가 일하거나 회의하는 장면을 사진 및 영상으로 삽입하고 있다. 예능 프로그램처럼 웃긴 장면에서는 사람의 얼굴을 확대한다든가, 설명이 많을 때는 재미있게 시각화시키는 등 MSG 양념 같은 효과를 영상 곳곳에 넣고 있다.

음악이나 자막, 효과를 무작정 많이 넣는 것이 좋은 것은 결코 아니다. 효과는 어디까지나 시청자들에게 좀 더 이야기를 부드럽게 전달하기 위한 설탕 같은 역할이다. 그런데 설탕이 너무 많으면 커피를 마실 수 없듯이 적절함을 갖추는 것이 필요하다.

예를 들어, 한 회사원이 직장생활에 지쳐 대포집에서 소주를 마시는 장면이 있다. 그 장면에 대단한 효과들을 집어넣는 것이 무슨 의미가 있을까? 그 장면에서는 그저 잔잔한 음악 하나 정도만 넣어도 충분하다. 유튜버 [Miniyu ASMR] 역시 ASMR 영상의 특성상 효과를 최소화한다.

"ASMR 영상에 딱히 화려한 기술이 들어갈 필요가 없거든요. 효과를 너무 많이 주면 오히려 정신 사나울 거예요. 제 영상은 잘 때 눈 감고 들으시는 분들이 대부분이라서 더욱이 특별한 기술을 쓸 필요가 없어요."

영상을 편집할 때 중요한 것은 '이 영상이 얼마나 빛이 나고 멋진가'보다 '얼마나 사람들에게 공감을 살 수 있는가'다.

영상 편집 효과에 대해 유튜버 [핫도그TV]는 현장의 분위기를 중요시했다.

"저희가 아무리 구독자가 많아도 제일 중요하게 생각하는 게 '우리를 전혀 모르는 사람이 보더라도 재미있게 볼 수 있어야 된다'는 거예요. 나를 좋아해주는 사람들만 보는 영상을 만들면 그 채널은 결국 도태될 수밖에 없다고 생각해요. 그래서 스스로 객관성을 유지하려고 노력을 하죠."

[핫도그TV]는 영상을 올리기 전에 대형 텔레비전 앞에 PD들이 다 같이 모여서 영상을 보고 피드백을 한다. 영상을 객관적으로 보기 위해서다. 편집에서 가장 중요한 건 촬영 당시 현장의 분위기를 얼마나 잘 살릴 수 있는가인데, 촬영 분위기가 좋았다 하더라도 편집자가 본인의 색깔을 고집하느라 영상 본연의 재미를 망가뜨리는 경우가 생각보다 많다고 한다.

"현장에서 재밌었던 분위기를 얼마나 자연스럽게 영상에 녹여내는가가 제일 중요해요. 제일 좋은 편집은 자막도, 효과도, 음악도 안 들어가는 거예요. 그걸 안 넣더라도 현장의 분위기를 그대로 실릴 수 있는 영상이 가장 이상적이라고 생각해요. 영상 효과는 현장의 분위기를 좀 더 돋보이게 하려는 장치일 뿐이잖아요. 컷편집만으로 이를 살릴 수 있으면 그게 가장 최선이죠."

유튜브 젊은 부자들은 영상 편집의 4대 효과인 컷편집, 음악, 자막, 효과 삽입에 대해 생각보다 진지하게 고민하고, 많은 시간을 투자하고 있었다. 유튜버 [제이제이]는 촬영 분량에 따라 다르지만, 기간제로 2주 혹은 한 달 동안 촬영한 영상의 경우 컷편집만 이틀이 걸릴 때도 있다. 아침에 일어나서 자기 전까지 편집을 한다고 가정하면, 영상 하나를 만드는 데 평균적으로 3일이라는 시간이 걸린다고 한다.

"'도대체 이걸 왜 먹는 걸까' 시리즈 같은 경우 젤리 특집 편 영상 하나 만드는 데 3일이 걸렸어요. 그러니까 괜찮은 영상이 나오는 거죠. 저는 양보단 질이거든요. 제대로 마음먹고 재밌는 영상을 만들어 놓으면 언젠가는 조회 수가 올라가요. 제 채널의 영상은 러닝 타임도 긴 편이에요. 텔레비전을 보는 사람들은 1시간짜리 프로그램도 재미있게 보는데 유튜브라고 못할 게 없다고 생각해요. 20분짜리 영상이든, 30분짜리 영상이든 TV에 뒤지고 싶지가 않아요. 방송국은 PD, 효과팀, 자막팀 이렇게 팀이 다 분리되어 있잖아요. 이걸 혼자서 이기려고 하니까 잠을 못 자요. 정말 죽을 것처럼 편집하고 있어요."

유튜버 [유라야놀자] 또한 영상의 높은 퀄리티를 중요하게 생각한다.

"편집이 정말 중요한 거 같아요. 편집을 정말 재미있게 하는 채널들은 저도 계속 보게 되더라고요. 예전에는 자막 없는 것도 다 봤었는데, 요즘에는 자막 없는 영상이 거의 없지 않아요? 만약에 저한테 자막이나 음악은 없지만 조금 재미있는 영상 3개 올리는 것과 자막과 음악이 있고 가치 있는 영상 1개를 올리는 것을 선택하라고 한다면, 후자를 선택할 거예요. 영상 3개를 포기하고 제대로 된 영상 1개를 올릴 것 같아요. 왜냐하면 이게 장기적으로 가치가 있거든요."

사실 유튜브 젊은 부자들에게 영상의 질과 양은 어느 하나도 포기할 수 없는 영역이다. 유튜브 특성상 콘텐츠 양이 많아야 노출이 잘되기 때문에 양을 포기할 수 없고, 그렇다고 영상의 질을 포기할 수도 없는 것이 현실이다. 그에 대한 해답은 유튜버 [프리티에스더]가 잘 알고 있었다. 3~5분짜리 영상을 하나 만들 때 편집만 6~8시간이 걸리는데, 재작년 여름에는 손목이 많이 부어 병원에 갔더니 손목에 물이 찼다고 했다. 고3 수험생들이 많이 걸리는 병이라는데 그 정도로 편집에 공을 많이 들였던 것이다.

"과연 유튜브의 플랫폼에서 무엇이 맞는 것인지 항상 고민을 해요. 영상의 퀄리티에 신경을 쓰다 보면 영상을 많이 못 올리잖아요. 그렇다고 컷편집에 자막만 넣고 영상을 올릴까 하고 몇 번 시도도 해봤는데 결국 업로드하지 못하겠더라고요."

영상의 질과 양이라는 딜레마 때문에 고민하던 중 [프리티에스더]는 다음 소프트 송길영 부사장의 강연을 통해 좋은 조언을 얻었다.

"유튜버들이 많아지고, 경쟁이 치열해질수록 영상의 퀄리티에 대해 고민해야 하는 시기가 올 것이라고 하더라고요. 저는 그 말이 정말 와닿았어요. 요새는 학교 방송반에서도 유튜브 영상을 올리고, 연예인들도 유튜브로 진출을 많이 하고 있는데 과연 시원찮게 편집한 콘텐츠들이 잘 될까요?"

실제로 유튜버 [야식이]는 편집의 효과를 제대로 봤다. "제가 작년까지는 편집을 대충하거나 거의 안 한 상태에서 유튜브에 업로드했거든요. 예를 들어 1시간 반짜리 영상이 있으면, 그걸 편집해야 시청자들이 볼 텐데 편집도 안하고 통으로 올렸으니, 그걸 누가 보겠어요? 2018년 9월에 구독자가 10만 명이 되었는데 그때부터 책임감을 느끼고 영상 편집을 제대로 했어요. 지금 구독자가 67만 명이니까 1년 만에 50만 이상 오른 거죠. 다 영상 편집 덕분이에요."

영상 편집을 할 때 적어도 유튜버가 보면서 재밌어야 한다. 편집하면서도 스스로 재미있어서 손뼉 칠 정도로, 얼른 다시 보고 싶을 정도로 공을 들여 편집하는 것이 중요하다. 편집하는 사람이 재미를 느껴야, 시청자도 재미를 느끼지 않을까?

재생 버튼을 누르게 만드는 썸네일과 제목 작성법

썸네일과 제목은 영상의 간판이다. 유튜브 젊은 부자들은 고생해서 영상을 만든 뒤에도 썸네일과 제목을 만드는 데 심혈을 기울였다. 조회 수가 올라가는 비법은 바로 썸네일과 제목에 있다고 유튜버 [리뷰엉이]는 말한다.

"썸네일, 제목이 제일 중요한 거 같아요. 그게 모든 영상의 첫 시작이라고 할 수 있어요. 제목과 썸네일에 사람들이 흥미를 갖지 않으면 클릭하지 않잖아요. 누르지 않으면 일단 그 영상이 재생될 기회조차 아예 없는 거죠."

그렇기 때문에 유튜버 [효기심]은 어느 정도의 자극적인 요소도 필요하다고 주장한다.

"썸네일과 제목은 눈에 띌수록 좋아요. 가끔 댓글을 통해 썸네일과 제목을 너무 자극적으로 올리는 게 아니냐고 남겨주시는 분들이 있어요. 그런데 반대로 생각해보면 썸네일과 제목을 제외하고는 저희가 공들여서 만든 영상을 홍보할 길이 하나도 없어요. 길거리에서 식당을 개업해도 전단지를 돌리잖아요. 그 모습을 보고 '요리나 열심히 하지, 전단지는 왜 돌리냐'고 하지 않잖아요. 심지어 유튜버는 전단지를 돌릴 수도 없어요. 썸네일과 제목이 영상을 알릴 수 있는 유일한 마케팅인 거죠."

이처럼 썸네일과 제목은 사람들을 끌어들일 수 있도록 어느 정도의 '후킹'이 필요하다. 지금 이 시간에도 유튜브에는 수천 개의 영상이 쏟아지고 있다. 사람들은 그중에서 눈에 띄는 것을 선택하기 때문에 썸네일에서 주목받지 못하면 재생될 수 있는 기회가 영원히 사라지는 것이다. 그러면 애써서 했던 기획, 촬영, 편집이 모두 물거품이 된다. 사람들이 영상을 클릭할 수 있도록 마음을 움직이는 요소는 썸네일과 제목 딱 두 가지뿐이라는 걸 명심하자.

썸네일과 제목 중에서도 좀 더 중요한 것은 썸네일이다. 이미지 기반의 인스타그램이 대세가 되었듯이, 글과 사진이 있으면 누구나 사진에 먼저 눈길이 가게 마련이다.

그렇다면, 유튜브 젊은 부자들은 썸네일을 어떻게 만들까?

첫 번째로 호기심을 불러 일으킬 만한 요소가 있어야 한다고 먹방 유튜버 [야식이]는 말한다.

"호기심을 자극할 만한 요소를 한두 개 정도 넣어야 조회 수가 잘 나온다 생각해요. 예를 들어 '20분 안에 다 먹으면.. 천만 원??' (조회 수 605만 회), '45cm 랍스터 라면'(조회 수 88만 회) 썸네일을 만든 적이 있는데 호기심을 자극하잖아요."

썸네일을 통해 '이게 뭐지? 영상 내용이 너무 궁금한데?' 사람들이 흥미를 느낄 만한 이미지와 문구를 고민해야 한다.

두 번째는 이미지 요소 그 자체를 활용하는 것이다. 유튜버 [JAUKEEOUT x VWVB]는 썸네일에 인물을 많이 넣는 편인데 잘생기고 예쁜 사람을 위주로 넣고, 서너 명이 나오면 시선이 분

산되기 때문에 주로 한두 명만 넣는다.

유튜버 [리뷰엉이]는 눈에 띄는 색깔을 적극적으로 활용한다.

"썸네일은 스마트폰으로 쭉 내려 봤을 때 딱 눈에 들어오게 하는 게 제일 중요한 것 같아요. 빨간색과 노란색이 사람의 눈에 가장 먼저 띄는 색깔이라고 하더라고요. 그래서 빨간색 텍스트를 넣는다든가 배경이 빨간색이면 글씨를 노란색으로 한다든가 해서 최대한 잘 보이게 색 조합을 하려고 해요."

유튜버 [Miniyu ASMR]은 썸네일을 통해 자신이 말하고자 하는 바를 직관적으로 보여주려고 했다.

"썸네일은 해당 영상이 어떤 것인지 한눈에 알아보기 쉽게 직관적으로 만드는 것이 가장 좋은 것 같아요. 만약에 '귀 청소' 영상이면 귀이개가 확실하게 보여야 되는 거죠."

키즈 유튜버 [애니한TV]는 썸네일에 크리에이터의 감정이 드러나도록 강조한다.

"아이들은 제목을 안 보기 때문에 썸네일에 훨씬 더 투자를 많이 하죠. 썸네일에서 5초 안에 승부를 봐야 해요. 키즈 영상의 경우 얼굴이나 사물이 크게 나와야 하는데, 너무 작게 나와서 크리에이터의 표정이 뚜렷하게 보이지 않으면 영상을 안 누르더라고요."

패션이나 뷰티 영상은 썸네일을 통해 감각적인 이미지를 선보여야 할 것이고, 엔터테인먼트 분야의 경우 웃긴 장면을 확대해서 과장되게 보여주는 것이 필요할 것이다. 각 분야에 맞는 썸네일 제작을 연구하는 것도 유튜버의 몫이다.

<u>세 번째는 썸네일을 자극적으로 만드는 것</u>이다. 유튜버 [채채]는 썸네일에 자극적인 요소를 넣되, 영상에서 유익한 내용을 제공하는 것도 좋은 방법이라고 말한다. 예를 들어 인도 봉사 활동 영상인데 '여러분은 봉사를 어떻게 생각하시나요?'라고 적으면 아무도 보지 않을 것이다. '인도 봉사 활동 가서 울었습니다. 겁~나 힘드네요' 이런 식으로 사람들의 이목을 끄는 것도 조금은 필요해 보인다.

다만 너무 자극적인 이미지는 자제해야 한다. 예를 들어 썸네일에 살색이 많으면 바로 수익 창출 거부를 당하는 경우가 많다. 광고 수익이 붙지 않는다는 징표인 노란 딱지가 붙으면 유튜브 측에서 노출을 잘 안 시켜준다. 유튜브의 광고 수익에 도움이 안 되기 때문에 노출을 해줄 이유가 없는 것이다. 그리고 썸네일의 텍스트는 최대한 가볍게 가도 된다. 썸네일에서 못 담는 텍스트는 제목에서 좀 더 길게 적을 수 있기 때문이다.

결론적으로 썸네일을 만들 때 가장 중요한 세 가지는 다음과 같다.

첫째, 썸네일에서 보여주고자 하는 이미지를 크게 강조한다.

둘째, 메시지는 심플하고 짧게 10글자 이내로 만든다.

셋째, 어느 정도의 자극성을 띤다.

썸네일만큼 중요한 제목은 어떻게 정해야 하는 걸까?

우선 가장 기본적인 것부터 살펴보자. 유튜브 또한 검색 엔진이기 때문에 사람들의 검색에 걸릴 만한 키워드를 넣어야 한다. 유튜버 [단희TV]는 이를 체계적으로 운영하고 있었다.

"사람들이 검색을 통해서 들어오기 때문에 SEO(검색엔진최적화) 전략을 짜요. 사람들이 네이버나 유튜브에서 어떤 걸 많이 검색하는지, 추천 키워드나 유사 키워드를 발굴하는 거죠. 부동산에 대해서 구독자들이 검색하는 키워드들이 있잖아요. 저는 그 키워드 리스트를 정리해서 가지고 있어요. 그 키워드를 토대로 영상의 제목을 만드는 거죠."

한 마디로 대중들이 많이 검색하고 조회 수가 많이 나올 수 있는 키워드를 넣는 것이 비결이다. 그런데 키워드를 넣을 때도 우선순위가 있다고 유튜버 [제이제이살롱드핏]은 말한다.

"제목은 항상 키워드가 들어가야 하고요. 가장 검색이 많이 되고, 중요한 키워드가 앞에 배치되는 게 좋아요."

제목에서도 앞부분의 골든 존을 노려야 한다는 것이다. <u>가급적 제목의 길이는 짧은 편이 좋다.</u> 왜냐하면, 스마트폰 화면에서 일정 글자 수를 넘어가면 '…' 으로 표시가 되기 때문이다. '…' 표시가 되면 사람들의 눈에 안 보여 정보 전달이 어렵고 검색 노출량도 흩어질 수 있다.

이상 제목에서 중요한 것을 세 가지로 정리하면 다음과 같다.

첫째, 키워드 중심으로 작성해야 한다.

둘째, 중요한 키워드를 앞에 배치해야 한다.

셋째, 썸네일보다는 길게 적어도 되지만 20자 이내로 간결하게 작성해야 한다.

썸네일과 제목에서 자극적인 요소로 눈길을 끌더라도, 영상의 내용과 부합해야 한다. 그리고 가급적이면 제목보다는 썸네일에 힘을 줘야 한다고 유튜버 [승우아빠]는 말한다.

"썸네일은 살짝 낚시성 요소가 들어가도 괜찮은네, 제목에 석용하면 구독자분들이 별로 안 좋아하시더라고요. 예를 들어 제목은 '칼 잘 쓰는 법' 이렇게 하고, 썸네일은 여자가 칼질하고 있고 남자가 뒤에서 안고 있는 이미지를 써도 괜찮아요. 하지만 제목은 정직하게 작성해야 영상을 봤을 때 '싫어요'를 누르는 확률이 줄더라고요."

영상의 내용과 전혀 상관없는 제목을 달면 처음에 한두 번은 조회 수를 얻을지 몰라도 결국 구독자들 입장에서는 배신감이 쌓이고 채널을 떠나게 되는 요인이 된다. 구독자들의 이목을 집중시키는 요소와 진정성의 균형을 잘 지켜야 한다.

키즈 유튜버로서 4개의 채널, 총 구독자 124만 명을 보유 중인 [유라야놀자]는 실제로 어떻게 썸네일과 제목을 만드는지 들어보자.

[유라야 놀자] 유튜브 채널 썸네일 예시

"키즈는 썸네일에 텍스트가 많이 들어가는 것보다는 장난감 같은 소재가 크게 들어가는 게 좋아요. 예를 들어 로봇 장난감을 했으면 왼쪽에 크게 잘 보이게 해야 돼요. 오른쪽 하단에 배치를 하면 영상 시간이 그림을 가리게 되거든요. 크리에이터는 오른쪽 편에 등장할 수 있겠죠. 텍스트는 비어 있는 공간인 오른쪽 상단이나 왼쪽 편에 넣어주면 되고요."

[유라야 놀자] 채널의 경우 장난감을 크게 하고 인물을 좀 작게 하는 편인데, 아이들의 눈높이에는 장난감에 더 눈길이 가기 때문이다. 시청자의 연령층이 올라갈수록 크리에이터에 대한 충성도가 높아지기 때문에 얼굴을 크게 배치하는 게 좋다.

"저는 [별난박TV]라는 채널도 운영하고 있는데, 여기는 [유라야 놀자] 채널보다 얼굴을 크게 배치한 게 조회 수가 높아요. 구독자층의 연령대에 따라 썸네일도 다르게 만들어야 되는 거죠."

영상 하단에 나오는 내용 설명은 어떻게 해야 할까?

해답부터 내리자면, 크게 신경 쓰지 않아도 된다. 내용 설명은 일부분만 보이고 가려지기 때문에 펼쳐서 보는 사람이 10%도 채 안 될 것이고, 유튜버들 또한 거의 활용하고 있지 않았다.

다만, 내용 설명란은 시청자들과 소통을 위한 창구의 역할을 할 수 있다고 유튜버 [양품생활]은 말했다.

"솔직히 내용 설명란이 중요하다고 생각하진 않는데, 나만의 구독자를 쌓을 때는 중요한 요소라고 생각해요. 유튜버의 성향을 드러낼 수 있는 부분이잖아요. 그래서 저는 최대한 정성스럽게 적으려고 하는 편이에요. 열혈 구독자라면 설명란도 펼쳐서 꼭 보시거든요. 그런 분들한테 제 정성을 전달해줄 수 있는 거잖아요."

내가 좋아하는 연예인이 있으면 여러 정보를 알고 싶듯이, 내가 좋아하는 유튜버가 이 영상을 왜 찍게 되었는지 알고 싶은 마음과 같다고 생각하면 된다. 영상 기획 의도를 잘 설명하거나, 솔직한 촬영 후기 등을 남겨주면 좋다. 이때 사람들의 검색에 걸릴 만한 키워드를 넣어주는 것도 하나의 팁이다.

태그 또한 크게 중요하지 않다. 대부분의 유튜버들이 태그의 중요성을 크게 느끼지 못했다. 다만, 영상과 관련된 키워드를 적절하게 넣어줘야 한다고 말했다. 유튜버 [유라야놀자]는 "유튜브에서도 태그를 많이 다는 게 좋은 게 아니라고 말하더라고요. 왜냐하면 이게 상위 노출에서 분산이 돼요. 검색어가 높은 키워드에 집중될 수 있게 10개 정도 작성하는 것이 적당한 거 같아요. 또 제목, 내용 설명, 태그에 다 똑같은 키워드가 들어가면 상위 노출에 더 유리하더라고요"라고 조언했다.

유튜브는 알고리즘 정책을 공식적으로 밝힌 적이 한 번도 없기 때문에 많은 유튜버들 역시 썸네일과 제목 작성에 개인적인 감과 노하우만 갖고 있을 뿐 공식적으로 따를 만한 기준이 없어 계속 공부를 하는 입장이었다.

유튜브의 썸네일, 제목, 내용 설명, 태그에 정답은 없다. 썸네일에 글자는 하나도 안 쓰고 화살표만 넣은 뒤, 제목에 '이거 아세요?'라고만 해도 터질 때가 있다. 유튜버 [보겸]의 경우는 제목에 'ㅜㅜㅜ'라고만 적어도 조회 수 80만 회를 기록한다. 자신의 브랜드 파워가 커지고 구독자 수가 많아질수록 썸네일과 제목의 텍스트 길이는 간결해도 좋다. 유튜브 젊은 부자들은 자신의 구독자 수와 상황에 맞는 적절한 지점을 찾기 위해 노력하고 있었다. 이 스토리를 끝내기 전에 유튜브 썸네일과 제목이 얼마나 중요한지 한 유튜버의 연구를 공유할까 한다.

▶ 핫도그TV

"저는 촬영 전에 미리 썸네일과 제목을 무조건 체크하고 들어가요. 대다수 상위에 랭크된 유튜버들은 썸네일과 제목을 영상 촬영을 하면서 뽑아내요. 그런데 촬영한 뒤에 정하면 절대 안 돼요. 썸네일과 제목이 영상의 중요한 부분을 차지하는데 그게 영상에 의해서 나온다는 건 그만큼 기획이 부족했다는 거예요. 애초에 사람들이 무엇을 재밌어할지 포인트를 생각하고 촬영에 들어가야 제대로 살릴 수 있거든요. 최선의 결과를 만들기 위해서 제작된 영상을 본 뒤, 한 번 더 수정을 하긴 하지만 일단 촬영 전에 썸네일과 제목은 나와야 하는 것이 맞아요.

제목은 진짜 고도의 트래픽 분석을 통해 만들어요. 비슷한 주제를 검색해서 다른 유튜버들은 어떻게 썸네일과 제목을 만드는지도 참고해요. 예를 들어 'BHC'와 '뿌링클'이라고 치면 다 똑같이 들어가는 키워드가 '치즈볼'이에요. 그럼 우리도 '치즈볼'을 넣어야 되는 거예요. 그렇게 키워드 분석을 해서 제목을 설정하고, 그것과 맞게 썸네일을 만들어야 하는 거죠. 일단, 사람들이 썸네일에 시간을 별로 안 쏟는 것이 문제라고 생각해요. 가성비를 따졌을 때 썸네일과 제목에 시간을 쏟는 게 영상을 만드는 것보다 훨씬 더 중요합니다."

전부를 담으려는 사람은
하나도 담지 못한다

– 매력적인 썸네일을 만드는 한 줄 전략 –

썸네일만 괜찮으면 영상의 퀄리티에 상관없이 어떻게든 클릭과 시청을 유도할 수 있다. 다음은 [김작가 TV]에 업로드하기 위해 내가 만든 썸네일과 제목이다.

[김작가TV] 유튜브
'20년 차 토익 스타강사 유수연의 자기관리법은?'

이를 본 어느 유튜브 젊은 부자는 따끔하게 꼬집었다.

"썸네일과 제목이 너무 많은 정보를 담으려고 하는 것 같아요. '20년 차 토익 스타강사'라는 키워드는 사람들이 궁금해하지 않아요. 차라리 '연봉 10억 토익 강사'가 낫지 않을까요? 조금 더 사람들이 끌릴 만한 키워드를 찾는 게 중요해요. 저라면 이 사람이 말하는 것처럼 작성할 거 같아요."

[김작가TV] 유튜브
'연봉 10억 스타강사 유수연의 자기관리법은?'

어떤가? 훨씬 더 간결하게 호기심을 자극하지 않는가? 영상을 다 만든 뒤 썸네일을 제작하면 전체 내용을 요약 정리하려는 경향이 생기게 된다. 이때 명심하자. 영상 전체의 내용을 담으려다 보면 그 어떤 내용도 담을 수 없다는 것을.

유튜브에도 조회 수 몰리는
인기 상권은 있다

유튜브 젊은 부자들이 영상을 업로드하는 시점은 언제일까? 제작하자마자 업로드할까? 업로드를 할 때 중요한 것은 없을까?

음식점을 창업할 때 가장 중요하게 보는 요소 중 하나가 상권 이다. 음식 맛이 아무리 좋고 서비스가 우수하더라도, 가게의 위치 가 좋지 않으면 높은 매출을 올리기가 어렵다. 그래서 많은 자영 업자들이 비싼 임대료와 보증금을 주고서라도 좋은 상권에 위치 하려고 하는 것이다. 유튜브의 세계에서 이 상권에 해당하는 것은 '업로드 시간대'이다.

언제 업로드하는 것이 좋을지 정답을 찾는 것은 생각보다 쉽 다. 사람들이 언제, 어디에서 유튜브를 많이 보는지 생활 패턴을

분석해보면 된다. <u>유튜브 시청이 몰리는 시간대는 당연히 출퇴근 시간대이다.</u>

[단희TV]의 구독자들은 대부분 직장인이기 때문에 주로 평일 오후 5시에 영상을 업로드한다.

"오전에도 올려보고, 점심에도 올려보고, 저녁에도 올려봤는데 대부분 제 구독자층이 40~50대 직장인들이다 보니 퇴근하면서 많이 보시더라고요. 퇴근이 6시니까 1시간 전쯤인 5시에 올리는 거죠."

[유라야놀자]의 구독자들은 대부분 초등학생이다. [단희TV]와 마찬가지로 여러 시간대에 업로드하면서 테스트를 해봤다.

"초등학생들이 학교 끝나고 집에 오는 시간인 오후 4시에 올렸을 때 조회 수가 급상승한다는 통계가 나오더라고요. 그때부터 오후 4시에 업로드를 하고 있어요."

[효기심]은 직장인들이 출근하면서 보면 좋겠다고 생각하는 콘텐츠의 영상은 오전 8시에 올리고, 퇴근하면서 보기 좋은 영상은 오후 5시에 올린다.

당연히 업로드 시간은 국가별로도 달라야 한다. 미국 구독자가 많은 [한국언니]에게는 업로드 시간은 오전 8시였다. 그때가 미국 시각으로 저녁 퇴근 시간대이기 때문이다.

업로드할 때 시간대만 고려하면 되는 걸까? 요일은 언제로 하는 게 좋을까?

테크 유튜버 [양품생활]은 수요일과 금요일 사이에는 영상을 게재하지 않는 편이다.

"제가 제품에 대한 리뷰를 많이 올리잖아요. 여러 자료 조사를 해보니까 쇼핑에 대한 니즈가 제일 많을 때가 토요일부터 화요일까지더라고요. 그래서 될 수 있으면 그 시기를 맞추려고 노력해요."

키즈 크리에이터 [프리티에스더]는 평일과 주말의 조회 수가 다르다고 했다.

"평일이면 하루에 적을 땐 1만 회, 많을 때는 5만 회, 평균 3만 회 정도의 조회 수가 나와요. 주말은 달라지죠. 적을 때는 3만 회, 많을 때 10만 회, 평균 5만 회 정도 조회 수가 나오거든요. 다만, 주말에 올리려면 2번밖에 못 올리잖아요. 키즈 카테고리는 '1일 1영상'을 올리는 채널이 많기 때문에 일주일에 2번만 올려선 안 되거든요. 그래서 평일에 2번, 주말에 2번, 일주일에 최소 4번 이상 영상을 올리려고 노력하고 있어요."

한편 영상을 올리는 시간을 정해놓지 않는 유튜버도 있었다. [제이제이]는 "저는 영상을 올리는 시간대가 다 달라요. 정해놓은 게 없어요. 왜냐면 이걸 정해버리면 결국 스트레스를 받을 수밖에 없잖아요. 하지만, 피하는 시간은 있어요. 사람들이 자는 시간에는 안 올리죠"라고 말했다.

만약, 새벽 4시에 영상을 올리면 다들 자고 있을 시간인데 누가 영상을 보겠는가? 아무도 오지 않는 곳에 가게를 차리는 것과 똑같은 논리일 것이다.

시간을 정해서 올릴 때 참고하면 좋을 팁이 있다. 유튜버 [itsjinakim]은 정각에 영상을 올리지 않는다.

"만약 저녁 9시에 업로드를 한다면 완전 정각에 올리지는 않아요. 구독자들이 제 영상을 받아 볼 수 있는 알림 설정 아이콘이 있잖아요. 그게 한 번에 갈 수 있는 숫자가 정해져 있다고 들었어요. 예를 들어, 9시 정각에 알림 설정이 울리는 사람들이 25명이다, 그럼 25명 이상은 그 알림이 안 간다고 하더라고요. 그래서 정각에 올리지 않고 8시 45분쯤에 올리고 있어요."

정확하게 검증된 사실은 아니지만, 나도 이 의견에 공감하여 그 이후로 정각에 영상을 올리지 않고 있다.

업로드 시간을 정하는 마지막 기준은 구독자 수이다. 유튜브의 영상 트래픽이 제일 높은 시간대는 저녁 8~12시 사이다. 그런데 많은 유튜버들은 그 시간대보다 조금 빠르게 영상을 올린다. 그 이유는 저녁 8~12시는 경쟁이 너무 치열하기 때문이다. 하지만 구독자 수가 많다면 처음부터 트래픽이 가장 높은 시간대에 영상을 업로드하는 것이 유리할 수도 있다. 유튜버 [핫도그TV]의 경우가 그렇다.

"저희는 보통 저녁 8시에 올려요. 트래픽이 가장 높은 시간대를 활용하기 위해서예요. 어느 정도 구독자가 쌓였기 때문에 처음부터 트래픽이 제일 높은 시간대에 바로 들어가는 거죠. 영상을 올리자마자 2시간 이내에 얼마나 조회 수가 올랐는가가 중요한 기준이거든요. 유튜브의 알고리즘은 아무도 모르지만, 제 경험상 업로드 후 한두 시간 동안 조회 수가 많이 오르면 유튜브에서 재밌는 영상이라고 판단을 해서 인기 동영상으로 올려주는 거 같아요."

초보 유튜버라면 간과하기 쉬운 영상 업로드 시간에도 참고해야 할 수많은 지표가 있었다. 유튜브 측에서도 영상을 처음 업로드할 때 가장 많이 노출해주기 때문에 이 효과를 최대한 누리려면 시간대를 고려하는 것이 좋다. 나중에 시간이 지나서 영상이 뜰 수도 있지만, 처음 노출해줄 때의 타이밍을 놓쳤다면 이후의 대박 조회수를 노리기는 쉽지 않은 것이 현실이다.

업로드한 뒤, 영상의 조회 수를 올리기 위해서 다양한 SNS에 게재하는 경우도 많은데 큰 도움이 되지 않는다. 초기 유튜버들의 경우 페이스북, 인스타그램 등 SNS에 영상을 공유했지만, 구독자가 10만 명 이상 되는 유튜버들은 유튜브 외에는 크게 활용하는 채널이 없었다.

영상의 조회 수를 높이기 위해 광고를 진행할 수도 있다. 그러나, 페이스북과 달리 유튜브는 가급적이면 광고를 하지 않는 것이 좋다. 실제로 광고를 집행해본 이들의 의견 또한 크게 다르지 않았다.

[유라야놀자] 또한 "두세 번 광고에 예산을 써본 적이 있어요. 30만 원 정도 집행을 하면 조회 수가 1만 회 정도밖에 안 오르더라고요. 좋은 점은 광고가 보이니까 자의든, 실수든 영상을 눌렀을 때 그 사람들의 피드에 우리가 업로드하는 다른 영상도 계속 뜨게 되는 거예요. 광고를 집행하면서 구독자를 포섭하는 효과를 누리는 거죠. 단순히 조회 수 올리려고 광고를 집행하게 되면 배보다 배꼽이 더 커요"라고 답했다.

유튜버 [EO]는 유튜브 광고 비용이 비싼 편이라고 했다.

"영상 광고는 페이스북에서 많이 하고, 유튜브에서는 2번밖에 안 해봤어요. 페이스북은 바이럴이 되는 방식이 물수제비뜨는 거랑 비슷하다고 생각하거든요. 누군가한테 튀었는데, 이 사람이 좋아하면 또 다른 데로 튀면서 퍼져 나가는 방식인 거죠. 이 콘텐츠를 고등학생도 좋아할 것 같으면 그 타깃으로 일단 3만에서 4만원 정도 태워보는 거예요. 그런 식으로 완전히 분야가 다른 타깃에게도 도달했던 적이 있어요. 유튜브는 일단 광고 비용이 너무 비싸서 잘 하지 않는데, 브랜디드 콘텐츠 광고를 제작할 때 광고주가 조회 수를 높였으면 좋겠다고 해서 한두 번 정도 광고를 한 적이 있어요. 한 번에 500만 원을 썼는데 조회 수가 10만 회 정도 나왔어요. 유튜브 광고 비용이 진짜 비싼 거죠."

생각보다 투자 대비 효과가 좋지 않아서 유튜브 광고로 얻을 수 있는 조회 수가 많지 않다.

유튜버 [제이제이살롱드핏]은 광고를 하지 않아야 하는 분명한 이유를 가지고 있었다.

"저는 자연스럽게 늘어나는 구독자가 더 중요해요. 아직 광고를 한 번도 해본 적이 없어요. 제가 지금 구독자가 56만 명인데, 이 56만 명이 제 영상을 더 좋아할 수 있도록 만들고, 소통할 수 있는 팬들과의 커뮤니티를 형성하는 것이 저의 목표예요. 단순히 구독자 수만 늘리는 것은 장기적으로 봤을 때 채널에 도움이 되지 않는다고 생각해요."

유튜버들 대부분은 광고란에 자신의 영상이 올라오는 걸 원하지 않았다. 그렇게 해서 일시적으로 구독자를 늘릴 수는 있지만, 실질적인 조회 수로 연결되진 않기 때문이다. 광고 없이 자발적으로 채널에 들어오는 사람이 더 충성도가 높은 것은 당연할 것이다.

결국, 유튜브 조회 수를 올리는 가장 큰 비결은 '영상'이다. 유튜버 [핫도그TV]는 "광고에 한 번도 돈을 써본 적이 없어요. 아무

효과 없다고 생각해요. 그렇게 노출해봤자 영상 한 개의 조회 수가 올라가는 거예요. 저는 유튜브가 진짜 정직하다고 생각해요. 재밌으면 보고 재미없으면 안 보고. 그럼 재미있는 영상을 만드는 게 최우선이지 않을까요?"라고 말했다.

유튜브 동영상의 조회 수를 올릴 수 있는 방법은 유튜브 영상 안에 있을 뿐이다.

영상을 보고도 구독은 누르지 않는
사람들의 심리 돌파법 5가지

유튜브를 시작한 이후 사람들이 내게 가장 많이 물어보는 질문이 있다. 바로 "구독자가 몇 명이세요?"이다. 직장인들에게 회사가 자신의 타이틀이 되듯이, 유튜버들에게는 구독자 수가 본인의 위치를 반영해준다. 그렇다면 구독자는 어떻게 모아야 할까? 수익 창출의 가장 기본 요건이라고 할 수 있는 구독자 1,000명은 어떻게 만들까?

유튜브 수익 창출 기준(1년 이내)	
구독자	1,000명 이상
연간 시청 시간	4,000시간 이상

<u>첫 번째 방법은 가족, 친구 등 지인에게 적극적으로 알리는 것</u>
이다. [단희TV]는 본인이 활용할 수 있는 모든 수단을 이용했다.

"제 구독자층이 있을 만한 재테크, 경제 카페 100군데 넘게 다 가입해서 성실하게 댓글을 달면서, 그 밑에 '제가 만든 영상인데 한번 보시면 도움이 될 거예요'라고 하면서 링크를 달았죠. 물론 카페에서 많이 잘리기도 했어요. 일종의 광고니까요. 그래도 계속 했어요. 결혼식장에 가거나 친척을 만날 때마다 창피하긴 하지만 스마트폰을 달라고 해서 채널을 소개해주고 '구독'과 '좋아요'를 눌렀어요. 원래 잘 안 나가던 모임도 그때는 잘 나갔어요. 만나는 모든 사람들에게 홍보를 한 거죠. 초기에는 그렇게 구독자를 모으기 위해 정말 열심히 했어요. 지인을 활용하지 말라는 얘기도 있는데, 일정한 수의 구독자를 만들어내는 게 중요하잖아요. 누군가 우연히 제 채널에 들어왔다고 하더라도 어느 정도 구독자가 있어야 제 채널을 신뢰할 거예요. 품이 많이 들긴 하지만 지인을 활용하는 것이 초기에 1,000명 구독자를 만드는 데 굉장히 효과적이에요."

어느 정도 구독자가 쌓인 뒤에는 필요가 없겠지만, 나도 초기에 유튜브 채널을 지인에게 먼저 알려야 한다는 것에 적극 찬성이다. 블로그, 인스타그램, 페이스북 등 SNS를 통해서 주변의 도움을 적극적으로 받는 것도 좋다. 구독자들이 알아서 찾아와주길 기다리는 것이 아니라, 내 콘텐츠를 좋아할 만한 구독자들이 있을 법한 커뮤니티에 가서 내 콘텐츠를 보여줘야 한다. 왜냐하면 초반에 구독자 1,000명을 모으는 것이 정말 중요하고도 어렵기 때문이다. 유튜브가 알아서 우리의 영상을 홍보해줄 거라고 안일하게 생각하지 말자. 유튜브가 영상을 노출해주는 첫 번째 판단 기준은 구독자 수다. 구독자 수가 커지면 커질수록 내 영상이 뜰 수 있는 확률도 높아지게 마련이다. 유튜브는 사람이 아니기 때문에 내가 얼마나 많은 노력을 했는지의 과정을 봐주지 않는다. '이 유튜버가 얼마나 많은 구독자를 가지고 있는지'가 판단의 기준이 될 뿐이다. 구독자층이 많을수록 유튜브에서 영상을 노출할 수 있는 힘도 커진다는 사실을 명심해야 한다.

두 번째 방법은 이벤트를 통해 선물을 주는 것이다. 유튜버 [리뷰엉이]는 그 혜택을 쏠쏠히 보았다.

"이벤트를 해서 선물을 주면 구독 비율이 확 늘어나요. 최근에 구독자 이벤트를 했는데 2주 만에 5만 명이 올랐거든요. 선물을 주니까 구독하는 거죠. 근데 선물 공세를 하는 건 '양날의 검'인 거 같아요. 구독자 수를 늘릴 수는 있지만, 선물을 받기 위해서 구독만 해놓고 영상을 안 보는 의미 없는 유령 구독자가 생길 수 있거든요. 정말 영상을 보기 위해 구독한 사람과 선물을 받고 싶어서 구독한 사람과의 충성도 자체가 다른 거죠. 만약에 유령 구독자만 계속 쌓이게 되면 결국에는 채널에 악영향을 미칠 거예요."

참고로 유튜브 또한 유튜버들을 위한 이벤트를 하고 있다. 유튜브 알고리즘상 구독자가 100명, 1,000명, 1만 명이 되었을 때 그때마다 영상을 좀 더 노출해준다. 유튜브에서 공식적으로 밝힌 것은 아니지만, 많은 유튜버들에 의해 어느 정도 확인된 부분이니 이 시기에 맞춰 자신의 특별 기획 영상을 꺼내는 것도 좋은 방법이다.

세 번째 방법은 팬들과 소통하는 것이다. 유튜버 [제이제이살롱드핏]은 원래 운동 관련 영상만 집중적으로 올리다가 구독자들과의 소통을 위해 본인의 이야기를 하기 시작했다.

"구독자분들이 저를 궁금해하시는 것 같았어요. 그래서 제가 어떤 사람인지, 다이어트는 어떻게 시작했는지, 어떻게 운동을 해왔는지 등의 콘텐츠를 담은 영상을 만들었어요. 그때 구독자가 한 번에 확 늘더라고요. 단순히 운동하는 영상만 올린다고 해서 구독자가 늘어나는 것이 아니었어요. 그때부터는 제 경험을 이야기해주거나, 브이로그 같은 영상도 올리게 되었죠. 운동 채널이긴 하지만, 운동 채널의 주인공인 내가 어떤 사람인지 보여줘야 하는 거죠. 단순히 운동 영상만 계속 올리는 게 답이 아니더라고요."

유튜버 [KyunghaMIN]은 팬들과의 소통을 위해 생방송을 자주 하다 보니 구독자도 자연스럽게 늘었다고 했다. 이처럼 구독자를 늘리는 비결은 크리에이터 자체의 매력에 있으니 이를 적절히 활용해야 한다는 것을 명심하자.

네 번째는 일시적으로 많은 구독자를 불러올 수 있는 방법으로, 다른 유튜버와 컬래버레이션 방송을 하는 것이다. [유라야놀자]는 컬래버레이션 영상을 통해 구독자가 급격하게 빨리 늘 수 있다고 말했다.

"만약에 구독자가 3만 명인 채널인데, 콘셉트와 타깃이 비슷한 구독자 50만 명을 보유한 유튜버와 함께 영상을 찍는다면 하루에 1만에서 2만 명 정도 늘어나 있을걸요? 컬래버레이션을 하면 영상에 서로의 채널을 소개하는 링크도 걸어줄 거고, 상대 유튜버 구독자들이 한 번 클릭해서 본 것만으로도 나비 효과처럼 맞춤 동영상에 한 번 봤던 유튜버의 영상이 계속 뜨게 되잖아요. 구독자를 맞교환하는 거죠."

뷰티 콘텐츠를 올리는 유튜버 [itsjinakim]은 실제로 그 효과를 톡톡히 봤다.

"남미 쪽이 정말 대단하더라고요. 남미 쪽에 있는 구독자 20만 명의 유튜버랑 컬래버레이션 영상을 찍었는데, 그들의 열정이 국경을 넘어 밀려오더라고요. 한 번 방송으로 몇만 명의 구독자가 늘어났어요."

<u>다섯 번째 방법은 초기일수록 꾸준히 많은 영상을 올리는 것</u>이다. [단희TV]가 구독자를 높이는 비결은 '질보다 양'이었다.

"영상이 어디서 어떤 게 터질지 모르거든요. 우연히 하나라도 터지면 사람들이 다른 영상들도 찾아보게 되고, 그때 구독자가 확 늘어나는 거예요. 제가 다이어트 영상을 올렸었는데, '50대의 나이에 이런 걸 올려봤자 사람들이 보기나 할까?' 생각하고 기대를 안 했는데, 그게 터지더라고요. 어떤 영상이 어떻게 터질지 예측하기 힘들어서 오히려 더 꾸준하게 영상을 올려야 한다는 거죠. 그리고 영상 하나가 대박이 났을 때, 내가 만들어 놓은 영상이 충분해야 시청자들이 구독을 누르지, 달랑 대여섯 개 있으면 누가 구독을 누르겠어요."

그래서 유튜브를 처음 시작하는 사람일수록 많은 영상을 올려야 한다. 뭐가 터질지는 정말 아무도 모르기 때문이다. 혹시나 한 영상으로 인해 구독자가 확 올랐다면, 그 속도를 늦추면 안 된다.

한편 [리뷰엉이]는 초창기에 구독자 수가 많이 쌓였던 것이 오히려 독이 되었다.

"구독자 수가 처음부터 잘 쌓여서 문제가 됐어요. 너무 기고만장해졌거든요. 제가 2016년 3월에 첫 영상을 올리고 4번째 영상인 '시빌워 보기 전에 꼭! 알아야 할 블랙팬서'를 올렸는데 조회 수가 100만 회가 터진 거예요. 1달 만에 구독자가 바로 1만 명이 넘었거든요. 그래서 '유튜브 별거 아니구나' 하는 생각을 하게 됐어요. '이 정도 속도면 조만간 10만 명 돌파하겠구나' 생각이 들었죠. 그래서 대충 했어요. 거기서부터 꼬인 거예요. 절대 저처럼 하시면 안 됩니다. 유튜브는 기고만장하면 거기서 끝나요. 구독자 수에 자만한 뒤로 영상을 한 달에 두세 개만 올렸더니 오랫동안 채널이 침체기였어요. 그때 이후로 다시는 자만하지 말자고 다짐했죠."

구독자를 늘릴 수 있는 수많은 방법을 얘기했지만 역시 가장 중요한 것은 결국 '콘텐츠'이다. 국제 정치와 관련된 영상을 올리는 유튜버 [효기심]은 이를 잘 알고 있었다.

"뉴스를 보면 재미가 없으니까 '누군가 뉴스를 재미있게 설명해주면 좋을 텐데'라는 생각을 많이 했어요. 그래서 제가 직접 국제 정치 관련 영상을 만들게 된 거죠. 기획할 때부터 사람들이 어렵고 복잡해하는 내용을 쉽고 재미있게 받아들일 수 있도록 구성하고, 편집할 때도 신경을 많이 써요."

유튜버 [양품생활]은 지금 시대의 특성상 콘텐츠가 더욱 중요하다고 말한다.

"유튜브에 수많은 콘텐츠들이 올라오기 때문에 더욱 '차별성'이 중요한 요소가 된 거 같아요. 구독자가 빨리 늘어나는 채널은 지금껏 유튜브에서 없었던 새로운 영상을 제공하는 경우가 많더라고요. 제 채널도 어떻게 보면 그런 채널 중의 하나였던 것 같아요. 정보의 홍수 속에서 콘텐츠 큐레이션 역할이 훨씬 더 중요해진 거죠."

초기에는 무조건 많은 영상을 올리는 게 중요하지만, 유튜브 시장이 커진 만큼 시청자도 성숙해졌기 때문에 어느 정도 단계가 지나가면 양으로 경쟁하는 것이 의미가 없다. 유튜브 젊은 부자들 역시 철저히 '콘텐츠의 질'로 진검승부를 하는 사람들이다. 구독자들의 기대치가 높아졌다면, 유튜버 또한 고품질의 콘텐츠로 사람들이 귀중한 시간을 내어 줄 가치 있는 영상을 만들어야 한다.

이를 위해선 구독자들이 원하는 게 무엇인지 정확하게 파악하고 그에 맞는 콘텐츠를 기획하는 게 중요하다. 유튜버라면 나를 좋아해주는 구독자들에게 열과 성을 다해 그들이 원하는 콘텐츠를 제공해줘야 할 의무가 있다. 그렇기 때문에 구독자 입장에서 영상을 바라보는 관점이 필요하다. 다만, 너무 구독자의 입장에 빠지는 실수는 하지 말아야 한다. 유튜버 [승우아빠]는 말했다.

"유튜브를 할 때 항상 생각하셔야 할 것이 있어요. 현재 내 구독자만을 위한 콘텐츠를 만들면 안 된다는 거예요. 지금 내 채널을 구독하고 있는 사람보다 구독자가 아닌 사람이 훨씬 많기 때문에 구독 여부에 상관없이 볼 수 있는 콘텐츠를 만드셔야 해요. 구독자들이 할 수 있는 건 구독 취소밖에 없어요. 구독을 한 번 더 누를 수는 없잖아요. 근데 구독을 안 한 사람은 할 수 있는 게 구독밖에 없죠. 기존 구독자들을 위한 콘텐츠만 만들면 결국에는 마이너 스 구독자가 나오게 되어있어요."

마지막으로 유튜브 젊은 부자들이 말하는 채널 성장의 비결 한 가지를 얘기하며 이 스토리를 마칠까 한다.

▶ 제이제이

"제가 2017년 4월에 첫 영상을 올렸는데 그해 10월에 구독 자 1,000명을 달성했어요. 거의 여섯 달 정도 걸린 셈이죠. 그때까 지 올린 영상이 45개 정도 되고요. 구독자 1만 명은 10개월 만인 2018년 2월에 달성했어요. 제 입장에서 말씀드리면 구독자를 빨 리 올리는 방법 같은 건 없다고 생각해요. 사실 구독자가 빨리 늘 것이라고 생각하는 거 자체가 잘못됐다고 생각해요. 왜냐하면 유 튜브를 시작하는 사람 대부분은 대단한 사람이 아니잖아요. 저는 심지어 마술사가 직업이어서 콘텐츠가 풍부하고 사람들에게 나를 표현하기 쉬웠음에도 불구하고 처음엔 정말 힘들었어요.

대부분의 사람들은 유튜브 시작하면 처음부터 잘될 줄 아는데 절대 아니에요. 구독자와 조회 수에 대한 욕심이 있으면 지칠 수밖 에 없어요. 허공에다가 영상을 올린다고 생각해야 해요. 다만, 본 인이 봤을 때도 재밌는 영상을 만들어야 남들에게도 재미있겠죠.

영상 개수를 채우기 위해서 설렁설렁 만들어서 올리는 게 아니고, 조회 수는 안 나오더라도 매회 공을 들여서 만들어야 해요. 그리고 구독자가 없다고 해서 '어차피 열심히 해도 구독자가 안 오를 거야'라고 생각하는 채널보다 조회 수가 낮아도 열심히 하는 모습을 보여주는 채널이 언젠가는 반드시 성공한다고 봐요."

▶ 한국언니

"제가 잘한 게 딱 하나 있다면 구독자 수가 정체되었을 때 멈추지 않았다는 거예요. 제 채널이 처음부터 구독자가 잘 쌓이지는 않았거든요. 2015년 채널을 개설하고 2016년에 구독자 1만 명, 2017년에 구독자 10만 명이었으니 초창기 1~2년에 구독자가 급증한 편은 아니었어요. 그런데 그게 당연하지 않나요? 유튜브를 처음 시작했으니까요. 그래서 묵묵히 학생이 숙제하는 것처럼 영상을 꾸준히 만들었어요. 언젠가 확 뜰 수도 있는 거니까요. 그러더니 2018년에 구독자 30만 명. 지금은 구독자 73만 명인 채널이 되었어요. 사실, 이 정도 채널이 될 거라고는 예상도 못했어요. '잘되면 구독자 10만 명 정도 되겠지'라고 생각했거든요. 구독자가 더 이상 늘어나지 않는 정체기에 버틸 수 있는 힘이 제일 중요한 거 같아요. 지금 구독자가 많이 없다고 해서 내 채널의 가치가 이 정도밖에 안 되는 채널이라고 생각하지 말고, '내가 이 분야에서는 최고야'라는 마음으로 임해야 버틸 수 있는 것 같아요."

▶ 핫도그TV

"구독자 0명부터 200명까지 만드는 것이 진짜 힘들고 오래 걸렸어요. 한 6개월 걸렸으니까요. 뭘 해도 안 되고 아무런 반응도 안 오던 시기였어요. 구독자 1만 명을 달성하는 데 한 1년 정도 걸렸고요. 불안했죠. 사흘 밤새워서 편집을 해도 조회 수가 100회, 200회 나오니까 허탈하고 불안했지만, 이럴 시간에 다음 영상 한 편 더 만들고 더 발전하자는 생각으로 했어요. 사람들이 어떤 내용을 원하는지 고민하고, 내 채널이 왜 안 되는지 계속 분석했어요. 이런 노력이 쌓이니까 그다음부터는 어떻게 구독자가 늘었는지 모를 정도로 성장을 한 거죠."

인기 동영상으로 올라가는
유튜브 알고리즘에 올라타라

많은 사람들에게 추천되는 인기 동영상이 되는 기준은 무엇일까? 우선 유튜브의 영상 노출 순서는 다음과 같다.

1) 구독자들에게 영상을 노출시킨다. [**구독 탭**]

2) 구독자들이 오랫동안 시청하면 이 영상을 좋아할 것 같은 사람들에게 추천한다. [**홈 탭**]

3) 추천받아 영상을 본 사람들의 반응이 좋으면 일반인들에게 알려준다. [**인기 탭**]

업로드 초반에 영상의 '좋아요'와 댓글이 많으면 당연히 노출이 많이 되겠지만, 유튜브가 가장 많이 따지는 조건은 노출을 해줬을 때의 '클릭률'과 콘텐츠의 퀄리티라고 할 수 있는 '시청 지속 시간'이다.

유튜버 [효기심]은 말했다.

"유튜브의 알고리즘에서 제일 중요한 건 시청 시간이에요. 재미가 없으면 10분짜리 영상이나, 1시간짜리 영상이나 똑같이 1분 만에 나가요. 그럼 시청 시간이 줄어들고 추천 동영상에 안 뜨죠. 영상을 잘 만들었고 좋은 영상이라면 끝까지 볼 가능성이 높을 거고, 그런 영상은 유튜브 알고리즘이 추천 동영상으로 퍼뜨려주는 원리예요. 시청자들이 영상을 보는 도중에 나가지 않도록 머리를 써야 하는 거죠."

유튜브 젊은 부자들은 본인이 올린 영상이 추천 영상이 되고, 인기 동영상이 되어 유튜브의 세계에서 순식간에 퍼지는 효과를 몸소 체험한 사람들이기 때문에 무엇보다도 시청 시간을 늘리기 위해 많은 노력을 기울이고 있었다.

그렇다면, 유튜브에서는 어떤 동영상이 대박이 나는 걸까? 유튜버 [채채]는 자극적인 콘텐츠가 뜰 수밖에 없다고 설명했다.

"제가 얼마 전에 유튜브 인기 동영상 리스트를 봤는데, 인기 동영상 2위가 남자 옆에 여자 BJ가 상반신을 가리고 있는 썸네일에

'여캠이 노출을 하면 생기는 일'이라고 제목이 적혀 있더라고요. 엄청 자극적이잖아요. 유튜브에서 인기를 얻으려면 '죄송합니다, 해명하겠습니다' 이런 거 찍어야 되잖아요. 아직은 자극적인 콘텐츠가 뜰 수밖에 없는 것이 현실인 것 같아요."

유튜브에서 자극적이고 폭력적인 콘텐츠들이 여전히 인기를 끄는 것은 사실이다. 그러나 폭력적이거나 노출이 많은 음란성 콘텐츠를 올리는 채널의 경우 최근 제재를 받거나 채널 자체가 삭제당하는 경우도 많다. 유튜브도 점차 건전한 교육용 콘텐츠를 살리는 데 신경을 쓰고 있다.

이번 스토리에서는 유튜브 젊은 부자들의 영상이 여러 사람들의 사랑을 받을 수 있었던 7가지 비법을 공유하고자 한다.

첫째, 사람들이 좋아하거나 궁금할 만한 아이템을 선택해야 한다. 유튜버 [야식이]는 시청자들이 특정 시간 내에 많은 양의 음식을 빨리 먹는 영상을 좋아하는 것을 알고 적용을 많이 했다. '항아리짬뽕 30분 안에 다 먹으면 공짜'(409만 회), '짜장면, 짬뽕 25분 안에 다 먹으면 1년 공짜'(316만 회)와 같은 콘텐츠가 바로 그렇다.

[효기심]은 "국제 정치 관련해서 홍콩 편을 올렸는데 조회 수가 잘 안 나오더라고요. 제가 아무리 설명을 재미있게 해도, 주제 자체가 흥미롭지 않으면 사람들이 안 보시는 거 같아요"라며 경험

을 전했다. 그만큼 사람들이 좋아할 만한 아이템을 고르는 것이 중요하다는 얘기다.

유튜버 [핫도그TV]는 그런 구독자에게 먹히는 아이템을 찾기 위해 트래픽 분석을 한다.

"사실, 유튜브에서 잘되는 콘텐츠는 정해져 있어요. 먹방이면 '엽기떡볶이'는 무조건 대박이 나는 콘텐츠예요. '엽기떡볶이'랑 국물떡볶이를 키워드로 검색했을 때 총 조회 수를 비교해보면 '엽기떡볶이'가 훨씬 많거든요. 같은 떡볶이 먹방이라도 '엽기떡볶이'를 먹는 영상을 찍으면 조회 수가 좀 더 높게 나올 수 있는 거죠. 조회 수 잘 나오는 것들은 정해져 있어요. 쉽지는 않지만 트래픽을 많이 보고 공부하면 감이 와요. 그렇게 해서 대중성이 높은 아이템을 골라서 영상을 기획해야죠."

이처럼 좋은 콘텐츠의 시작은 아이템 발굴이다. 텔레비전 프로그램도 PD나 작가가 아이템 선정을 어떻게 하느냐에 따라서 승패가 갈린다. 아이템만 좋아도 반은 성공이다. 유튜브 젊은 부자들은 아이템 선정을 위해 동일 카테고리에서 조회 수가 높은 영상을 보거나, 영상의 댓글을 쭉 읽어보면서 지금 사람들이 어떤 콘텐츠를 좋아하는지 감을 잡는다. 그렇게 해서 내가 알리고 싶은 콘텐츠가 아니라, 사람들이 알고 싶은 영상을 제작하는 것이다. 현재 이를 가장 잘 하고 있는 채널 중 하나는 [진용진] 채널이다. 이 채널이

뜬 이유는 모두가 한 번쯤 궁금해했지만, 모른 채 넘어갔던 내용을 주제로 고르기 때문이다. 가령 누구나 길거리에 있는 성인 오락실이 어떻게 되어 있을지 궁금해한 적이 있을 것이다. 이렇게 사람들이 흥미를 가질 만한 아이템을 선정하면 조회 수는 어느 정도 확보된다고 보면 된다.

둘째, 아이템을 골랐다면 그 영상을 통해 전달하려는 주제나 메시지가 있어야 한다. 유튜버 [제이제이]는 영상의 주제가 없으면 조회 수가 낮다고 했다. 예를 들어 '한가로운 어느 날 오후의 일상'이라는 영상을 올리면 주제도 없고, 궁금해하는 사람도 없으니 조회 수가 안 나올 수밖에 없다. 좋은 아이템과 더불어 어떤 메시지를 줄 것인가도 고민해보아야 한다.

셋째, 시의성을 고려해서 영상을 찍어야 한다. 유튜버 [양품생활]은 말한다.

"미세먼지가 심해서 공기청정기 리뷰 영상을 찍었어요. 촬영도, 편집도 재밌게 해서 뜰 줄 알았는데 조회 수가 안 나오더라고요. 많은 사람들이 이미 공기청정기를 구입한 뒤에 영상을 찍었던 게 이유였어요. 시기를 놓친 거죠. 사람들이 더 이상 검색을 하지 않는 거예요. 제가 만약 인터뷰 채널을 운영한다면, 2020년 도쿄

올림픽이 열리기 전에 방사능 전문가나 올림픽 선수들과 인터뷰하는 영상을 찍을 것 같아요."

유튜브는 워낙 트렌드에 민감하게 반응하는 플랫폼이기 때문에 시의성이 중요한 요소다. 또한 검색 엔진의 기능까지 하고 있어 지금 유행하고 있는 아이템을 선택하여 나만의 색깔을 입힌다면 조회 수는 어느 정도 보장된다.

넷째, 많은 사람이 관심을 갖는 대중성 있는 아이템이어야 한다. 유튜버 [프리티에스더]는 아이템 선정에서 실수를 한 적이 있다.

"예전에 제 딸이랑 뻥튀기 튀밥 먹기 영상을 찍었어요. 저희 둘은 재밌게 촬영을 했는데 조회 수가 안 나오더라고요. 분석을 해봤더니 주 시청자인 초등학생들이 튀밥을 몰랐던 것이 요인이었어요. 대중적인 아이템을 선정하지 못했던 거죠."

유튜브에 영상을 업로드한 뒤 2개월 만에 10만 구독자를 보유하며 핫한 스타가 되었던 [신사임당]은 대중적인 콘텐츠를 잘 활용한 케이스이다.

"'매달 1,000만 원을 만드는 가장 현실적인 방법', '매달 1,000만 원을 만드는 가장 현실적인 구조' 이렇게 영상 2개로 조회 수 152만 회를 달성했어요. 사람들이 1,000만 원 버는 법을 궁금해하는 것 같더라고요. 월 1억 원은 너무 멀지만, 1,000만 원은 손에 잡히는 수치잖아요."

진짜 공을 많이 들인 영상인데도 뜨지 않았다면 대중들의 관심을 벗어난 주제일 수도 있다. 사진 찍는 방법을 알려줄 때 필름 카메라와 스마트폰 카메라 두 개의 영상이 있으면 사람들이 과연 어떤 것을 선택하겠는가? 사진을 정말 좋아하는 사람들이 아니라면 스마트폰 카메라를 활용한 영상을 선택할 것이다. 너무 마니아틱한 주제는 찾는 사람이야 있겠지만, 대박이 나긴 어렵다. 시청자들이 좋아하는 주제, 많은 사람들이 볼 수 있는 콘텐츠를 만든다면 일단 어느 정도의 구독자 수는 확보한 것이다.

다섯째, 차별화되는 희소성 있는 콘텐츠를 만들어야 한다. 유튜버 [유라야놀자]는 기존 유튜브에는 없었던 콘텐츠인 '모래 놀이 중장비 놀이' 영상을 만들어 크게 성공한 적이 있다.

"유튜브를 개설하고 12번째로 업로드한 영상이었는데 갑자기 하루 만에 조회 수가 10만 회씩 올라가더니 한 달 만에 100만 회를 찍더라고요. 구독자가 겨우 1만 명일 때였는데, 조회 수 100만 회 달성하기가 엄청 힘들잖아요. 당시에 엄청 놀랐죠. 그때만 해도 크리에이터들 대부분 테이블에서 장난감을 가지고 놀았거든요. '모래 놀이 중장비 놀이'는 집에서 김장 매트 같은 걸 깔고, 그 위에

모 래를 부어서 하는 놀이였는데 그런 썸네일을 유튜브에서 본 적이 없었어요. 아무래도 아이들이 전혀 못 봤던 썸네일이라서 많이 봤던 거 같아요. 엄마들이 집에서 모래 놀이를 안 시켜주잖아요. 집에서 모래 놀이를 한다는 반전과 함께 대리만족을 하는 거죠. 그 영상이 지금은 조회 수 1,000만 회가 되었으니, 지금의 [유라야놀자]를 있게 해준 영상이죠."

유튜버 [리뷰엉이]에게도 그런 기회가 있었다.

"제 4번째 영상에서 조회 수 100만 회가 나왔어요. 그때 영화가 「블랙팬서」였어요. 그 당시에 '마블' 콘텐츠가 큰 유행이었는데, '마블이 앞으로 어떻게 될 것이다', '이 영화가 앞으로 어떻게 전개될 것이다' 예측하는 콘텐츠는 아예 없었어요. 제가 최초로 시도를 했는데 그게 먹혔던 거예요. 그럴듯한 근거를 제시해주니까 사람들이 '아, 진짜 그럴 수도 있겠구나' 하면서 흥미롭게 봐주시더라고요. 그 콘텐츠를 시작으로 많은 영화 유튜버들이 '예측 콘텐츠'를 제작하시더라고요."

남들이 생각하지 못한 콘텐츠는 조회 수를 보장해주는 보증 수표다.

여섯째, 자신의 채널에서 뜨는 콘텐츠를 분석해야 한다. 유튜버 [제이제이]는 철저한 분석을 한 경우였다.

"구독자 1,000명 이후로 조회 수가 잘 안 나오다가 고시원에서라면 먹었던 동영상, 치킨집 알바생이 가게에 손님으로 찾아가서 치킨 먹었던 동영상, 랜덤박스 동영상 이런 영상들이 갑자기 팍 터졌어요. 매번 조회 수 몇천 회에서 머물다가 갑자기 몇만, 몇십만 회까지 올라가더라고요. 근데 그 콘텐츠가 잘 나왔다고 해서 다음 영상의 조회 수가 잘 나오지는 않더라고요. 몇 번 그런 굴곡을 겪었어요. 그래서 SNS 광고 아이템인 '마약 베개 리얼 리뷰'를 하면서 조회 수가 확 올라가는 걸 보고, '아, 이번에는 반드시 조회 수를 잡아야겠다'고 작정을 했죠. 그래서 다른 SNS 광고 아이템을 골라서 리뷰 영상을 찍었더니 조회 수가 올라가더라고요. '아, 이거구나' 싶었죠."

<u>마지막으로, 자신의 채널을 카멜레온처럼 다채롭게 업데이트하는 것이다.</u> 유튜버 [핫도그TV]는 계속해서 새로운 시리즈의 영상을 개발하는 중이다.

"맨 처음에 채널이 성장하게 된 계기가 '연애 팩트 체크' 콘텐츠였어요. 그래서 자연스럽게 연애 관련 채널이 됐죠. 구독자와 조회 수는 쌓이고 있었지만, 이대로는 안 될 것 같았어요. 연애라는 주제 하나만으로는 콘텐츠가 결국 소모될 거니까요. 그래서 '각자먹방'이라는 시리즈를 계속 시도했어요. 그때는 당연히 연애 콘텐

츠를 보고 구독을 누른 사람들이 대다수였기 때문에 반응이 안 좋았어요. 그래도 밀어붙였는데 결국 그게 터지더라고요. 이제는 연애 채널보다는 먹방 채널이라고 인식하시는 분들이 많아요. 연애 팩트 체크의 경우에는 실제로 콘텐츠가 어느 정도 소모되어서 최근에 콘텐츠의 결을 조금 바꿨어요. '여자들의 기싸움! 남자들은 알 수 있을까?!' 같은 실험 카메라 콘텐츠로요. 계속 살아남기 위해 주제를 업그레이드시키고 있는 거죠. 또 최근에 새롭게 시작한 것 중에 하나는 '팩트 폭행'이라는 건데, 이제 6개 정도 올렸거든요. 아직 조회 수가 안 나와요. 새로운 코너가 만들어지면 초보 크리에이터처럼 영상 길이를 줄이고, 몇 개는 테스트해봐야 하는 시기가 있어요. 이럴 때는 일단 버티는 자세가 필요한 거죠. 아직 기다리고 있는 중이에요."

인기 동영상에 올라가고 싶다면, 유튜버의 관점이 아니라 시청자의 관점에서 좋아할 만한 영상을 만들어야 한다는 것이 유튜브 젊은 부자들의 공통된 의견이었다.

[핫도그TV]의 영상은 '인기 급상승'에 굉장히 자주 올라가는데 그 비결은 이렇다.

"거의 영상 2개 중에 하나는 올라간다고 보면 되는데, 최근 들어서 5개 다 올라갔어요. 사실, 인기 급상승에 올라가는 사람들이 어느 정도 정해져 있어요. 그 사람들끼리의 싸움이기 때문에 엄청 치열하게 해요. 사람들이 저한테 어떻게 하면 인기 급상승에 올라갈 수 있냐고 많이 물어보는데 저도 왜 올라갔는지 몰라요. 그냥 최대한 객관적으로 분석한 뒤 재밌게 영상을 만들려고 해요.

분석할 때 중요한 것은 내가 하고 싶은 콘텐츠가 아니라, 남이 좋아하는 콘텐츠를 중점적으로 봐야 한다는 거예요. 내가 잘할 수 있는 것과 남이 좋아하는 것을 적절히 잘 섞어야 돼요. 이게 제일 중요한 포인트예요. 보통 성장이 안 된 채널을 분석해보면 대부분 유튜버 본인만 재밌어하는 경우가 많더라고요. 그 재미를 시청자들에게 확장시키는 시점부터 조회 수가 오르기 시작할 기예요. 우리도 지금 운영하고 있는 채널 2개를 합치면 구독자가 97만 명인데 어떤 영상은 조회 수가 10만 회밖에 안 나오는 게 있어요. 지나고 나서 다시 보면 우리끼리만 재밌었더라고요."

초보 유튜버는 우선 낚싯대를 많이 걸자는 마인드를 가졌으면 한다. 최대한 영상을 많이 만들어서 업로드해보고 반응이 오는 게 있으면 그걸 토대로 분석하면 된다. '이건 왜 인기가 있었을까?' 유입 키워드도 찾아보고, 자극적인 썸네일도 만들어보고, 제목 텍스트 길이가 어느 정도가 적당한지 테스트도 해보고, 업로드 시간은 언제로 하는 게 좋은지 여러 가지 경험을 토대로 자신만의 색깔을 찾는 것이다. 그러기 위해서 필요한 것은 철저한 분석, 그리고 내가 잘하는 것과 남이 좋아하는 것을 혼합하는 능력이다.

유튜브 스노우볼 법칙,
결국 수익은 오른다

 나도 영상 기획을 하다 보면 정말 뜰 거 같은 콘텐츠들이 있다. 그래서 촬영에 좀 더 신경을 쓰고, 편집에도 공을 들이는데, 많은 시간과 정성을 쏟는다고 해서 그 콘텐츠가 정말로 뜰까?

 유튜브 젊은 부자들은 오랜 시간을 투자했다고 해서 그 콘텐츠가 반드시 뜨는 것은 아니라고 말한다. 여기에서는 톱 크리에이터들의 성공한 기획과 실패한 기획의 다양한 사례를 살펴보며 우리가 영상을 만들 때 참고해야 할 것들은 무엇이 있는지 이야기하려고 한다.

엔터테인먼트 유튜버 [제이제이]의
〈벌레를 무서워하시면 클릭 금지! 도왜먹 곤충특집〉

먼저 엔터테인먼트 유튜버 [제이제이]의 쓰라린 경험이다.

"'도대체 이걸 왜 먹는 걸까' 시리즈에서 벌레들을 먹는 곤충특집을 한 적이 있어요. 저는 진짜 조회 수가 한 200만 회 정도로 대박이 날 거라고 생각했는데, 제가 한 '도대체 이걸 왜 먹는 걸까' 시리즈 중에서 제일 바닥을 쳤어요. 징그러운 걸 못 보는 사람들이 많다는 걸 제가 알아채지 못했던 거죠."

아무리 사람들이 자극적인 콘텐츠를 좋아한다지만, 자극도 긍정적인 자극과 부정적인 자극이 있음을 [제이제이]의 이야기를 통해 알 수 있다.

ASMR 유튜버 [Miniyu ASMR]의
〈은하철도 999호타고 기계인간 되러 가실래요?〉

ASMR 유튜버 [Miniyu ASMR]도 예상하지 못했던 실패를 경험한 적이 있다.

"「은하철도 999」를 패러디한 영상을 올린 적이 있는데 실패했어요. 전 정말 반응이 엄청 좋을 줄 알았거든요. ASMR 소리도 좋고, 장면 연출도 괜찮았는데 제 구독자들이 연령대가 낮아서 은하철도 999를 모르는 거예요. 제가 그 부분을 캐치하지 못했던 거 같아요."

이처럼 유튜브는 성별과 연령대에 따라 콘텐츠의 인지도가 분명하게 나뉜다.

국제 정치 유튜버 [효기심]의
〈지역감정이 생긴 진짜 이유〉

반대로 오래되고 해묵은 주제라서 실패할지도 모른다고 예상
했는데 의외로 대박을 터뜨린 [효기심]의 사례도 있다.

"지역감정을 다룬 영상은 사람들이 많이 안 보실 줄 알았어요.
특히, 한국 정치에서는 박근혜, 이명박, 문재인 키워드가 나와야
많이 본다고 생각했어요. 사실 지역감정 얘기는 조금 옛날 얘기잖
아요. 그런데 영상을 올리고 나니 생각보다 좋아하시더라고요."

분명 지역감정은 몇십 년 동안 사람들의 입에 자주 오르내렸을
만큼 다소 식상한 주제지만, 그만큼 많은 사람이 지속적으로 관심
을 가지고 있다는 뜻이기도 하다.

영화 유튜버 [리뷰엉이]의
〈12살 소녀를 사랑한 미치광이 교수〉

잘못된 지식을 바로잡는 것만으로도 그 가치를 인정받는 콘텐츠도 있다. 바로 [리뷰엉이]의 영상이다.

"우연찮게 「로리타」라는 영화를 봤는데 너무 재밌는 거예요. 이 작품을 사람들한테 설명해줘야겠다 싶어서 영상을 만들었죠. 사람들이 이 영화를 '로리타' 이미지 때문에 단순히 야한 영화로 알고 있는데 그게 아니거든요. 주인공인 험버트 박사를 철저하게 비판하는 영화인데, 그게 영화 안에 숨겨져 있어요. 그걸 사람들에게 알려주고 싶어서 만들었는데 반응이 좋았어요. 주제가 흥미롭긴 하지만 이렇게까지 터진 이유는 저도 잘 모르겠어요. 솔직히 1,000만, 2,000만 회 조회 수의 영상이 될지는 전혀 예상 못했죠."

먹방 유튜버 [야식이]의
〈3만 원짜리 돌판 짜장면 20분 안에 다 먹으면 천만 원??〉

좋은 의도를 가지고 만든 [야식이]의 영상이 대박을 터뜨렸다.

"이 영상이 조회 수가 이렇게 많이 나올 줄 몰랐어요. 제가 구독자가 50만 명이 되어서 이벤트로 기부를 좀 해야겠다고 생각했어요. 일본군 위안부 피해 할머니들이 거주하시는 나눔의 집에 기부를 하려고 했는데, 나눔의 집 근처에 돌판 짜장면집이 있는 거예요. 근데 그 돌판 짜장면집이 짜장면을 한 그릇씩 파는 게 아니고, 돌판에다가 대자로 파는 거예요. 그래서 대자 짜장면 먹고 성공하면 1,000만 원, 실패하면 1,000만 100원을 기부하자는 즉흥적인 아이디어가 떠오른 거죠. 어차피 기부할 목적이었지만 1,000만 원 정도의 금액이면 시청자들의 눈길을 끌 만하잖아요. 다 먹고 나서 나눔의 집에 1,000만 원을 기부했어요. 근데 기부금 그 이상의 돈을 번 것 같아요. 그 영상이 터지면서 다른 영상들도 조회 수가 확 올라갔거든요. 기부하기 전에 1일 수익이 1,173달러였는데, 그 영상이 올라가고 나서 1일 수익이 4,500달러로 확 뛴 거예요. 저는 순수한 의도로 했는데 그 마음을 좋아해주셨던 거 같아요."

해외 문화 유튜버 [itsjinakim]의
⟨What Foreign Guys Don't Understand about Korean Girls⟩

해외 문화 [itsjinakim]은 재미로 만든 영상으로 큰 재미를 본 경험이 있다.

"이 영상은 그냥 재미로 만들었어요. 잡지를 보다가 비정상회

담에 나오는 외국 남자분들이 '한국 여자들은 이런 게 참 특이하다'고 말한 것을 보고 기획하게 되었죠. 콩트로 가볍게 만든 건데 엄청 바이럴이 됐더라고요. 한 달 만에 갑자기 구독자가 5만 명이 확 늘어났어요. '우아, 이렇게 될 수가 있구나' 하고 되게 신기했던 기억이 있어요."

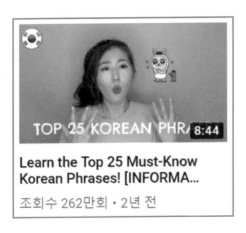

해외 문화 유튜버 [한국언니]의
〈Learn the Top 25 Must-Know Korean Phrases!〉

외국인에게 한국어를 가르쳐주는 조금 흔한 콘텐츠로 스테디셀러를 만든 [한국언니]의 사례는 고무적이다.

"이건 절대 터질 거라고 생각도 안 했어요. 그냥 꼭 알아야 할

스물다섯 가지 한국어잖아요. 그게 어느 순간 터지기 시작하더니 구독자가 계속 늘어났어요. 이 영상이 지금의 제 채널을 있게 해준 거죠. 제 콘텐츠는 시의성은 떨어지지만, 유행 타는 콘텐츠는 아닌 거 같아요. 한국어를 알려주는 건, 언어가 바뀌지 않는 이상 10년 뒤에도 볼 수 있는 거잖아요. 그 순간의 조회 수가 나오지 않더라도 한번 올려놓으면 사람들이 계속 볼 수 있는 거 같아요. 베스트셀러는 아닌데 스테디셀러는 될 수 있는 거죠."

때때로 우리는 결과를 예측하고 통제하고 싶어 한다. 하지만 구독자 100만 명을 가진 톱 크리에이터도, 조회 수 2,000만 회의 대박 콘텐츠를 만든 유튜버도 언제나 좋은 결과를 맞이할 수는 없었다. 이들도 결과를 예측할 수 있었던 것은 아니었다.

물론 운이 좋았던 경우도 있다. 유튜버 [승우아빠]는 말한다.

"솔직히 유튜브에는 운이 많이 필요한 것 같아요. 우리는 유튜브 알고리즘이 어떻게 돌아가는지 모르잖아요. 구글에서 이걸 자세하게 알려주지 않으니까, 결국 내가 올린 콘텐츠가 시기적절하게 모두가 원하는 주제를 담아야 하고, 눌러봄직한 썸네일이어야 되고, 관심을 끌 만한 제목으로 맞아떨어져야 하는 거죠."

우리 삶에 운이 작용하듯이 유튜브 또한 마찬가지라는 사실을 부정할 수는 없다. 그 운을 어떻게 하면 만날 수 있는지는 모르지만, 어떻게 하면 그 확률을 높일 수 있는지 우리는 이미 답을 알고 있다. 바로 '꾸준함'. 우리가 알고는 있지만, 늘 실천하기 어려운 그것 말이다. 유튜버 [신사임당]은 말했다.

"제가 유튜브를 하면서 제일 잘한 건 계속한 거예요. 실패하고, 실패하고, 실패했어도 계속한 거요."

누구에게나 임계점은 필요하다. 유튜브를 처음 시작하면 누군가가 내 채널을 검색하기는커녕 내 채널이, 내가 만든 영상이 유튜브에 있는지도 모를 것이다. 구독자가 1만 명도 안 되는데 내 존재를 어떻게 알겠는가? 그러다 생각지 못한 영상들이 한두 개씩 터지면서 내가 그동안 쌓아왔던 나머지 노력들도 함께 알려지는 것이 가장 이상적이다. 유튜버들은 이렇게 본인의 성공을 있게 한 한 개의 대박 콘텐츠를 '히어로' 영상이라고 말한다. 이 영상에서 조회 수, 구독자가 터지기 때문이다.

[김작가TV] 유튜브 조회 수 (2018.11~2019.8)

앞장에 있는 표는 내가 유튜브를 시작한 2018년 11월부터 2019년 8월까지의 조회 수 그래프이다. 가끔 하늘을 향해서 치솟는 그래프가 이른바 영상이 '터진 날'이다. 언제 터질지, 어디까지 터질지는 내가 통제할 수 없다. 하지만 내가 통제할 수 있는 것이 하나 있다. 그래프의 하한선이다. 하한선을 이어 보면 계속해서 우상향인 것을 볼 수 있다. 이전보다 점점 상승하는 모양을 하고 있다. 이렇게 만들기 위해 지금까지 단 한 번도 유튜브를 게을리 한 적이 없다.

나는 유튜브만큼 스노우볼 효과를 잘 설명할 수 있는 플랫폼은 없다고 생각한다. 우리가 처음에 눈을 뭉치려면 잘 뭉쳐지지도 않고 손만 얼음장처럼 차갑다. 하지만 그 추위를 견디고 어느 정도 눈이 뭉쳐지면 그것이 큰 눈덩이가 되는 것은 생각보다 오래 걸리지 않는다. 지금 우리가 계속해서 올리고 있는 영상들은 아주 작은 눈 뭉치다. 하지만, 그 눈 뭉치가 쌓여 큰 눈덩이가 된다면, 굴렸을 때 나머지 작은 눈 뭉치들도 함께 커질 수 있다. 내 콘텐츠가 내 콘텐츠를 띄워 주는 복리 현상을 경험하게 되는 것이다. 재테크의 기본이 바로 복리 효과 아니겠는가.

날짜 ↓	➕	추정 수익 ⚠	
합계		$14,838.81	100.0%
8월(진행 중)		$3,903.93	26.3%
7월		$3,464.73	23.3%
6월		$2,185.98	14.7%
5월		$1,907.39	12.9%
4월		$1,795.29	12.1%
3월		$1,183.78	8.0%
2월		$361.13	2.4%
1월(불완전)		$36.59	0.2%

[김작가TV] 유튜브 수익 (2019.01~2019.08)

　　나 또한 매일매일 영상을 올리며 언젠가 터질 큰 눈덩이를 기다리고 있다. 유튜버 [리뷰엉이]는 처음에 유튜브로 돈을 많이 벌지 못했다. 유튜브를 만든 첫 해인 2016년에는 600만 원 정도를 벌었다. 그런데 2018년에는 유튜브 수익이 6,645만 원이었다. 2년 사이 6,000만 원의 수입이 늘어난 것이다. 2019년의 수익이 얼마인지는 이 책에서 공개하지 않겠다. 하지만 더 높아진 것은 확실하다. 계속해서 꾸준히 영상을 올렸을 테니까 말이다.

유튜브에서 돈 벌려면
10단계만 알면 된다

- 유튜브 수익화 10단계 요약 -

결국, 유튜브 콘텐츠란 창의적인 아이디어를 재미있는 스토리로 만들어 시청자들에게 영상으로 보여주는 것이다. 그런 유튜브 콘텐츠의 궁극적인 목적은 재미이다. 그 재미를 통해 시청자를 몰입하게 만들고, 다시 찾아오게 만들어야 한다.

그 재미에 관여하는 요소는 크게 10단계라고 보면 된다. 이 10단계에서 내게 부족한 것들만 잘 보완하면 내 채널의 수익이 높아질 수 있다는 것을 의미한다.

단계	항목	내용	할 일
1	채널	채널 개설	잘할 수 있는 카테고리 선택하기
2	기획	콘텐츠 기획	무엇을, 어떻게 찍을지 결정하기
3	촬영	영상 촬영	카메라 및 구도 선택하기
4	편집	컷편집	버릴 것, 살릴 것 선택하기
5		배경 음악	분위기 환기하기
6		자막	영상을 편하게 볼 수 있게 자막 넣기
7		효과 및 효과음	영상에 집중하는 시간 늘리기
8	업로드	썸네일, 제목	사람들의 클릭 유도하기
9		내용 설명, 태그	검색 엔진에 노출하기
10		업로드 시간	좀 더 노출될 수 있는 시간 선택하기

1단계는 채널이다. 당연히 자신이 좋아하고 잘할 수 있는 카테고리의 채널을 만들어야 성공 확률을 높일 수 있다. 사람들은 당신의 노력에 관심이 없다. 당신의 영상이 얼마나 재미있고 유익한지에만 관심을 가질 뿐이다.

2단계는 기획이다. 어떤 주제(소재)를 누구(시청 타깃)에게 전달할지, 이야기는 어떻게 전개하면 좋을지 계획해야 한다. 기획할 때 가장 중요한 것은 '시청자가 공감할 수 있는 내용인가'다.

3단계는 촬영이다. 영상의 주제와 형식에 맞는 카메라를 선택하고, 시청자들이 원하는 구도를 찾아서 촬영하도록 한다. 촬영에서 가장 중요한 것은 '생동감'이라는 것을 명심하며 자연스럽게 촬영해야 한다. 촬영 중에는 기획한 내용이 잘 드러나도록 완성된 영상의 모습을 머릿속에 미리 그리며 임해야 한다. 그래야 편집할 때 컷을 나누는 지점인 편집점을 만들기 좋다.

4단계는 편집이다. 컷편집, 배경 음악, 자막, 효과 등 4대 편집 효과를 통해 더 재미있는 영상을 만들어 시청자들의 시선을 1초라도 더 집중할 수 있게 만들어야 한다.

5단계는 업로드이다. 공들여 만든 영상을 좀 더 많은 사람들이 볼 수 있게 썸네일, 제목, 내용 설명, 태그, 업로드 시간대 등 요소를 잘 고려해 사람들에게 노출해야 한다.

크게는 5단계, 세부적으로는 10단계인 이 전략을 잘 따라 하기만 해도 유튜브를 성공적으로 운영할 수 있을 것이다. 분야에 관계없이 성공할 수 있는 가장 기본적인 방법은 지금 내가 무엇이 부족한지, 무엇을 잘하는지 정확히 아는 것이다. 그리고 그보다 더 중요한 것은 부족한 것을 채우기 위해서 당장 실행하는 것이다. 무척 간단한 방법이지만, 많은 사람들이 어려워하는 부분이기도 하다.

아직도 유튜브 젊은 부자가 따로 있는 것 같은가? 당신이 잘할 수 있는 분야는 이미 정해져 있다. 걱정할 시간에 고민하고, 고민할 시간에 실천하기 바란다. 언제나 가장 중요한 것은 실천이다. 그렇게 영상 하나를 더 만들고, 이번에 만든 영상에서 부족한 걸 찾아 다음에 더 나은 영상을 만들면 된다. 성공한 유튜버들이 그렇게 했고, 나 또한 그렇게 성장하고 있다.

PRETTY ESTHER

프리티에스더 Pretty Esther ✔
구독자 21.8만명

홈　동영상　재생목록　커뮤니티　채널　정보　Q

행복의 씨앗 (Seeds of Happiness) MV 3편 - 프리티에스더 이야...
조회수 761,503회 · 5개월 전

프리티님들 안녕하세요

실용를 바탕으로 제작된
행복의 씨앗 - 프리티에스더 이야기를
공개합니다**

프리티에스더를 소개합니다 (이름, 나이, 학년, 방소개, 슬라임작업실소개, 동생소개 등등)　▶ 모두 재생

채널명	**프리티에스더 Pretty Esther**	구독자 수	**21만 명**
총 조회 수	7,963만 회	주 콘텐츠	키즈
카메라	LG G2, LG V20, 삼성 갤럭시 노트9		
마이크	-		
편집 프로그램	어도비 프리미어 프로		

영상 속에서 환하게 웃는 딸의 모습이 너무 예뻐서 딸과 함께 유튜브를 시작하게 되었다. 촬영도, 편집도 아무것도 몰랐던 그는 책 2권을 사서 공부하고, 유튜브 편집 교육을 들으면서 새로운 유튜브 세상에 빠져들었다. 그렇게 부업으로 시작한 유튜브지만 ,지금은 전업 유튜버로의 전향을 고민하고 있을 정도로 구독자가 늘었다. 유튜브란 세상이 사람의 인생을 어떻게 바꿀 수 있는지 잘 보여주는 채널이다.

채널명	제이제이살롱드핏	구독자 수	**56만 명**
총 조회 수	5,453만 회	주 콘텐츠	운동, 다이어트
카메라	캐논 C100 Mark 2, 캐논 5D Mark 3, 소니 AX700, 고프로 7		
마이크	소니 UWP-D11, 아즈덴 SMX-30		
편집 프로그램	어도비 프리미어 프로		

이미 네이버 블로그에서 어느 정도 자리를 잡았지만, 사람들의 콘텐츠 소비가 글과 이미지에서 영상으로 넘어가는 현상을 보고 2016년, 과감히 유튜브 세상으로 뛰어들었다. 실제로 여성 전용 트레이닝 센터를 운영하는 그녀는 이제 온라인 세상에서도 여성 전용 트레이닝 채널로서 부동의 1위 자리를 차지하고 있다.

리뷰엉이: Owl's Review

채널명	**리뷰엉이**	구독자 수	**47만 명**
총 조회 수	1억 6,749만 회	주 콘텐츠	영화 리뷰
카메라	소니 A7M3, 소니 RX100M5		
마이크	아즈덴 SMX-30, 로데 SmartLav+, 소니 ECM-CS3, 줌 H1		
편집 프로그램	어도비 프리미어 프로		

3년 동안 취업 준비를 했는데 취업이 안 되어 백수 생활을 보냈다. 나이 서른이 되었을 때도 역시 백수였고, 자존감은 바닥이었다. 벼랑 끝에 서 있는 마음으로 유튜브를 시작했다. 편집 프로그램의 이름조차 몰랐지만, 장애물이 있다고 돌아가는 스타일은 아니었다. 책과 유튜브 영상을 보며 독학을 하다 보니 어느새 구독자 47만 명의 영화 리뷰 분야 톱 크리에이터가 되었다.

채널명	애니한TV / 애니한TV 게임 / 애니한 브이로그		
구독자 수	**총 73만 명**	총 조회 수	4억 3,233만 회
주 콘텐츠	키즈		
카메라	캐논 80D, 삼성 갤럭시 S10 Plus, 소니 AX700, 고프로 5, 아이폰 8		
마이크	소니 UWP-D11		
편집 프로그램	어도비 프리미어 프로		

어느 날 크리에이터 대도서관의 '유튜브에 주부의 시대가 올 것이다'라는 영상을 보고 자신도 할 수 있을 것 같다는 마음으로 시작했다. 그렇게 시작한 유튜브가 본인뿐만 아니라 부부의 인생을 바꿀 줄은 몰랐다. 지금은 부부 모두 전업으로 유튜브를 하며 3개의 채널을 운영하고 있는 크리에이터가 되었다.

PART 3

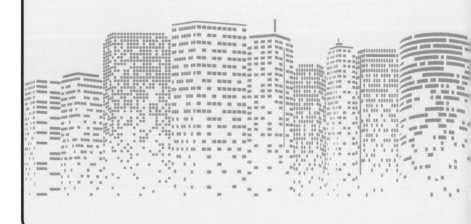

유튜브 수익
100배 만드는
핵심 전략

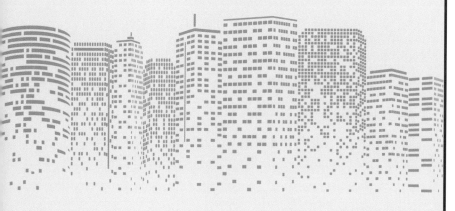

UCC에는 없고,
유튜브에는 있는 한 가지 '돈'

개인이 직접 만든 영상이 인터넷에서 화제가 되어 평범했던 사람이 일약 스타가 되고, 기업에서 먼저 나서서 영상의 주인공을 섭외하려고 한다. 유튜브의 이야기가 아닌 UCC 열풍에 대한 이야기다. 2007년 사람들은 자신의 끼와 재능을 이용해 영상을 만들기 시작했다. 기업과 지자체에서는 적극적으로 UCC 공모전을 개최했다. 하지만 시간이 지나 이 열기는 점차 사그라들었다. 똑같이 영상이라는 매체인데 UCC는 한때의 유행에 그치고, 유튜브는 폭발적으로 성장한 이유는 무엇일까?

<u>한 단어로 정리하자면 '돈'이다.</u>

하나의 영상을 만들기 위해서는 생각보다 많은 시간과 노력이

투여되는데 과거의 UCC로는 그걸 지속할 수가 없었다. 그러나 지금의 유튜브 플랫폼은 제작자가 영상을 계속 만들 수 있는 시스템을 만들어주었다는 것이 가장 큰 차이점이다. 유튜브에서는 플랫폼 사상 최초로 콘텐츠를 만드는 크리에이터와 플랫폼이 함께 광고 수익을 공정하게 셰어하는 구조를 만든 것이다. 구글은 자신들이 따온 광고를 콘텐츠 제작자인 유튜버에게 55%를 주고, 나머지 45%를 그들이 가져간다.

유튜버 [프리티에스더]는 "사실 금전적인 수익이 중요한 부분이죠. 크리에이터 생활을 영위하기 위해서 가장 필요한 거잖아요"라고 말했다.

유튜브를 하는 이유로는 자신의 역량을 보여주기 위해서, 자신의 채널을 만들고 싶어서, 자신의 브랜드를 형성하기 위해서 등 수많은 이유가 있지만 궁극적으로 한 단어로 정리하면 '돈'이다. 지금 당장이라도 유튜브에서 모든 채널의 수익을 정지시킨다면, 계속 영상을 올리는 사람이 몇 명이나 될까? 유튜버 [리뷰엉이]는 원래 유튜브뿐 아니라 페이스북에도 함께 영상을 올리고 있었다.

"페이스북 팔로우가 4만 5,000명이고 조회 수도 어느 정도 나오긴 하는데 아예 수익이 나지 않으니까 영상을 올리기 싫더라고요. 인풋은 100인데 아웃풋은 0이니까요. 지금은 페이스북에는 영상을 올리지 않고 있어요."

[애니한TV]는 유튜브 관련 강의를 나가거나 멘토링 프로그램이 있을 때마다 참가한 사람들에게 '유튜브로 돈 벌고 싶은지' 물어본다.

"그러면 반은 아니래요. 자기는 순수하게 추억을 쌓고 싶다고 말해요. 그러면 저는 추억만 쌓을 거면 스마트폰으로 찍어서 보관하면 된다고 말해요. 저한테 컨설팅을 받으러 왔으면 자신이 진짜 유튜브를 왜 하고 싶은 건지 아는 데서부터 시작해야 한다고 생각해요. '나는 돈을 벌고 싶고, 유튜브 채널을 운영하면서 영상으로 수익을 내고 싶다'라는 걸 인정해야 해요.

다음 소프트 송길영 부사장님의 강연을 들은 적이 있는데 이런 이야기를 하시더라고요. '당신들은 인생을 팔면서 돈을 벌고 있습니다. 거기에 대해서 책임을 지십시오.' 굉장히 좋은 말이었어요. 내가 만든 영상을 남에게 팔 수 있을 만큼의 콘텐츠를 만들려면, 일단 팔고 싶다는 것을 인정해야 해요. 저도 처음엔 순수한 의도로만 영상을 만든다고 생각했었는데, 수익적인 부분을 빼놓고 생각하니까 콘텐츠를 만들 때마다 근본적인 오류에 부딪히더라고요."

이제 1인 크리에이터는 직업이 되었다. 직업인으로서 일을 했으면 정당한 보상을 받아야 하지 않겠는가? 돈을 추구하는 자신을 부정하지 않았으면 한다.

유튜브가 '대세 플랫폼'이 된 데는 사회적인 분위기도 한몫했다. 1인당 국민 소득은 3만 달러를 돌파하고 물질적으로 부족한 것이 없지만, 개인은 외로운 시대다. 1인 가구가 늘어나면서 혼자 밥을 먹고, 혼자 영화관에 가고, 혼자 여행 가는 사람이 늘고 있다. 요즘의 20~30대는 '혼자'를 자처하지만 정작 남들과 떨어지면 외로움을 느끼는 세대다. 인간관계에서 오는 불편함을 겪고 싶지 않지만, 고독함도 견디고 싶지 않은 것이다. 그래서 혼자 밥을 먹을 때 먹방을 보고, 집에서 혼자 쉬는 날에는 아프리카TV BJ들의 방송을 보며 누군가와 함께 있다는 감정을 느낀다.

또한 남들 앞에서 자신의 끼를 숨기고 겸손한 태도로 사는 것이 미덕이었던 과거와 달리 지금은 자신의 끼와 재능을 표출하는 것에 누구도 거리낌이 없다. 전 국민을 대상으로 신인 가수를 발굴하는 서바이벌 오디션 프로그램 '슈퍼스타K', 특별한 재주를 가진 사람들의 경연 프로그램 '스타킹'과 같은 프로그램이 이제 우리에겐 너무도 익숙하다.

자기 표출이 자연스러운 세대에게 스마트폰이 보급되었다. 미국 시장조사기관인 퓨 리서치(Pew Research)에 따르면 대한민국의 스마트폰 보급률은 전 세계 1위인 95%이다.

현재 대한민국 인구는 5,170만 명, 무려 4,910만 명이 스마트폰을 사용하고 있다. 예전에는 저녁이 되면 가족들이 모두 TV 앞에 모여 앉았지만, 이제는 스마트폰 덕분에 누구나 손안의 TV를 가

전 세계 스마트폰 보급률 (출처: 퓨 리서치)

■ 스마트폰
■ 일반 휴대전화
□ 휴대전화 없음

국가	스마트폰	일반 휴대전화	휴대전화 없음
한국	95%	5%	
이스라엘	88	10	2
네덜란드	87	11	2
스웨덴	86	12	2
호주	81	13	6
미국	81	13	6
스페인	80	18	2
독일	78	16	6
영국	76	19	5
프랑스	75	19	6
이탈리아	71	20	8
아르헨티나	68	16	17
일본	66	26	8
캐나다	66	9	25
헝가리	64	27	9
폴란드	63	30	7
러시아	59	34	7
그리스	59	32	10
중간값	76	17	6

지게 되었다. 더 이상 사람들은 누군가 만들어놓은 프로그램에 '을의 자격'으로 참가하지 않는다. 유튜브라는 플랫폼을 통해 자신이 직접 '갑'이 되어 무대를 기획하고 만들어 보여주기 시작했다. 스마트폰을 가진 모두가 콘텐츠를 내보내는 방송사가 된 것이다. 이제 세상에 4,910만 개의 TV 채널이 생긴 것이나 다름없다. 자신만의 독특한 이야기를 올려도 그 이야기를 좋아해주는 팬은 분명히 있다. 주류의 이야기만 방영되는 TV가 아니라, 비주류의 이야기도 주목받을 수 있는 시대가 되었다.

이런 현상은 더욱 가속화될 것이다. 만에 하나 유튜브가 사라지더라도 동영상 플랫폼이 지속될 수밖에 없는 이유는 지금이 이미 영상이라는 매체를 받아들인 시대이기 때문이다. 과거에는 스마트폰이 있어도 인터넷이 느리고, 요금제가 부담스러워 영상을 마음껏 보기 힘들었다. 하지만 이제는 5G 기술이 상용화된 덕분에 전 세계에서 인터넷이 가장 빠른 나라가 되었고, 어딜 가나 와이파이가 있어 무료로 인터넷에 접속할 수 있게 되었다. 심지어 저렴한 가격에 데이터를 무제한으로 쓸 수 있는 요금제도 많아졌다. 이제 데이터 요금 때문에 콘텐츠를 글과 이미지로만 즐기던 시대는 지났다. 앞으로는 영상 플랫폼, 그중에서도 특히 유튜브가 계속해서 발전할 것이다. 아직 빈자리가 많이 남아 있다. 그 열차에 너무 늦지 않게 탑승했으면 한다.

유튜브 수익에 대한
사람들의 착각 5가지

유튜버 [대도서관]은 2018년 자신의 연간 수익이 17억 원에 달한다고 말했다. 유튜버 [쯔양]은 월 6,000만 원 이상을 번다고 밝혔고, 포브스에서 공개한 조사 결과에 따르면 장난감 리뷰를 올리는 7살 꼬마 유튜버 [라이언토이스리뷰]는 1년 만에 244억 원의 수익을 냈다고 한다.

평범한 월급쟁이라면 관심을 가지지 않을 수 없는 금액이다. 그런데 소위 톱 클래스라고 불리는 유튜버들의 수익을 보고, '유튜브 수익'에 대해 오해를 하는 경우가 많다.

이번 스토리에서는 사람들이 유튜브 수익에 대해 착각하고 있는 내용의 진실을 밝히려고 한다. 다만, 수익과 관련해서는 인터뷰

순위	이름	소득 (만 달러)	주제	국적
1	라이언토이스리뷰	2,200	아동완구 리뷰	미국
2	제이크 폴	2,150	음악, 일상생활	미국
3	듀드 퍼펙트	2,000	스포츠 묘기	미국
4	댄 TDM	1,850	비디오 게임	영국
5	제프리 스타	1,800	메이크 업	미국
6	마키플라이어	1,750	비디오 게임	미국
7	베노스 게이밍	1,700	비디오 게임	캐나다
8	잭셉틱아이	1,600	비디오 게임	아일랜드
9	퓨디파이	1,550	비디오 게임	스웨덴
10	로건 폴	1,450	음악, 일상생활	미국

2018년도 유튜브 스타 수입 순위 (출처: 포브스)

이의 이미지에 혹시나 나쁜 영향이 있을 수 있어 몇몇 유튜버의 이야기는 익명 처리하는 것에 대해 양해를 부탁한다.

첫째, 가장 많이 착각하는 것은 '조회 수 1회당=1원'이라는 얘기다. 유튜버 [유라야놀자]는 "조회 수 1회당 1원이라는 착각을 많이 하시는 거 같아요. 제 채널 같은 경우에는 조회 수 1회에 1원에서 3원 정도로 책정되는 거 같아요"라고 말했다.

같은 조회 수라도 영상에 따라 수익이 다르다. 조회 수 1회당 0.2원밖에 안 되는 영상도 있다. 유튜버 [야식이]는 실제로 그 데이터를 보여주었다.

"제 채널에서 조회 수 55만 회가 나온 영상의 수익을 보면 지금 200만 원이에요. 조회 수당 수익으로 보면 거의 4원 정도 되는 거죠. 다른 영상은 조회 수가 6만 회인데 총 수익이 12만 원이에요. 1회당 2원 정도 되는 거죠." 수많은 유튜버들의 수익률을 데이터로 검증했을 때 '조회 수 1회당=1원'은 절대 아니었다.

둘째, 구독자 수와 유튜브 수익은 정비례하지 않는다. 유튜버 [단희TV]는 실제로 자신의 수익을 공개한 적이 있다.

"구독자 5,000명일 때 유튜브 수익이 30만 원이었고, 1만 명일 때 300만 원, 그다음에 5만 명일 때 537만 원, 10만 명일 때 841만 원이었어요. 지금은 구독자가 20만 명이 넘는데 한 500만~700만 원 정도 나오고 있어요. 구독자 1만 명일 때와 대비해서 수익률이 좀 많이 낮은 편이죠."

유튜버 [Y]는 수익적인 측면에서 구독자의 수보다 구독자의 증가 추세가 중요하다고 말한다.

"사람들이 구독자 50만 명이면 한 달 수입이 얼마냐고 많이 물어봐요. 사실 구독자 수는 큰 의미가 없어요. 오히려 구독자 증가 추세가 중요한 거 같아요. 1년 전에 구독자가 50만 명이었는데, 지금도 50만 명이면 한 달 수익이 200만~300만 원밖에 안 될 수도 있어요. 채널이 전혀 성장한 게 아니니까요. 구독자가 많다고 해서 조회 수가 많은 것도 아니에요. 제 채널의 경우 지금 빠르게 크고 있다 보니 구독자 수가 100만 명 이상인 채널보다 조회 수가 더 많이 나오거든요."

실제로 그는 구독자가 더 많은 다른 유튜버들보다 수익이 압도적으로 높았다. 이처럼 구독자의 수는 유튜버의 수익과 상관관계가 있을지는 몰라도 인과 관계는 없었다.

<u>셋째, 유튜버들이 생각보다 많은 돈을 벌지 못한다는 사실이다.</u> 유튜버 [Miniyu ASMR]은 말했다.

"제가 구독자 50만 명이 넘는데 한 달에 몇천만 원을 벌고, 일년에 몇십억 원을 버는 줄 아시는데, 진짜 그랬으면 좋겠어요."

유튜버 [MKH] 역시 이에 동의했다.

"사람들이 제가 엄청 돈을 많이 번다고 생각하시더라고요. '보람튜브 채널이 몇십억 원 번다던데, 그럼 너는 몇천만 원 버냐'고 하는데 유튜브 업계 톱 크리에이터랑 비교를 하면 안 되는 거죠. 그리고 우리가 좋은 거 먹을 때, 좋은 데 갔을 때의 영상을 많이 올리다 보니 사람들은 우리가 평소에도 그렇게 사는 줄 알아요. 그건 수많은 식사 중에 몇 끼일 뿐이고 보는 분들께 대리만족을 드리려고 일부러 더 좋은 데서 먹을 때도 있는데 말이죠."

구독자가 많은 유튜버라고 해서 무조건 돈을 잘 버는 것은 아니다. 설사 구독자 수가 같아도 수익은 천차만별이기 때문에 처음부터 유튜브 수익에 대한 현실적인 감을 익히고 유튜브에 도전하는 것이 적절하다. 일확천금에 대한 허황된 꿈을 갖고 접근하는 것은 위험할 수 있다.

넷째, 그럼에도 불구하고 진짜 많은 돈을 버는 사람이 있다는 사실이다. 유튜버 [H]는 생각지도 못하게 유튜브 수익이 본업의 연봉을 훨씬 넘어 섰다고 한다. 유튜버 [D]는 "사람들이 제가 돈을 많이 번다고 착각하는데 실제로는 더 많이 번다"며 웃었다.

이번에 인터뷰를 통해 거의 모든 크리에이터들의 '유튜브 스튜디오' 앱을 보면서 실제로 수익을 확인했는데, 몇몇 유튜버들의 수익은 저절로 입이 벌어질 정도로 많았다.

마지막으로, 유튜브 젊은 부자들이 결코 쉽게 돈 버는 것은 아니라는 것이다. 유튜버 [리뷰엉이]는 말했다.

"얼마 전에 유튜버 중 99%가 한 달에 100달러도 못 번다는 통계 자료를 본 적이 있어요. 사람들이 유튜브를 말할 때 보면 아메리칸드림마냥 다 돈을 벌 것처럼 얘기하는데 전혀 그게 아니거든요. 결국에 돈을 많이 버는 사람은 그만큼 능력이 있거나, 노력을 엄청나게 한 사람이에요. 제 주변 유튜버 중에 성공한 사람들을 보면, 그냥 성공한 사람은 단 한 명도 없어요. 다들 진짜 미친 듯이 일만 하고 유튜브 생각밖에 안 하더라고요."

유튜버 [JAUKEEOUT x VWVB]는 아직 유튜버라는 직업이 사람들에게 인정을 받지 못하는 것 같다고 얘기했다.

"사람들에게 유튜버라는 직업이 좀 쉽게 보이나 봐요. 유튜버 한다고 하면 가장 먼저 수익을 많이 물어보잖아요. 저는 솔직히 수익 물어보는 게 기분이 하나도 안 나쁜데, 본인들 수익을 물어보면 기분 나빠하잖아요. 좀 아이러니 한 거 같아요. 유튜버도 엄연한 직업인데 제대로 인정받지 못하는 것 같다는 생각이 들어요."

유튜브 젊은 부자들 중 몇몇은 한 달에 6,000만 원에서 1억까지 버는 사람도 있었다. 모두가 그런 건 아니지만, 잘만 운영하면 남들과 비교해서 일하는 시간 대비 훨씬 많은 돈을 버는 건 확실하다. 예를 들어, 대한민국 시가 총액 1위 기업인 삼성전자에 들어가도 성과급을 포함해 연봉 1억 원을 받으려면 과장 직급까지 최소한 10년 동안 회사에 다녀야 한다.

하지만 유튜버는 2년 만에 1억 연봉 달성이 가능하다. 다만, 그 돈을 쉽게 버는 건 절대 아니다. 연예인의 화려한 면만 보고, 무턱대고 연예인의 꿈을 가질 순 없지 않겠는가. 많은 사람이 유튜브 수익에 관해 밝은 양지만 보고 시작하지만, 어쩌면 우리가 반드시 봐야 할 것은 어두운 음지일지도 모른다.

유튜브로 수익을 만드는
4가지 방법

한국노동연구원에서 발표한 '미래의 직업 프리랜서' 보고서에 따르면 1인 크리에이터의 월평균 소득은 536만 원이다. 연봉으로 합산하면 6,000만 원이 넘는다.

부문	수익 비율(%)
광고 수익	43.9
시청자 후원	24.2
홍보/판매	20.7
임금	11.2

유튜브 부문별 광고 수익 (출처: 한국노동연구원, 2019.08 기준)

내가 만난 유튜버 중에는 한 달에 2,000만~3,000만 원을 버는 사람이 꽤 있었고, 심지어 1억을 버는 사람도 있었다. 물론, 크리에이터 1만 명 시대에 한 달에 100만 원도 못 버는 사람도 숱하게 많다. 그래서 이번 스토리에서는 유튜브에서 돈을 벌 수 있는 네 가지 방법을 공유하고, 각자에게 맞는 방식을 함께 고민하고자 한다.

첫 번째는 가장 기본이 되는 조회 수 수익이다. 유튜브를 시작한 뒤, 1년 이내에 구독자 수 1,000명, 시청 시간이 4,000시간이 넘어가면 유튜브 측에 광고 삽입에 대한 허가 신청을 할 수 있다. 유튜브에서는 약 1달 이내로 채널의 선정성과 유해성 등을 심사한 뒤 문제가 없으면 영상에 광고를 붙이는 것을 허가해준다. 그때부터 자신의 영상에 광고를 삽입해서 유튜브 측으로부터 광고비를 받게 되는 것이다. 대다수의 유튜버가 수익을 창출하는 방법이자, 조회 수를 바탕으로 안정적으로 수입을 얻을 수 있는 방법이기도 하다.

유튜브 조회 수 수익은 특히 먹방, 키즈 크리에이터들에게 유리하다. 유튜버 [유라야놀자]가 키즈 채널을 연 이유는 딱 두 가지였다.

"우리 아이도 유튜브를 많이 보는데 폭력적이거나 자극적인 영상이 많더라고요. 그런 것보다는 아이들이 관심 있는 분야에 교육적인 요소를 넣은 영상을 만들어서 아이에게 보여주고 싶었어요. 엄마가 만든 영상을 올리면 아이도 좋아할 거 같았고요. 그때 키즈 채널을 만들기 위해 시장 조사를 했는데 영유아에서 10대까지가 유튜브를 제일 많이 보더라고요. 30~60대는 거의 유튜브를 안 봤을 때였거든요. 사업적인 측면에서도 수요가 가장 많은 곳이 성공할 확률이 높아서 키즈로 아이템을 굳혔죠. 재작년 기준으로 유튜브 전체 수익의 25%를 키즈 분야 영상이 차지했다고 하더라고요. 키즈 채널은 아이들이 광고 건너뛰기도 잘 안 하고 재조회를 많이 해요. 그래서 성인 채널에 비해 광고 수익이 많은 편이라고 하더라고요. 저희도 비교적 초반부터 수입이 많이 들어왔어요. 유튜브 시작한 뒤 두 달이 지났을 때 처음 정산받은 게 200만 원, 그다음에는 800만 원, 1,200만 원 이렇게 계속 늘더라고요.”

두 번째는 브랜드명을 직접 노출하면서 관련 이미지를 콘텐츠에 자연스럽게 녹여내는 광고인 브랜디드 콘텐츠를 통해 돈을 버는 것이다. 연예인처럼 기업의 광고 의뢰를 받아 먹방 유튜버는 음식을, 테크 유튜버는 전자 제품을, 북튜버는 도서에 대한 리뷰나 소개 영상을 찍는다. 이 수익은 다른 수익과 다르게 100% 유튜버 몫이라는 게 특징이다. 또한 유튜버의 구독자 수가 쌓여갈수록 조회 수에서 나오는 광고 수익보다 브랜디드 콘텐츠 수익이 더 커지는 것을 확인할 수 있다. 유튜버 [EO]는 말했다.

"키즈와 먹방 채널이 아닌 이상 조회 수로 돈을 벌겠다는 건 좋은 접근 방식이 아닌 거 같아요. 유튜브도 사업적인 접근법이 필요해요. 어떤 유튜브 강사들은 '일단 찍어서 영상을 올리라'라고 하는데 '시청자들이 원하는 게 뭘까', '내가 잘할 수 있는 게 뭘까' 고민해보고 시작하는 게 중요한 거 같아요. 조회 수로만 돈을 벌 수 있는 게 아니잖아요. 우리 콘텐츠가 가치가 있고 전문성이 있다면 훨씬 큰돈을 벌 수도 있어요."

한편 브랜디드 콘텐츠는 유튜버의 이미지가 중요하기 때문에 선정적이고 자극적인 콘텐츠들이 가득한 채널에 기업이 광고를 맡기지는 않을 것이다. ASMR 채널의 경우에도 브랜디드 광고가 잘 안 들어온다고 한다. ASMR 콘텐츠 자체가 아직 한국에서는 낯선 정서라고 생각해 광고주들이 안 좋아하기 때문이다. 조금 시간이 걸리더라도 자신의 콘텐츠에 기업이 원하는 가치가 담겨 있다면, 유튜브는 더 큰 수익을 선사해줄 것이다.

세 번째 방법으로는 시청자들에게 직접 후원을 받는 '슈퍼챗'이 있다. 아프리카TV의 '별풍선'처럼 유튜브 내에서도 생방송 도중에 슈퍼챗을 통해 후원을 받을 수 있다. 시청자가 좋아하는 유튜버에게 직접 후원금을 주는 것이다. 통상 30%의 수수료를 유튜브 측에서 가져가고, 나머지 70%를 크리에이터가 받고 있다.

실제로 아프리카TV에서는 별풍선으로 버는 한 달 수익만 억

대가 되는 사람도 있는데, 더욱 똑똑하게 채널을 운영하는 사람도 생겼다. 아프리카TV에서 생방송을 찍어 팬들에게 별풍선을 받고, 그 영상을 다시 편집해서 유튜브에 올리는 것이다. 그러면 유튜브 조회 수 수익까지 해서 1개의 영상으로 2번의 수익을 얻을 수 있다. 크리에이터들에게는 가성비 높은 수익 창출 방법이다.

유튜브는 아직 아프리카TV만큼의 후원 수익이 많지는 않지만, 그래도 채널에 따라서 수익이 꽤 있는 채널도 있다. 이처럼 슈퍼챗은 쏠쏠한 수익이지만, 생방송을 해야 한다는 부담감도 있기 때문에 될 수 있으면 충분히 고민해본 후 실행하기를 바란다. 생방송이란 내 실수를 편집으로 감출 수 없다는 것을 의미한다.

그런 이유로 2019년 4월부터 유튜브는 아이들의 생방송을 막고 있다. 부모 없이 아이 혼자서는 생방송을 못 한다. 나이가 어린 크리에이터에게 생방송을 통한 수익 창출은 적합하지 않은 방법인 셈이다.

마지막은 유튜버가 직접 제품을 판매하는 커머스로 수익을 내는 것이다. 유튜브에서 수익의 정점은 커머스라고 유튜버 [제이제이살롱드핏]은 강조했다.

"유튜브 조회 수 수익이 전부가 아니에요. 결국 기업은 크리에이터를 통해 커머스로 수익을 창출하고 싶어 해요. 커머스의 세계에서는 단순히 구독자가 많은 것보다 구독자들이 유튜버가 판매하는 제품을 사느냐 마느냐가 더 중요해요. 구독자의 수보다는 평균 조회 수, 크리에이터에 대한 구독자들의 충성도 등 내실이 더 중요한 거죠."

또한 커머스 시스템이 가장 활발한 곳은 유튜브가 아닌 인스타그램이라고 꼽았다.

"기업들은 커머스를 진행할 수 있는 크리에이터를 찾고 있는데 실질적으로 커머스 수익을 낼 수 있는 유의미한 채널은 굉장히 소수예요. 오히려 커머스에서는 인스타그래머들이 노력 대비 훨씬 돈을 많이 벌어요. 단위 자체가 달라요. 우리가 한 달에 1억 번다고 하면 사람들이 부러워하는데, 인스타그램에서 커머스하는 사람들은 한 달에 3억도 벌어요. SNS에서 실질적으로 돈을 버는 분들은 팔로워가 많은 사람이 아니라, 커머스를 하는 분들인 거죠. 앞으로 수익의 큰 판에 진출하려면 커머스가 되는 구조를 만들어야 해요.

지금 잘하고 있는 곳이 [햄튜브] 채널이에요. 구독자는 50만 명 정도이지만, 티셔츠 하나만 굿즈로 내놔도 8,000장씩 팔리고 있어서 수익으로 따지면 거의 톱 크리에이터들과 비슷할 거예요."

유튜브 젊은 부자들은 조회 수 수익만 가지고는 수입이 불안정하다는 것에 동의했다. 내가 콘텐츠를 안 올리거나 올린 영상이 인기 영상이 되지 못하면 수익이 저조하기 때문에 조회 수 수익에만 의존하여 활동을 한다는 것은 굉장히 위험한 일이다. [창현거리노

래방] 같은 채널이 돈을 많이 버는 이유는 유튜브 수익은 베이스고, 그걸 기반으로 외부 활동을 하기 때문이다. 본인이 스스로 수익 모델을 따로 만들지 않는 이상 미래가 불투명할 수밖에 없다. 지금의 콘셉트로는 언제까지고 계속 활동할 수 없다는 사실을 항상 염두에 두고 채널을 운영하는 것이 중요하다.

실제로 키즈 유튜버나 뷰티 유튜버를 제외하고는 유튜브로 커머스 시장에 성공한 사람은 많지 않다. 몇몇 기업형 유튜버들도 커머스 진행을 준비하고 있는데 구독자들의 반감을 살 수도 있어서 조심스럽게 접근하고 있다. 조금 더 시간이 지나면 한국에서도 환경미화원 유튜버가 청소하는 모습을 보여주면서 청소 용품을 파는 세상이 올 것이다.

지금까지 유튜브로 돈 버는 네 가지 방법을 알아보았다. 유튜브 젊은 부자들은 각자 본인에게 적합한 방법을 적용하여 수익을 올리고 있었다. 또한 기본적인 조회 수 수익에만 의존하지 않고 장기적으로 수익 구조를 다양화하려는 노력을 게을리하지 않았다.

유튜브를 시작하는 사람은 자신에게 효율적인 수익 모델은 무엇인지 고민해봐야 한다. 그리고 유튜브를 시작했다고 해서 유튜브의 세계에만 갇히는 오류를 범하지 않았으면 한다. 유튜브를 통해 영상 편집 강의, 채널 컨설팅, 인플루언서 마케팅 대행 등 수많은 비즈니스가 계속해서 새롭게 태어나고 있기 때문이다.

똑같은 영상인데
수익이 다른 이유

나는 유튜브 젊은 부자들을 인터뷰하면서 그들의 스튜디오 앱을 통해 수익을 확인할 수 있었다. 그런데, 놀라운 사실을 발견했다. 똑같이 구독자가 50만 명인데 어떤 사람은 한 달에 1,500만 원을 벌고, 어떤 사람은 800만 원, 어떤 사람은 500만 원을 벌었던 것이다. 심지어 조회 수가 똑같아도 수익은 천차만별이었다.

내가 유튜버 총 23명을 인터뷰하고, 직접 유튜브 채널을 운영하면서 알게 된 사실은 유튜버의 수익은 본인 외에는 절대 아무도 알 수 없다는 것이다. 또, 유튜브 조회 수 수익에 관여하는 요소가 생각보다 많다는 것이었다. 톱 크리에이터들이 말해준 조회 수 수익에 대한 이야기에는 공통점도 있었지만, 각자 상반되는 의견을 제시하는 경우도 있었다. 이건 너무나도 당연한 일이다. 유튜브에서는 조회 수 수익에 어떤 요소가 기여하는지 정확하게 밝힌 적이 없기 때문이다. 유튜버 또한 자신의 채널을 완벽하게 분석하는 것도 불가능하다.

순위	유튜브 채널명	최고 월수입 추정치(달러)
1	보람튜브 브이로그	250만
2	보람튜브 토이리뷰	130만
3	토이푸딩	110만
4	1MILLION Dance Studio	49만 7,000
5	토이몽TV	28만 4,000
6	서은이야기	27만 8,000
7	소닉토이	25만 1,000
8	라임튜브	24만 9,000
9	JFlaMusic	21만 4,000
10	ToyMartTV	20만 6,000

광고 수입 상위 국내 유튜브 채널 (2019.4.21. 기준)
*CPM(광고 1,000회로 받는 수익) 4달러로 계산 (출처: 소셜블레이드)

하지만 수익 분석은 반드시 필요한 작업이다. 실제로 유튜버 [itsjinakim]은 불과 1년 만에 조회 수 수익이 대략 10배 정도 증가했다.

"유튜브 조회 수로는 돈이 별로 안 들어오니까 제 채널은 수익 구조를 만들 수 없다고 생각했어요. 그런데 알고 봤더니 영상 중간에 넣는 미드롤 광고라는 게 있더라고요. 제가 그동안 유튜브의 광고 시스템을 너무 몰라서 돈이 잘 안 들어왔던 것이었어요. 너무 콘텐츠에만 관심을 가졌던 거죠."

유튜브 조회 수 수익 구조에 대해 이해하고, 광고 시스템을 파악하는 것은 유튜브를 시작한 사람에게는 가장 중요한 정보일 수도 있다.

유튜브 젊은 부자들이 유튜브 수익에 있어 하나같이 강조하는 명확한 진리는 얼마나 '많은' 사람들이 들어와 영상을 '끝까지' 시청했느냐이다. 유튜브를 잘 모르는 사람들은 유튜버에게 가장 먼저 구독자 수를 물어보지만, 유튜브를 조금이라도 아는 사람이라면 조회 수를 물어본다. 채널의 수익을 알려주는 지표는 구독자 수보다 조회 수가 더 정확하기 때문이다. 그럼, 이제 같은 조회 수라도 수익이 다른 이유에 대해 차차 알아보자.

<u>첫 번째 이유는 시청 시간 때문이다.</u> 조회 수와 덩달아 가장 중

요한 지표는 영상을 얼마나 오래 시청했느냐이다. 유튜버 [제이제이]는 이런 점에서 영상을 굉장히 잘 만드는 사람이었다.

"제 채널은 조회 수가 10만 회 정도 나오면 수익이 50만~60만 원 정도거든요. 평균적으로 조회 수의 4배 이상 수익이 나와요. 많이 나올 때는 5~6배까지 나오고요. 유튜브 수익을 어떻게 하면 높일 수 있을까요? 본질적으로 접근해서 재밌는 콘텐츠를 만드는 것이 가장 중요해요. 사람들이 동영상을 왜 보겠어요? 재밌으니까 보는 거잖아요. 재밌게 만들면 조회 수와 시청 시간이 당연히 올라갈 수밖에 없는 거죠. 그 선순환의 고리를 잘 만드는 게 중요해요. 본인 동영상이 재미가 없는데 돈을 벌길 바라면 잘못된 거죠."

유튜버 [애니한TV]도 같은 생각이었다.

"조회 수 수익을 올리려면 영상 시청 시간을 높이는 게 중요한 거 같아요. 유튜브는 사람들이 썸네일을 봤을 때 5초 안에 승부를 못 보면 유입이 안 되고, 영상이 재생됐을 때 15초 이내에 사람들을 몰입시키지 못하면 30초 이상 끌고 가기 어려워요. 그 지점을 잡아야 한다는 거예요."

조회 수 1회당 수익 3원이 나오는 영상이 있는가 하면 어떤 영상은 조회 수 1회당 수익 1원이 뜬다. 3배의 차이가 나는 것이다. 조회 수 1회당 3원의 영상을 만든 사람은 1회당 1원의 영상을 만든 사람보다 3배의 부가 가치를 만들어낸 것이다. 영상을 만들 때 수익을 많이 창출하려면 영상 자체의 몰입도를 높여 시청 지속 시간을 늘리는 것이 중요하다. 영상을 편집하면서도 사람들이 어느 지점에서 이탈할지 고민하면서 지루해지지 않도록 구성해야 한다.

두 번째는 영상 길이의 차이다. 얼핏 시청 시간과 개념이 비슷해 보이지만 엄연히 다르다. 유튜브는 10분 이상의 영상 중간에 유튜버가 자유롭게 광고를 붙일 수 있게 해준다. 광고의 개수는 유튜버가 직접 정할 수 있다. 당연히, 광고가 많이 붙으면 조회 수 1,000회당 노출 비용을 뜻하는 CPM이 높을 수밖에 없다.

유튜버 [유라야 놀자]는 말했다.

"가능하면 재미있고 길게 만들어야죠. 아이들은 평균 영상 시청 시간이 3~4분이라고 하는데, 예전에 작심하고 재미있게 15분짜리 영상을 만든 적이 있어요. 그랬더니 시청 시간이 9분까지 나오더라고요. 조회 수 1회당 수익이 5원까지 나왔어요. 그걸 보면서 '수익을 높이려면 조회 수가 안 나오더라도 영상을 길게 만들 필요도 있겠구나' 싶었어요."

영상에 광고를 삽입할 때는 10분짜리 영상을 기준으로, 건너뛸 수 없는 광고를 1개 붙이거나, 건너뛸 수 있는 광고를 2개 정도 붙이는 것이 적당하다. 지나친 광고는 시청자를 이탈하게 만든다는 사실을 기억해야 한다.

세 번째는 국가의 차이다. 동영상을 본 시청자들이 사는 지역이 조회 수 수익에 영향을 미친다. 러시아인들을 대상으로 콘텐츠를 만드는 유튜버 [KyunghaMIN]은 그 피해자였다.

"브랜디드 콘텐츠 광고로 1달에 1,000만 원 이상 벌고 있는데 조회 수 수익은 생각지 못할 정도로 낮거든요. 구독자가 55만 명인데 유튜브 조회 수 수익은 너무 낮은 거죠. 제가 구글에 갔었는데 CPM 수익을 보니까 위에서부터 미국, 한국이 있으면 러시아는 저 밑에 있더라고요. 러시아는 CPM이 너무 낮아서 유튜브 조회 수 수익만으로는 돈을 못 벌어요. 사람들이 아무리 영상을 클릭해 봤자 돈이 안 되는 거죠. 제가 다른 유튜버랑 비교를 해보니 100만 조회 수가 나오는 영상이 있으면 그 친구는 700만 원이 나오고, 저는 15만 원이 나오더라고요. 브랜디드 콘텐츠 광고로 수입이 꽤 많이 들어오니까 유튜브를 할 수 있는 거지 아니면 할 수가 없어요."

쉽게 말해 국민 소득이 높은 선진국 시청자가 많으면 광고 단가가 올라가고, 소득이 낮은 개발도상국 시청자가 많으면 광고 단가가 내려간다. 같은 영상이라도 미국에서는 7~8원이 나오는 것이, 한국에서는 2~3원, 동남아권으로 가면 0.2원이 나온다.

네 번째는 카테고리의 차이다. 유튜브 광고 시스템 자체는 입찰 방식이다. 기업이 유튜브에 돈을 지급하면 유튜브가 그 광고를 여러 유튜버의 영상에 뿌리는데 '뷰티'처럼 경쟁이 치열한 카테고리는 비쌀 수밖에 없다. 뷰티 분야는 유튜브 광고를 통해 웹사이트에서 화장품이 완판되는 등 결과가 실제로 증명되었기 때문이다.

요리 유튜버 [승우아빠]는 말했다.

"요리 채널은 대기업에서도 유튜브 주 시청자가 요리를 안 해 먹는다는 걸 알아서 광고를 잘 안 하고, 배달업체만 주로 해요. 근데 배달업체라고 해봤자 국내에 몇 개 안 되잖아요. 경쟁해서 더 비싼 광고가 붙어야 하는데 애초에 할 수 있는 광고 개수가 제한된 거죠. 그래서 요리 채널은 다른 뷰티, 경제 채널에 비해서 CPM이 낮아요. 들어보니 경제 관련 채널은 금융권 광고 단가가 높더라고요. CPM만 놓고 봤을 땐 제 채널보다 효율이 높은 채널인 거죠."

유튜브 채널의 영상과 관련된 카테고리의 광고가 붙기 때문에 광고 단가에도 분명 차이는 있다. 비슷한 측면에서 당연히 광고 친화적인 콘텐츠여야 많은 광고가 붙을 수 있다는 사실도 기억하자.

다섯 번째는 광고 시청 횟수 차이 때문이다. 광고가 100번 재생되어도, 1명도 광고를 보지 않으면 수익이 거의 나지 않는다. 광고 시청 횟수는 시청자의 연령대와 채널 충성도와 관련이 있다.

유튜버 [단희TV]는 "지금 구독자가 26만 명인데 조회 수 수익이 500만~700만 원 정도 나오고 있어요. 구독자 수 대비해서 다른 유튜버들보다는 수입이 많은 편이에요. 구독자가 20만 명인데도 월수입이 200만~300만 원도 안 되는 분들이 가끔 있어요. 제 채널은 50대, 60대 구독자가 거의 60~70% 되거든요. 근데 이분들이 광고 스킵을 잘 안 하는 세대예요. 광고를 오래 볼수록 유튜버에게 수익이 가거든요. 그런데 보통 젊은 사람들은 '광고 건너뛰기'가 나오면 바로 누르잖아요. 중년 여성분들은 설거지하면서 영상을 듣다가 그냥 틀어놓고 집안일을 하시는 경우가 많아요. 그래서 다른 유튜버들보다 구독자 수 대비 광고비 수익이 더 많은 거 같아요"라고 수익의 비결을 밝혔다.

유튜버 [승우아빠]는 구독자와 소통을 잘하고 신뢰 관계를 구축하면 광고를 많이 봐주는 것 같다고 말한다. 실제로 구독자들이 그가 따로 광고를 하지 않는다는 걸 알고 있기 때문에 팬심으로 광고를 봐준다고 한다.

지금까지 크게 다섯 가지 요소로 같은 영상이라도 수익이 다른 이유를 설명했지만 어렵게 생각할 필요는 없다. 구글의 입장을 생각해보면 된다. 구글에게 유튜브는 동영상 플랫폼이 아니라 마케팅 플랫폼이다. 그렇다면 가장 중요한 것은 유튜브 플랫폼에 많은 사람이 최대한 오래 머무르는 것이다. 그래야 영상 안에 들어간 광고를 많이 시청할 수 있기 때문이다. 사람들이 잘 보지 않는 영상은 노출하지 않고, 사람들이 많이 보는 영상은 좀 더 노출하여 최대한 많은 광고비를 거두는 지극히 당연한 시스템이다. 채널을 만들고 콘텐츠를 만들 때 구글의 입장을 한 번만 생각해보면 된다.

배보다 배꼽이 커지는
브랜디드 콘텐츠 광고 수익

연예인들의 인기를 알아볼 수 있는 대표적인 지표가 CF 촬영이다. CF를 찍으면 수시로 얼굴이 노출되는 홍보 효과도 있지만, 무엇보다 짧은 시간에 큰돈을 받을 수 있다는 것이 장점이다. 톱 크리에이터들도 인기가 쌓이면 CF 촬영을 할 수 있는 걸까? 실제로 CF에 등장하는 사람들도 있지만, 유튜버들은 연예인과 달리 자기 채널 내에서 스스로 콘텐츠 안에 기업의 홍보 메시지를 녹여내는 '브랜디드 콘텐츠 광고'를 만들 수 있다. 유튜버들의 파급력이 좋아진 지금, 정말 많은 기업들이 톱 크리에이터들을 부랴부랴 찾아오고 있다.

유튜버 [제이제이]는 숙성회 광고 영상을 업로드한 날 가게의 주문이 폭주해 배달 지연 사고까지 발생했다. 유튜버 1명의 파급력이 얼마나 큰지 보여주는 웃지 못할 에피소드였다.

브랜디드 콘텐츠 광고의 수익은 어느 정도일까? 유튜버 [J]는 브랜디드 광고 한 건에 400만 원 정도를 받았고, 구독자가 50만 명 이상인 한 유튜버는 한 건에 1,000만 원을 받고 있었다. 실제로 광고 단가는 구독자 수, 평균 조회 수, 채널별로 극심한 차이를 보이고 있었다. 그중에서도 광고 단가 톱은 역시 전자기기를 리뷰하는 테크 유튜버들이었다.

유튜버 [C]는 말했다. "저는 광고 단가가 1건당 1,000만 원 정도인데, 제가 알기로 테크 쪽에 구독자가 정말 많으신 분들은 한 건에 3,000만~4,000만 원 정도 받으실 거예요."

꽤 구독자가 많은 유튜버 [H]도 같은 생각이었다.

"광고 단가는 분야에 따라 엄청 달라요. 치킨이랑 스마트폰의 광고 단가가 같을 수 없잖아요. 테크 유튜버의 경우에 광고 단가가 엄청 높은 채널은 한 달에 영상을 2개 올리는데 수익이 저보다 높으신 분도 있어요. 구독자 10만 명인데 광고 1건에 4,000만 원 받는 경우도 있다고 들었어요. 분야에 따라 엄청 다른 거죠."

브랜디드 콘텐츠 광고 금액은 일반인이 상상하기 힘들 정도였다. 누군가의 연봉을 영상 하나를 통해 받을 수 있으니 말이다.

유튜브 젊은 부자들은 제안받는 광고를 모두 수락할까?

외국어와 데이트 시리즈 콘텐츠를 올리는 유튜버 [itsjinakim]은 어학, 데이팅앱 같이 채널과 연관 있는 광고를 위주로 하려고 했고, 유튜버 [한국언니]는 외국인을 대상으로 한국에 대해 알려주는 역할이기 때문에 서울시나 관광재단에서 주최하는 한국어 말하기 대회를 소개하기도 했다. 자신의 채널과 무관한 콘텐츠는 그 누구도 홍보하지 않았다.

그렇다면 브랜디드 콘텐츠 광고 제안을 더 많이 받을 수 있는 방법은 없을까? 크게 두 가지가 있다.

<u>첫 번째 방법은 크리에이터의 이미지를 좋게 만드는 것이다.</u>

유튜버 [유라야놀자]는 "유튜브 조회 수 수익과 브랜디드 광고 수익이 비슷한 편이에요. 크리에이터의 이미지가 좋으니까 광고도 많이 들어오는 거죠. 구독자가 200만~300만 명인 채널 중에 외부 광고 제작을 단 한 번도 한 적이 없다는 사람들도 많이 봤어요. 그런 채널들은 유튜브 조회 수 수익은 높지만, 채널의 브랜드 가치가 좀 떨어지는 거죠"라고 말했다.

유튜버 [프리티에스더] 또한 같은 생각이었다.

"인물이 나오는 채널은 유튜브 조회 수 수익보다 광고 수익이 많아요. 영상 1편당 최소 두세 배 정도 되는 거 같아요. 크리에이터의 브랜딩을 확실하게 하면 기업에서 광고가 많이 들어오는 거 같아요."

두 번째 방법은 브랜디드 광고를 역으로 제안하는 것이다. 유튜버 [Y]는 말했다.

"예를 들어, A 브랜드 화장품을 내 돈 주고 산 건데, 이걸 마치 기업의 광고 의뢰를 받은 것처럼 영상을 만드는 거죠. 그러면 다음 달 정도에 B 브랜드, C 브랜드에서 '저희 것도 해주세요'라고 연락이 와요. 같은 업종의 기업에서 광고를 집행하면 '그럼 우리도 해야 돼'라는 생각으로 이렇게 저에게 제안을 주시는 거죠. 예를 들어, 나이키 브랜드 광고 영상을 찍고 싶잖아요. 그러면 아디다스 복장을 착용하고 운동하는 모습을 보여주는 거예요. 진짜 그렇게 하는 경우가 많아요."

혹시 브랜디드 콘텐츠 광고에 대한 부담감은 없을까? 유튜버 [제이제이]는 말했다.

"최근 세 달 동안 브랜디드 광고 영상은 한 번도 안 올렸어요. 진짜 말도 안 되는 제품을 영상으로 노출하면, 제가 과장 광고를 하는 게 되잖아요. 광고를 자주 하게 되면 채널의 신뢰성이 떨어진다고 생각해요. 또, 아무래도 클라이언트가 원하는 그림을 어느 정도 보여줘야 해서 인위적인 장면들이 많이 나올 수밖에 없어요. 제 개성을 살린 콘텐츠보다는 확실히 재미도 없어요."

유튜버 [양품생활]은 같은 이유로 당분간 광고를 받지 않을 계획이었다.

"공기청정기 제품 협찬을 받아서 리뷰 영상을 찍은 적이 있어요. 그 영상 조회 수가 15만 회를 넘었는데 공기청정기 리뷰 영상 중에서는 높은 숫자였죠. 그 영상을 제작한 뒤, 정말 많은 업체들로부터 연락이 왔어요. 그중에 제가 매력적이라고 생각한 제품이 하나 있었는데 할까 말까 고민이 많았어요. 그래서 구독자들에게 어떻게 하면 좋을지 설문조사로 물어봤죠. 약 30% 정도가 테크 리뷰 채널에서 요즘 너무 많은 광고를 하고 있다고 부정적인 시각을 갖고 있더라고요. 그때, 이 30%가 내 열혈 구독자층이 되어 줄 수 있겠다는 생각이 들었어요. 사실, 저도 사람인지라 제품을 받으면 마음 한구석에 일말의 꺼림칙함이 생겨요. 단어 하나를 쓸 때도 '순화해야 하지 않을까'라는 생각이 들거든요. 그래서 당분간은 아무 광고도 받지 말자고 정책을 세웠어요."

유튜버가 광고를 받는 것은 절대 나쁜 것이 아니다. 유튜버 또한 영리를 추구하는 하나의 직업이기 때문이다. 다만, 홍보를 한다는 이유로 정확한 정보가 아닌 내용을 왜곡하는 것은 채널의 생명력을 스스로 깎아 먹는 일이다.

브랜디드 콘텐츠 광고는 한 달에 몇 번 정도 해야 적당한 것일까? 키즈 유튜버 [애니한TV]는 지나친 광고로 힘들었던 경험이 있다.

"작년에 광고비를 준다거나, 장난감을 협찬한다는 브랜디드 광고는 들어오는 대로 다 했었는데 역효과가 나더라고요. 그때, 광고가 얼마나 우리한테 독이 되는가를 알게 됐죠. 구독자들이 안 좋아해요. 지금은 한 달에 한두 번 정도만 하고 있어요."

유튜버 [효기심]은 광고가 워낙 많이 들어오다 보니 거절하는 것도 일이다.

"제 채널의 브랜디드 광고 수익은 10% 정도밖에 안 돼요. 광고 문의가 한 10개 들어오면 하나 할까 말까예요. 들어오는 광고를 다 했으면 수억 원 벌었겠죠. 근데 제 채널의 시청자들이 원하는 것이 국제 정치 콘텐츠인데, 계속 광고만 올리면 사람들이 좋아할까요?"

23명의 크리에이터 인터뷰와 직접 유튜브 채널을 운영한 경험을 바탕으로 광고 횟수를 정리하면 한 달에 20개의 영상을 게재한다고 가정할 때, 두세 번이 적당해 보인다. 그 이상 넘어가면 구독자들의 광고 피로도가 높아지고, 그 피로도가 누적되었을 때 채널을 떠나게 된다는 것은 모든 유튜버가 공감하는 사실이었다.

한편 유튜버 [신사임당]은 모든 광고 영상에 시청자들에게 광고임을 안내한다. 지금까지 통신사, 금융권, 출판사 브랜디드 콘텐츠 광고 영상을 찍었는데, '유료 광고 포함'이라고 밝혀 시청자들의 양해를 구했다. 유튜버들이 광고 영상을 찍는 것이라면 시청자에게 밝혀야 한다. 어차피 협찬을 받은 영상은 티가 난다. 광고임을 솔직하게 밝히는 것이 시청자들에게도 떳떳하고, 크리에이터의 마음도 편한 길일 것이다.

그리고 브랜디드 콘텐츠 광고 영상은 유튜버의 최소 광고 단가가 100만 원 이상일 때부터 도입하는 것이 좋다. 유튜브를 하다 보면 10만~20만 원의 제작비를 주면서 광고 요청을 하는 경우가 너무 많다. 내게도 그런 메일이 수십 통씩 쌓이고 있다. 그런 광고는 내 채널의 가치를 10만~20만 원으로 만들어 버리는 것이다. 또한 브랜디드 광고에 대해 최소 구독자 5만 명 이상일 때부터 진지하게 고민했으면 한다. 구독자 26만 명을 보유한 유튜버 [단희TV]는 브랜드 가치를 좀 더 쌓고 싶다고 했다.

"아직 광고 영상은 한 번도 안 했어요. 구독자가 30만 명 넘어갈 때까지는 하지 말자고 다짐했어요. 수많은 곳에서 광고 협찬들이 와요. 부동산 유튜버이다 보니까 부동산 관련 택지 개발 회사, 분양 회사에서 광고 제안이 와요.

솔직히 말씀드리면 제시하는 금액은 일반인들이 상상하는 금액을 초월해요. 단가가 엄청 높을 수밖에 없잖아요. 어떤 회사는 하나 분양될 때마다 얼마를 주겠다고 제시하기도 해요. 제 영상을 마케팅 채널로 쓰고 싶은 거죠. 저도 하고 싶어요. 돈이 많이 되니까요. 근데 지금은 좋은 콘텐츠 만드는 거에만 집중하고 있어요."

유튜버 [승우아빠]도 같은 생각이다.

"광고 문의가 많이 오는데 올해는 안 한다고 말씀을 드렸어요. 아직은 성장을 많이 해야 하는 시기이기 때문에 제 의도 말고 다른 의도가 채널에 들어가는 걸 원치 않아요."

브랜디드 콘텐츠 광고 수익이 아무리 크다고 해도 자신의 채널과 맞지 않는 콘텐츠를 올리는 순간, 황금알을 낳는 거위를 스스로 죽이는 것과 마찬가지의 결과를 초래하게 될 것이다. 유튜버들에게 가장 중요한 것은 채널의 브랜드 가치다. 브랜디드 광고가 들어왔을 때 유튜브 젊은 부자들이 고민하는 것은 단 한 가지였다.

'이 광고 영상은 내 채널의 가치를 높여줄 수 있는 걸까?'

채널 브랜드를 활용한
제2의 수익 구조를 만들어라

유튜브 조회 수 수익, 브랜디드 콘텐츠 광고, 슈퍼챗을 통한 후원금, 커머스 사업 말고 유튜브의 수익은 또 뭐가 있을까? 아이언맨의 주된 힘이 슈트가 아니라, 아크로원자에서 나오듯이 유튜버 또한 가장 원천적인 힘은 유튜브 구독자 수로 형성된 '퍼스널 브랜드'에서 나온다고 할 수 있다. 이번 스토리에서는 퍼스널 브랜딩을 활용해 할 수 있는 다양한 유튜브 비즈니스를 소개하고자 한다.

<u>첫 번째로 유튜버들이 가장 많이 하는 비즈니스는 또 다른 채널을 만드는 것이다.</u> 유튜버 [유라야놀자]는 "유튜버분들은 서브 채널을 많이 운영하세요. 원래 갖고 있던 채널 하나가 영원히 승승장구한다는 보장이 없잖아요. 만약 이 채널에 문제가 생겨도 다른

채널이 성공하면 수익적인 측면에서 리스크를 줄일 수 있기 때문이에요"라고 말했다.

다른 유튜버들도 메인 채널 외에 서브 채널을 갖고 있는 경우가 많았다. 기존 채널의 브랜드 파워가 있는 상태에서 새로운 채널을 만들면 새로운 채널의 성장 속도 역시 빠를 수밖에 없다.

두 번째 비즈니스는 유튜브 플랫폼의 콘텐츠를 또 다른 플랫폼에 납품하는 것이다. 스타트업 관련 콘텐츠를 다루는 유튜버 [EO]는 영상을 기업 교육용으로 납품하고 있다.

"정말 예상하지 못했던 수익 모델이에요. 한화나 LG 같은 대기업에서 직원 교육용으로 콘텐츠를 임대해가고 있어요. 기존의 기업 교육용 콘텐츠들이 너무 재미가 없어서 사람들이 다 안 보잖아요. 이제 유튜브가 그런 콘텐츠의 퀼리티를 압도하기 시작한 것 같아요. 기업에서 우리 임직원들이 봤으면 좋겠다는 콘텐츠를 유튜브에서 아웃소싱하고 있어요. 사실, 유튜브에서 무료로 볼 수 있는 콘텐츠인데, 기업 임직원들이 다 유튜브를 보는 게 아니기 때문에 회사 교육용 홈페이지에서 바로 시청할 수 있게 납품을 하게 되는 거죠."

이와 같은 콘텐츠 업계의 지각 변동은 크리에이터 [책 읽어주는 남자]에게도 똑같이 일어나고 있었다.

"유튜브에는 지금 이슈가 되거나 시의성이 높은 콘텐츠를 많이 올려요. 그 외에 리더들을 위한 콘텐츠나 고전 같은 시리즈도 한두 편씩 유튜브 채널에 올리고 있는데, 기업에서 그걸 보고 괜찮으면 연락이 와요. 유튜브에 올라가 있는 콘텐츠 말고 B2B용으로 따로 납품하는 콘텐츠도 있는 거죠. 2017년부터 카드 뉴스나 영상 콘텐츠를 제작했는데 1년 좀 지났을 때부터 납품 의뢰가 오더라고요. 지금은 다양한 기업들과 협업하며 콘텐츠를 기획, 제작하고 있어요."

영화 소개를 하는 유튜버 [리뷰엉이]도 케이블TV 프로그램에 매달 영상을 2개 정도를 납품한다.

세 번째 비즈니스는 유튜브를 통해 쌓은 경험이나 지식을 강연이나 컨설팅에 활용하는 것이다. 국제결혼과 다문화 콘텐츠를 다루는 유튜버 [MKH]는 유튜브 수익에만 너무 집착하지 말고 그걸 기반으로 다양한 수익원을 만들었으면 좋겠다고 말한다.

"유튜브가 어떻게 될지 모르잖아요. 저는 지금 유튜브 운영 노하우를 살려 강연, 컨설팅, 자문 위원을 하고 있어요. 다른 유튜버 분들께도 여러 가지 분야에 도전해보라고 말씀드리고 싶어요."

이처럼 많은 유튜버들은 본인의 역량을 다양한 곳에 활용하고 있었다. 유튜버 [채채]는 방송에서 리포터로 활동하고 있었고, 유튜버 [Miniyu ASMR]은 ASMR 콘셉트의 작은 카페를 운영할 계획이다.

네 번째 비즈니스는 맨파워를 이용해 조금은 색다른 일을 하는 것이다. 러시아인들을 위한 한국 관련 콘텐츠를 만드는 유튜버 [KyunghaMIN]은 한국어 교과서를 만드는 '한국어 학교' 사업과 함께 러시아 사람들이 관심 있을 만한 한국 뷰티 상품·식품 등을 온라인으로 판매하는 '경하상점'을 운영 중이다. 또, 메디컬 에이전시를 하고 있다.

"러시아, 카자흐스탄에 의료 시설이 너무 안 좋아서 미국이나 이스라엘 쪽으로 수술을 하러 많이 가시는데, 저는 그런 분들을 한국으로 올 수 있게 하고 있어요."

[한국언니]는 자신의 유튜브 채널이 곧 명함이라고 했다.

"제 유튜브 채널이 '난 이런 사람이야' 알려주는 명함 역할을 하더라고요. 제 유튜브를 보고 협업 제안 연락이 많이 와요. 아리랑 라디오에 게스트로 1년 넘게 활동하고 있고, 연합뉴스에서도 K-팝과 엔터테인먼트 쪽을 담당하는 프리랜서로 활동을 하고 있어요. 아무래도 요즘은 나이를 막론하고 유튜브를 많이 보시잖아요. 연합뉴스에서도 그걸 인지하고 해외 대상 유튜브 영어 채널을 만들어서 저를 스카우트하신 거죠."

유튜브를 통해 돈을 벌 수 있는 수단은 정말 많다. 그렇기 때문에 지금 당장 수익이 나지 않는다고 해서 실망할 필요는 없다. 50대 유튜버 [단희TV]는 말한다.

"구독자 10만 명이 넘어가면 거의 준공인인 거 같아요. 제가 밖에 나가면 많은 사람들이 알아보거든요. 구독자 숫자에 비례해서 러브콜 오는 기관의 수준도 달라져요. 서울특별시, 국토교통부, LH 공사 이런 데서 콘텐츠 협력 제안도 오고, 대기업에서도 협찬 제의도 많이 오거든요. 일개 개인에게 정부, 대기업에서 러브콜하는 거잖아요. 구독자 26만 명인데 이 정도면, 30만 명이 되면 그 힘이 굉장히 커지겠죠. 저를 섭외하신 분들께 '왜 저를 선택했나요?'라고 물어봐요. 그러면 콘텐츠에 진정성이 있다고 해요. 기업은 이미지가 중요하잖아요. 그 이미지를 누가 말하느냐에 따라서 완전히 달라지거든요. 제 채널은 자극적이거나 낚시성 콘텐츠가 없기 때문에 구독자 대비 조회 수가 많은 편은 아니지만, 결국 이 진정성 있는 콘텐츠가 힘이 된다는 것을 새삼 느끼게 되었어요. 다른 유튜버들에게도 제가 꼭 해드리고 싶은 이야기가 구독자만 많이 모이면 유튜브 조회 수 광고 수익은 아주 일부이고, 브랜디드 콘텐츠 광고, PPL 광고 외에도 강의, 컨설팅, 도서 출간 등 정말 다양한 수익 모델이 있으니까 유튜브 조회 수 수익에만 일희일비하지 말라는 거예요. 조회 수에 집착하기보다 진정성 있는 콘텐츠를 계속 만들었으면 좋겠어요. 그럼 누군가는 나를 찾을 테니까요."

아마 대부분의 사람들은 유튜브 조회 수 수익을 보고 유튜브를 시작할 것이다. 하지만, 유튜브를 한다고 해서 그 역할이 유튜버로만 한정되지 않는다. 구독자와 조회 수가 쌓이면 할 수 있는 일은 정말 무궁무진하다. 세상은 넓다고 하지만 유튜브의 세상은 더 넓다. 사람들이 많이 찾는 채널이 되는 순간, 유튜브라는 플랫폼을 벗어난 다양한 기회가 찾아오는 것이다.

채널명	Miniyu ASMR	구독자 수	**51만 명**
총 조회 수	1억 7,570만 회	주 콘텐츠	ASMR
카메라	캐논 80D		
마이크	3DIO 마이크, 로데 NT5, 더미 헤드 마이크		
편집 프로그램	파이널 컷		

아이스크림 가게에서 아르바이트를 하며 근근이 살아가던 그녀가 대한민국 최초이자 최고의 ASMR 크리에이터가 되었다. '할 수 있는 게 아무것도 없는 인생의 실패자'라는 생각에 자존감이 바닥을 쳤던 그녀는, 어느 날 불현듯 찾아온 ASMR의 세계에 빠져들면서 새로운 인생길을 걷게 되었다. 이제는 많은 사람에게 위로와 힐링을 주는 크리에이터로서 행복한 나날을 보내고 있다.

채널명	JAUKEEOUT x VWVB	구독자 수	90만 명
총 조회 수	7,764만 회	주 콘텐츠	사회 실험
카메라	소니 AX700, 캐논 80D		
마이크	소니 UWP-D11		
편집 프로그램	파이널 컷		

어린 시절을 캐나다에서 보내며 다채로운 문화를 경험한 크리에이터. 그는 평소 다문화와 편견에 대해서 토론하는 걸 좋아했는데, 어떻게 하면 더 많은 사람과 이야기를 나눌 수 있을까 고민하다가 시작하게 된 것이 지금의 유튜브 채널이다. 채널에 들어가면 다양한 인터뷰와 사회 실험 영상을 볼 수 있다. 그가 만든 영상을 보다 보면 당연하다고 생각했던 당신의 상식에 신선한 물음표를 던지게 될 것이다

채널명	유라야놀자 / 별난박TV / Learn colors TV / 토이롤		
구독자 수	**124만 명**	총 조회 수	8억 7,464만 회
주 콘텐츠	키즈		
카메라	소니 캠코더, 소니 미러리스, 캐논 5D Mark 2, 고프로		
마이크	-		
편집 프로그램	파이널 컷		

총 4개의 채널을 운영하며 구독자 124만 명을 달성했다. 심지어 작가, PD, 크리에이터 등 철저하게 분업화되어 있는 회사형 크리에이터의 모습을 보여주고 있다. 채널 운영자인 김은반 대표는 방송국 PD 출신으로서 크리에이터 1인에 의해 운영되는 채널보다 롱런할 수 있는 채널을 만들고자 소규모 방송국의 팀 체제를 만들었다.

PART 4

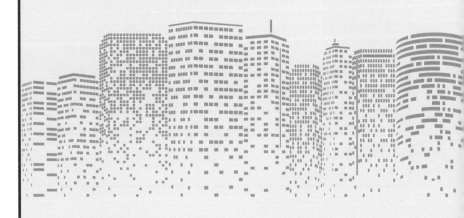

돈 잘 버는
유튜브 젊은 부자들의
5가지 공통점

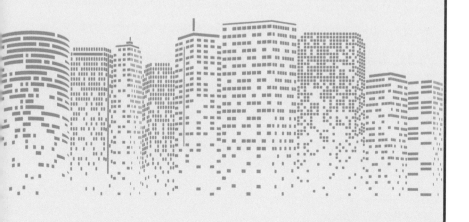

당신의 개성이
곧 무기가 된다

유튜브를 시작하는 사람이라면 한 번쯤 고민해봐야 한다. 사람들은 왜 전문가가 최고급 카메라로 촬영하고 제작한 TV 프로그램이 아닌 유튜브를 보는 것일까? 이 질문에 대한 답이 곧 유튜버가 가야 할 길과 닿아 있다.

유튜브의 가장 큰 장점은 기존의 공영 방송에서 할 수 없던 것을 할 수 있다는 것이다. 공영 방송에서는 시청자들이 TV를 보며 생생한 현장감을 느끼긴 어렵다. 그러나 유튜브는 이런 생동감을 느낄 수 있을 뿐 아니라 솔직함과 친근함으로 구독자들에게 다가간다. 유튜버 [핫도그TV]는 말했다.

"제 채널의 강점은 친근함 아닐까요? 제가 잘생기지도 않았고

잘난 것도 없지만, 사람들이 저를 주변에서 쉽게 볼 수 있는 동네 오빠 같은 느낌으로 생각하더라고요."

유튜버 [itsjinakim]도 같은 생각이다.

"제가 한국 문화에 대해서 너무 좋게 포장해서 얘기하는 것이 아니라, 있는 그대로의 모습을 보여주다 보니 시청자분들이 솔직해서 보기 좋다고 하시더라고요. 저는 구독자들한테 정말 숨기지 않아요."

결국 유튜브를 통해 시청자들에게 전달해야 하는 감정은 '편안함'과 '친근함'이다. 대부분의 사람은 자신의 이쁘고 멋진 모습만 다른 사람들에게 보여주고 싶어 한다. 하지만 그런 방식으로 유튜브에 접근하면 시청자들이 TV에 나오는 화려한 모습의 연예인을 보듯이 크리에이터 역시 나와는 다른 먼 존재라고 거리감을 느낄 수 있다. 유튜브를 할 때만큼은 자기 자신을 솔직하게 보여주는 것이 좋다. 시청자들이 부담 없이 다가올 수 있게끔 편안하게 길을 닦아놓아야 한다.

유튜버 [리뷰엉이]는 솔직하고 친근한 모습에 시청자들이 매력을 느낀다고 했다.

"시청자들이 유튜버의 전문성보다는 친근하고 편한 사람의 이미지를 훨씬 더 선호하더라고요. 그게 1인 미디어의 가장 큰 장점이니까 최대한 이용하는 게 좋은 거 같아요. 전문적인 채널은 한계가 있어요. 사람들이 신뢰는 할지언정 재밌게 보지는 않는다는 거죠. 근데 유튜브는 재밌게 만드는 게 엄청 중요하거든요. 유튜브에서 영화 관련 기자, 평론가들이 나와서 촬영을 하게 되면 전문적이긴 하지만 결국 공영 방송이랑 다를 게 없어요. 재미가 없으면 시청률이 떨어지고, 시청률이 떨어지면 추천이 안 되고, 추천이 안 되면 조회 수가 안 올라가죠."

친근하고 편안하게 다가가되, 자신의 개성을 살리는 것이 중요하다고 유튜버 [제이제이살롱드핏]은 말했다.

"자기가 원래 그런 사람이어야 돼요. 연기하면 들통이 나요. 어느 순간 진정성에 대한 논란이 나올 수밖에 없어요. 본인이 어느 정도 캐릭터는 가지고 있어야 돼요. 개성은 만들어내는 게 아니라 자기가 가지고 있는 걸 보여주는 거예요. 그 부분을 부각시키는 게 가장 좋거든요."

유튜버 [신사임당]도 같은 생각이다.

"있는 그대로 보여주는 게 좋아요. 그게 그 사람의 개성이잖아요. 개성을 만들어내는 건 엄청난 재능이 필요한 일이에요. 어떤 인물의 캐릭터를 만들어서 그 캐릭터의 특성을 연출하는 건 진짜 현업에 있는 1급 PD들도 하기 어려운 일이에요. 그냥 있는 그대로 하는 게 좋아요. 이차피 개성이 똑같은 사람은 없으니까요."

본인이 익숙하고 좋아하는 것에서 개성이 발휘될 수 있다. 인위적인 캐릭터는 오래 갈 수 없다. 시청자들에게 더 사랑받기 위해서 내가 아닌 다른 모습을 가장하면 오래 갈 수 없을뿐더러 본인이 너무 힘들다. 나 자신이 좀 더 행복해지기 위해 선택한 길인데, 자기 스스로 지쳐버리면 유튜브를 하는 의미가 없어지는 것이 아닐까? 자신에게 맞지 않으면 영상에 찍히는 표정부터가 다르다. 있는 그대로의 내 모습을 보여주는 게 유튜브를 오래 할 수 있는 비결일 것이다.

그렇다면 본인의 모습 중에서 어떤 면을 보여줘야 할까? 사람은 누구나 우울할 때도 있고, 기쁠 때도 있고 입체적인 모습을 갖고 있다. 내가 자연스럽게 보여준 모습 중에 시청자들이 좋아하는 모습이 있었다면 그걸 더욱 강화하는 것도 좋다. 유튜버 [제이제이]의 조언이다.

"개성은 억지로 만든다고 만들어지는 것이 아니라 하다 보면 자연스레 만들어지는 거 같아요. 영상을 한두 개 만들면서 이런 스타일도 해보고, 저런 스타일도 해봐야 사람들의 반응을 알잖아요. 지금까지 제 캐릭터를 분석했을 때 어떤 걸 사람들이 재밌게 봐줄까 하고 봤더니 시청자들은 제가 혼자서 구시렁구시렁하는 걸 제일 좋아하더라고요. 그래서 나온 게 '리얼 리뷰'예요. '이거 왜 이렇게 돼? 이게 말이 돼?' 이런 식으로요."

유튜버의 개성을 찾기 위해서는 자신을 알아야 하는 동시에 시청자의 마음도 알아야 한다고 유튜버 [EO]는 말했다.

"자기 자신에 대한 이해와 남들이 보는 자기에 대한 이해 둘 다 필요한 거 같아요. 저는 작가님이 인터뷰한 [효기심] 채널을 평소 재밌게 보고 있는데, 그 사람의 말투나 콘텐츠도 계속 발전돼 온 거 같거든요. 남들이 좋아해주는 포인트에 맞게 캐릭터나 목소리가 성장한 거 같아요." 이처럼 나의 성격 중에서 사람들이 좋아하는 모습을 살려 개성으로 만드는 것이 최고의 방법이다. 처음엔 쉽지 않겠지만, 계속해서 시도하다 보면 사람들이 좋아하는 나의 모습을 알게 될 것이고, 피드백을 받아 그것을 나만의 고유한 개성으로 개발하면 된다.

그렇게 만들어진 **개성을 사람들에게 지속적으로 노출하여 하나의 캐릭터로 각인시켜야 한다.** 유튜버 [프리티에스더]는 말했다. "저는 아빠지만 약간 병맛인 부분을 재미있게 살리려고 하거든요. 방귀 뀌는 모습도 일부러 더 노출시켜요. 그러면 저에게 조금 더 편안하게 다가올 수 있으니까요. 캐릭터의 성격을 계속 보여주는 거예요. 제 딸 같은 경우에는 채널 이름이 '프리티에스더'라고 해서 예쁜 모습만 보여주면 반감이 있을 수 있잖아요. 그래서 오히려 엉뚱하거나 발랄한 모습도 보여주려고 해요. 그러면서 거부감을 많이 줄이려고 노력하죠."

유튜버가 오프닝마다 주제를 종이에 적어서 시청자에게 보여준다든가, 늘 비슷한 색상 톤의 옷을 입고 등장하는 것들은 시청자들에게 채널의 색깔을 각인시키기 위한 노력이다.

크리에이터의 개성이 하루하루 쌓이면 결국 채널의 정체성이 만들어진다. 채널의 정체성이 만들어지면 다른 색깔의 콘텐츠를 만들 때 신중해야 한다. 왜냐하면 기존의 구독자들에게 너무 낯설 수도 있기 때문이다.

유튜버 [MKH]는 이와 관련된 경험이 있다.

"제가 뮤직 어워드에 가서 방탄소년단, 워너원, 트와이스를 봤던 걸 영상으로 찍었던 적이 있어요. 이날 뮤직 어워드에 가서 영상을 만들어 올렸던 네 팀 중의 세 팀이 다 100만 조회 수가 넘었는데 제 것만 1만 회 정도였어요. 다른 세 팀은 애초에 K-팝, 한류에 관한 영상을 올리는 채널이었고 저는 그런 영상을 올리는 채널이 아니었거든요. 그러니까 사람들도 '왜 갑자기 이런 영상 올리는 거야?'라고 생각하는 거죠. 한 채널에 브이로그도 하고, 게임도 하고 이것저것 하게 되면 채널이 망가지는 거 같아요."

담고 싶은 콘텐츠가 많을 때는 채널을 분리하는 것이 맞다. 유튜버 [신사임당]은 말했다.

"원래 친구 3명이 같이 유튜브를 했는데 그때 만든 채널은 다 망했지만, 지금은 각자 하는 채널이 다 잘됐어요. 1명은 구독자 14만 명이 됐고, 다른 1명은 구독자 23만 명이 됐거든요. 같이 할 때

안 됐는데 지금 잘된 이유는 방향이 달랐기 때문이에요. 예를 들어 말 세 마리가 서로 다른 방향으로 마차를 끌고 가고 있어요. 그러면 마차는 제 자리에 있을 수밖에 없겠죠. 제 친구 3명의 색깔이 완전 달랐어요. 함께 있다 보니까 어디로도 못 갔던 거죠. 각자의 색깔에 맞게 채널을 운영하면서, 자기가 가고 싶었던 방향대로 빨리 갈 수 있었던 거 같아요."

실제로 유명 유튜버들도 지금의 채널과 전혀 다른 새로운 콘텐츠를 만들 때는 서브 채널을 운영해서 콘텐츠를 업로드하고 있다.

한편 유튜브에서 유튜버가 솔직한 모습을 보여줄 때 조심해야 할 것도 있다. 지나치게 모든 것을 보여줄 필요는 없다는 것이다.

유튜버 [JAUKEEOUT x VWVB]는 특히 자기 의견을 말하는 것은 양날의 검이 될 수도 있다고 말한다. 톡톡 튀는 자신만의 생각과 철학으로 떴다가 결국엔 자기의 언행 때문에 시청자들에게 외면 받는 경우도 많이 봤기 때문이다.

"말을 잘 사용하는 게 좋은 무기가 될 수 있지만, 동시에 자기를 찌르는 날카로운 칼이 될 수도 있으니까요."

특히 사회적으로 민감한 이슈는 조심해야 한다고 [핫도그TV]는 말했다.

"시대적 흐름을 역행하면 안 돼요. 젠더 갈등 같은 소재도 안 다루는 게 좋죠. 종교, 정치 같은 이야기도 피하는 게 좋고요. 너무 하고 싶은 말이 있더라도 유튜브를 계속하고 싶다면 피하는 게 답이에요. 지금 내가 말하는 것이 돌아올 수 없는 강을 건너는 것인지 생각해봐야 해요."

또한, 사회적으로 소외된 계층이나 약자에 대해 오해를 살 만한 말들도 조심하는 것이 좋다. 유튜버가 만든 영상은 본인이 지우더라도, 이미 누군가가 공유했을 수도 있기 때문에 평생 남는다. 말을 할 때는 한 번 더 생각하고 신중해야 한다. 지금 당장은 아니지만, 나중에 나를 힘들게 하는 후폭풍이 될 수도 있다. 지나치게 자극적이거나 위험한 콘텐츠는 가급적이면 다루지 않고 피해 가는 것이 좋다. 물론 하고 싶은 말은 많겠지만 자칫 잘못하면 편 가르기가 될 수 있고, 그로 인해 내 콘텐츠를 좋아하던 사람들의 마음에 편견이 생겨 내 콘텐츠에 오로지 집중하지 못할 수도 있다. 나의 솔직한 모습을 보여주되, 내 모든 것을 보여주지 않는 것이 좋다.

성실성은 유튜브 부자의
필수 조건이다

유튜브 젊은 부자들은 유튜브에서 성공하기 위한 조건으로 재능도, 끼도 아닌 '성실성'을 꼽았다. 내가 봤을 때도 그들은 대부분 성실했다. 하지만, 그들의 성실성은 일반 사람들의 성실성과는 조금 다른 구조를 보였다. 나는 그 구조를 4단계(인내, 물량 공세, 과몰입, 안정)로 구분하고자 한다.

일단, 유튜브를 시작한 지 얼마 되지 않아 반응이 없을 때 버틸 수 있는 '인내'의 성실성이 필요하다. 보통 높은 수익을 바라고 유튜브를 시작하는데, 수익이라는 빛만 보지 말고 수익이 나지 않을 때의 어둠도 어느 정도 가오를 하고 시작해야 한다. 그렇지 않으면 생각보다 낮은 조회 수에 넘어지고, 저조한 수익에 쓰러질 것이다.

빛만 보고 접근한 사람은 중간에 지칠 수밖에 없다. 유튜버 [신사임당]은 이를 바닷물에 커피를 타는 과정이라고 표현했다.

"지금의 채널을 개설하기 전에 육아, 인테리어, 게임, 사진, 요리 등 총 5개의 채널을 운영했어요. 다 안 됐죠. 다 열심히 했는데 왜 안 됐는지 잘 모르겠어요. 그런데 신사임당 채널은 두 달 만에 구독자가 10만 명이 되었어요. 사실 이게 공식적으로는 제 마지막 채널이었어요. 그런데, 만약 이것도 안 됐으면 다른 채널 아이템을 또 생각했을 것 같아요. 유튜브를 처음 시작하는 사람들에게 실망하지 말라고 얘기해주고 싶어요. 이게 바닷물에다가 커피를 타는 느낌이거든요. 커다란 통에 커피 믹스를 잔뜩 담아와 바닷물에 부어서 먹어 보면 당연히 짜겠죠. 그냥 바닷물 맛이에요. 그다음에 큰 통 두 개를 낑낑 들고 와서 부었어요. 그게 나한테는 힘든 양이지만, 바다의 입장에서는 새 발의 피에요. 그러니까 처음에 잘 안된다고 좌절하지 마세요. 처음에는 다 그래요."

유튜브 초반의 부진한 시기는 유튜브 젊은 부자들도 결코 피할 수 없었다. 이 시기를 지나치고 성장할 수는 없다. '하루에도 올라오는 영상이 얼마나 많은데 사람들이 어떻게 내 영상을 보겠어?'라고 생각하면 오히려 마음 편하다. 유튜버 [프리티에스더]는 구독자 1,000명을 달성하는 데 생각보다 오래 걸렸다.

"제 채널은 구독자 1,000명 도달할 때까지 3달 정도 걸렸어요.

굉장히 오래 걸렸죠. 그때가 가장 힘든 시기라고 유튜버들이 다 얘기하잖아요. 인지도가 있는 연예인이나 스포츠 스타가 아닌 이상 다 힘들어요. 그래도 1,000명이 넘어가면서 구독자가 빨리 쌓이더라고요. 구독자 1만 명까지 어렵지 않았던 거 같아요."

유튜버 [양품생활] 또한 마찬가지였다.

"유튜브를 계속할지 말지 결정하는 건 적어도 6개월은 두고 봐야 한다고 생각해요. 제가 3개월까지 구독자 1,000명을 못 넘었고, 조회 수가 제일 많았던 게 2,000~3,000회 정도였어요. 사람들이 보는 것 같지도 않고, 구독자도 안 늘었는데 순식간에 구독자 12만 명이 되었어요. 내가 지금 이렇게 성장이 더뎌도, 1년 뒤엔 어떻게 될지는 알 수 없는 게 유튜브 같아요."

우리가 다이어트를 하기 위해서는 먹고 싶은 걸 참고, 힘든 운동도 해야 하지만, 내가 살을 빼 멋진 몸매를 만들 수 있다는 희망 하나로 그 모든 걸 감내한다. 유튜브도 마찬가지다. 과정이 힘들지만, 어느 정도 시간이 지나면 내가 견뎌낸 것보다 더 큰 혜택이 내게 올 것이다. 6개월이 걸릴 수도 있고, 1년이 걸릴 수도 있지만 분명한 건 꾸준히만 하면 된다는 거다. 본인에게 그런 가능성이 있는지 없는지 판단하기 위해서 딱 100개의 영상을 올려봤으면 한다. 그런데도 구독자가 1,000명이 안 된다면 포기해도 된다.

그렇다면 유튜브 젊은 부자들은 어떻게 초반의 부진한 시기를 견뎌낼 수 있었을까? 그 비결은 '물량 공세'의 성실성이라고 유튜버 [승우아빠]는 말한다.

"유튜브 알고리즘을 보면, 많이 올리면 좋아하는 거 같아요. 많이 올리는 게, 적게 올리는 것보다 무조건 좋아요. 제가 7월에 영상을 많이 올리면 유튜브 측에서 8월에 더 많이 노출해줘요. 제가 노출 수를 분석해보니까 지난 3월에 영상을 9개밖에 안 올렸더니 4월에 아무리 좋은 영상을 만들어도 노출을 안 시켜주더라고요. 그래서 한 번 망한 적이 있어요. 그래서 4월에 영상 25개를 올리니까 그렇게 품 안 들여서 만든 영상인데도 5월에 조회 수가 갑자기 확 올라가더라고요."

실제로 많은 크리에이터가 유튜브에서 유튜버가 열심히 하는지, 안 하는지 영상 업로드의 성실성을 보고 노출 여부를 결정하는 것 같다고 말했다. 예를 들어, 6개월에서 1년 정도 이 채널이 열심히 했는지 검증을 한 다음에 2년 차에 확 밀어준다는 거다. 다만, 무작정 영상을 많이 올리는 것이 능사는 아니다. 영상을 올리면서 매주 무엇이 부족한지 분석하고 그것을 보완해야 한다.

이 과정을 거치면서 그들의 성실성은 '과몰입'의 단계에 진입하게 된다. 유튜브 젊은 부자들은 콘텐츠 기획과 제작에 미쳐 있었다. 열심히 하는 수준을 넘어 항상 유튜브를 생각하고 있었고, 유튜브에 미친 상태였다. 유튜버 [Miniyu ASMR]은 말했다.

"유튜브를 시작하고 한 3년까지는 미쳐 있었던 거 같아요. 어디를 가도 ASMR 생각밖에 안 나고, 빨리 집에 가서 영상 찍고 싶다는 생각뿐이었어요. 누가 시켜도 그렇게는 못하겠다 싶을 정도로 너무 미쳐 있었던 거 같아요."

유튜버 [유라야놀자]도 마찬가지였다.

"처음에 유튜브 제작을 하루에 18시간씩 하면서 '내가 여기에 정말 미쳐있구나' 느꼈어요. 온종일 유튜브 일을 하고 집에 가도 애 밥 먹이고 재운 다음에 또 유튜브 일을 해요. 아침에 일어나면 유튜브 확인하고 밤에 자다 깨서도 스마트폰부터 찾아서 유튜브 조회 수를 봐요. 진짜 유튜브에 미쳤던 거죠."

유튜버 [채채]는 리포터 일이 끝나면 남는 시간을 모두 유튜브에 할애했다.

"제가 리포터 일을 하고 서울 집에 오면 굉장히 늦은 시간인데, 그때부터 유튜브 영상을 찍는 거죠. 침대에서 자면 잠을 길게 잘까 봐 일부러 바닥에서 잔 적도 있어요. 다음 날 아침에 일어나서 영상을 편집하려고요. 작년에는 홍삼즙, 핫식스, 커피 이 3종 세트를 연속으로 마시면서 일을 했어요. 방송 일을 하며 어떻게든 유튜브도 해야 했으니까요. 구독자들과 한 약속이 있잖아요. 예를 들어 금요일 저녁 6시 업로드면 그 시간을 위해서 어떻게든 편집을 다 했어요. 친구들이 다 미쳤다고 했어요. 2년 동안 그렇게 살았더니 구독자가 50만 명까지 갔던 거 같아요."

그들은 유튜브에 미쳤었거나, 미쳐 있는 중이었다. 지칠 때도 유튜브를 봤고, 밥 먹을 때도 유튜브를 봤고, 꿈에서도 유튜브를 봤다. 취미도 포기하고, 친구 만나는 것도 포기하고 유튜브를 제외한 모든 걸 포기했다. 마치 이 정도로 빠져 있지 않고는 성공할 수 없다는 것을 보여주고 싶었던 것처럼 말이다. 아마 회사 일이었다면 절대 이렇게 못했을 것이다.

'열심히' 하는 것을 넘어 '잘하기' 위해 필요한 마지막 단계는 '안정'의 성실성이다. 그들은 과부하 상태로 계속 일할 수 없다는 것을 깨닫고 적정한 휴식을 가지기 위해 노력했다. 유튜버 [제이제이살롱드핏]은 리프레시가 중요하다고 말했다.

"항상 내가 할 수 있을 정도로 꾸준히 노력하는 게 중요하다고 생각해요. 그게 아니면 번아웃 상태가 오거든요. 제 주변에 한 달 동안 영상이 아예 안 올라오는 분들도 굉장히 많아요. 너무 무리하다가 번아웃 상태가 되지 않도록 꾸준히 노력할 수 있는 강도로 지속하는 게 중요한 거 같아요. 본인의 컨디션 관리를 잘해야 해요. 크리에이터에게 가장 중요한 것은 크리에이터 자신이에요. 내가 달려가는 기관차의 엔진인데 내가 멈추면 기차가 멈추잖아요. 아무리 좋은 스텝이 있고 아무리 좋은 촬영 장비가 있어도 크리에이터 본인이 의욕이 없어서 영상을 찍을 맛이 안 나고 콘텐츠가 안 떠오르면, 다들 손 놓고 있을 수밖에 없잖아요. 달리는 폭주 기관차가 되어야 하는데 그 에너지는 어디서 가져올 건지 고민해야죠. 사람 에너지란 것이 무한하지 않거든요. 에너지원이 누군가에게는 쇼핑이 될 수도 있고 여행이 될 수도 있겠죠. 어떻게 리프레시 해서 원동력을 만들어 낼 것인가를 고민해야 해요."

유튜버 [애니한TV]는 일과 휴식의 경계를 명확히 하기 위해 시간과 장소를 분리하였다.

"유튜브를 처음 시작한 해에는 잠도 안 자고 미친 사람처럼 일했어요. 그러다 결국 병원까지 갔어요. 다행히 별문제는 없었는데 이대로는 안 되겠더라고요. 쉴 시간이 없어서 그런 것 같았어요. 그래서 제가 결단한 게 주 7일로 일하던 걸 주 6일로 줄였고, 집이랑 사무실을 분리했어요. 집에 사무실이 있잖아요? 맨날 콘텐츠만 생각하며 살더라고요."

그들은 쉼이 있어야 콘텐츠가 생산될 수 있다는 걸 알았다. 운동, 게임 등의 머리를 쓸 필요가 없는 활동을 통해 스트레스를 풀었다. 또한, 혼자 모든 걸 할 수 없다는 걸 깨닫고 편집자들을 고용해 일을 나누기 시작했다. 그들은 쉼을 통해 지속 가능한 성실성을 만들기 위해 노력했다. 지금 당신은 어떤 단계에 있는지 판단하고, 그에 맞는 성실성을 갖추기 바란다.

구독자와의 소통은
충성 고객을 만든다

유튜브를 시작하는 사람들은 대부분 하고 싶은 얘기를 마음속에 가득 품고 있는 경우가 많다. 그게 아니라면 굳이 영상을 촬영하고 편집까지 하는 고생을 할 필요가 없었을 것이다. 그리고 유튜브에는 이 이야기를 기꺼이 들으러 와주는 고마운 사람들이 있다. 바로 '구독자'다. 구독자의 수는 유튜브에서 가장 중요한 지표 중 하나이기도 하다. 유튜브 젊은 부자들은 유튜브를 통해 단순히 부를 얻은 것 이상으로 든든한 팬층을 보유한 사람들이다. 이번 스토리에서는 이들이 구독자들과 어떻게 소통하는지 그 노하우를 공유하고자 한다.

우선, 초창기에는 구독자들이 남겨준 댓글을 보고 '좋아요'를 누르거나 댓글에 답변을 남겨주는 것이 좋다. 영상 업로드 16개 만에 구독자 12만 명을 달성한 [양품생활]은 거의 모든 댓글에 하트를 눌러주고, 물어보는 내용에 대해 성실하게 답해주려고 노력하고 있다. 구독자 58만 명의 유튜버 [제이제이] 또한 틈틈이 댓글을 확인하고 '좋아요'와 답변을 남기고 있었다. 이들이 댓글을 유심히 보는 이유는 소통하려는 목적이 첫 번째지만, 그 속에 시청자들이 찾는 콘텐츠의 답이 있기 때문이기도 하다.

내가 만든 영상에는 내가 다른 사람들에게 보여주고 싶은 이야기가 담겨 있지만, 때로는 그 내용이 시청자들의 관심 밖의 이야기일 수도 있다. 그럴 때 시청자들의 댓글을 살펴보는 것이 힌트가 된다. '이건 나만의 생각이었구나' 하고 냉정하게 자신을 되돌아볼 수 있게 된다.

영상의 조회 수를 통해 구독자들의 생각을 대략 파악할 수는 있지만, 댓글을 통해서는 그들의 니즈나 욕구를 좀 더 정확하게 알 수 있다. 댓글에 유독 많이 보이는 의견이나 메시지를 모아 콘텐츠를 만드는 것도 하나의 방법이다. 시청자들이 가장 원하는 영상의 아이템은 댓글 속에 숨겨져 있을지도 모른다.

구독자들과 친밀해지기 위해서 라이브 방송을 통해 실시간으로 대화를 하는 방법도 있다. 유튜버 [숭우아빠]는 유튜브 실시간 스트리밍 방송을 종종 한다.

"라이브 방송을 하면 스트레스가 좀 풀리더라고요. 라이브 방송을 할 때 보러 오는 사람들은 정말로 유튜버와 소통을 하고 싶은 사람이고 알짜배기 팬인 거죠. 그분들과 얘기를 하다 보면 많은 위안을 받고 힘을 얻어요. '뭘 올려도 볼 거예요'라고 말씀해주시는 분들도 있는데, 그런 얘기를 듣는 것 자체가 크리에이터에겐 행복이죠."

다만 라이브 방송을 할 때는 꼭 조심할 것이 있다. 생방송인 만큼 편집으로 자신의 실수를 가릴 수 없기 때문에 말실수를 조심해야 한다.

유튜브 세상을 벗어나 진짜 현실에서 오프라인 팬미팅을 하고 있는 크리에이터도 있다. 특히 외국인 구독자를 대상으로 하는 유튜버 [itsjinakim], [KyunghaMIN], [한국언니]는 소통을 중요하게 여겨 구독자들과 팬미팅을 하기도 하고, 외국에 갈 경우 팬들과의 만남을 추진하는 경우도 많다. 구독자들과 직접 만나서 이야기하는 것은 유튜버들에게 당장 수익이 되는 건 아니지만, 그만큼 팬들과의 친밀도를 높일 수 있는 방법이다. 실제로 한 유튜버는 행사장에 목발을 짚고 온 구독자도 있었다고 한다. 이렇게 구독자들이 보내주는 무한한 사랑은 유튜버 활동을 지속하게 하는 원동력이다.

한편 [양품생활]은 구독자와의 소통에서 주의할 점이 있다고 말한다.

"구독자가 많은 채널 같은 경우 구독자들의 요구에 부응하느라고 본인의 색깔을 잃어버리는 경우가 많아요. 큰 문제라고 생각해요. 구독자들의 의견이나 요구에 대해서 충분히 소통하는 건 좋아요. 하지만 그거를 다 들어주다 보면 자기 채널의 색깔을 잃어버릴 가능성이 커요. 그런 식으로 나만의 핵심 요소를 잃어버리는 건 위험하다고 생각해요."

<u>팬들과의 소통도 지나치면 득보다 실이 될 수 있으니 유튜버 본인이 기준을 잘 세우는 것이 중요하다.</u>

악성 댓글에 대한 문제도 있다. 악성 댓글은 어떻게 대처하는 것이 좋을까? 실명 기반의 페이스북과 달리 닉네임 기반의 유튜브는 악성 댓글의 수위가 다른 플랫폼보다 높을 수밖에 없다. 실제로 악성 댓글 때문에 영상 제작의 동기를 잃는 경우도 있고 아예 유튜브를 그만둔 사람도 있다. 누군가 무심코 남긴 부정적인 댓글 한 줄에 유튜버들이 받는 정신적 스트레스는 이루 말할 수 없다. 그렇다면 유튜브 젊은 부자들은 악성 댓글을 어떻게 관리하고 있을까? 키즈 크리에이터 [애니한TV]는 철저하게 악성 댓글을 관리하는 편이다.

"아이들을 보호하기 위해서 악플은 바로 삭제해요. 악플은 남기는 사람도 문제이지만, 그걸 보는 아이들 또한 영향을 받으니까요."

유튜버 [단희TV]는 악성 댓글을 삭제할 수 있는 좋은 팁을 알려주었다.

"유튜브 기능 중에 악플 단 사용자를 '채널에서 사용자 숨김'할 수 있는 버튼이 있어요. 그걸 눌러도 본인은 몰라요. 본인한테는 보이는데 다른 사람들한테는 그 글이 안 보이는 거죠. 만약 그래도 안 되면 그 사람의 ID를 아예 차단해요. 습관적으로 악성 댓글을 쓰는 사람들한테는 이렇게 해야 하지 않을까요?"

유튜버 [승우아빠]도 같은 생각이었다.

"저는 너무 심한 악플은 채널에서 숨겨 버려요. 악플이 많이 달려서 좋은 방향으로 가는 걸 못 봤거든요. 누군가 나쁜 걸 쓰면 그 밑에 또 댓글이 달리고 그러면서 서로 싸우잖아요."

이처럼 댓글 창 내에서 싸움이나 논란이 생길 수도 있기 때문에 악성 댓글은 어느 정도 정리하는 작업이 필요하다. 거리가 너무 깨끗하면 쓰레기를 버리지 못 하듯, 선플만 있는 곳에 악플을 달기란 쉽지 않을 것이다.

유튜버 [제이제이살롱드펫] 역시 초기에 악성 댓글에 상처를 많이 받았다. 처음에 한두 개는 괜찮았는데 사람인지라 궁금해서 자꾸 보게 되고, 보다 보면 울화통이 터지는 글도 많았다. 그래서 유튜브 채널을 관리하는 직원한테 안 좋은 내용은 다 지우거나 숨겨달라고 부탁했다. 본인이 악성 댓글을 직접 지우려면, 그걸 다

봐야 하기 때문에 선택한 방법이었다. 직원이 없다면 지인의 도움을 받아서 필터링하는 것도 괜찮은 방법이다.

아무 근거 없는 욕설, 인신공격성 비난에 상처받을 필요가 없다. 삭제하거나, 채널에서 '사용자 숨김' 버튼을 누르거나, ID를 차단하면 된다. 내게 아무 잘못이 없는데 누군지도 모르는 사람이 남긴 악성 댓글로 나를 상처받게 할 이유는 없다.

그러는 한편 유튜브를 시작하는 순간 악성 댓글에 대해 어느 정도 각오할 필요는 있다. 유튜브 문화가 분명히 좀 더 성숙해져야 하겠지만, 영상을 아무리 잘 만들어도 악성 댓글이 달리는 경우가 정말 많다. 하다못해 테레사 수녀가 유튜브를 하더라도 악성 댓글은 피할 수 없을 것이다. 이유 없이 부정적인 댓글을 쓰는 사람들이 너무 많기 때문이다. 그렇기 때문에 충분히 각오하고 시작하는 자세도 필요하다고 본다.

유튜브의 근간은 소통이고, 진정한 소통은 신뢰 관계를 바탕으로 이뤄져야 한다. 구독자들에게 신뢰를 보여줄 수 있는 가장 기본적인 방법은 매주 약속한 시간에 영상을 올려 일정한 루틴을 보여주는 것이다. 크리에이터의 영상을 기다리고 있는 구독자들의 기다림을 채워주는 것이다.

유튜버는 '구독자가 우선'이라는 초심을 잃으면 안 된다. 유튜브 젊은 부자들 역시 아무리 유명해지더라도 처음에 구독자를 위했던 초심이 흔들리는 순간, 언제든 위기가 찾아올 수 있다고 말한다. 결국 유튜브의 기반은 구독자들이기 때문이다.

유튜버의 성공을 이끌어주는
3가지 시스템을 만나다

내가 1인 크리에이터가 되고 나서 가장 힘든 것 중 하나가 외로움과의 싸움이었다. 세상 모든 사람이 유튜브를 보고 있지만, 유튜버를 직업으로 하는 사람은 많지 않다. 나 또한 주변에 유튜브를 제대로 하는 사람은 아무도 없어서 도움을 청할 곳이 마땅치 않았고 나의 힘듦을 토로할 곳도 없었다. 그래서 이번 스토리에서는 유튜브 활동을 하면서 어떤 고민을 갖게 되고 또 해결하게 되었는지 안내하고자 한다. 좀 더 효율적으로 일하기 위해 크리에이터가 만나야 할 3개의 집단을 소개한다.

가장 첫 번째 집단은 MCN(Multi Channel Network) 회사이다. MCN 회사는 1인 크리에이터들의 매니저 역할을 하는 회사다. 유튜버가 MCN에 들어가면 통상적으로 조회 수 및 브랜디드 콘텐츠 광고 수익의 약 20%를 회사에 주는 대신 회사의 지원을 받게 된다. 내가 인터뷰한 23명의 유튜버 중 MCN에 속해 있는 사람의 비율은 73%였다.

MCN에서는 영상 제작에 필요한 폰트, BGM 등 기본적인 지원을 하고, 유튜버의 채널에 대해 함께 분석하고 고민을 해준다. 유튜버 [채채]는 말한다.

"제가 유튜브를 하면서 고민되는 부분이 있으면 MCN에 얘기해서 도움을 받아요. 예를 들어, '어떤 아이템을 해야 될까요?', '구독자 연령층을 높이려면 어떻게 해야 될까요?' 이런 문의를 요청했을 때 함께 의논하면서 아이디어를 많이 얻었어요."

MCN 회사는 크리에이터가 소속감과 안정감을 갖고 일을 할 수 있도록 도움을 주는 역할을 한다.

한편 유튜버 [승우아빠]는 '크리에이터들과의 네트워크 형성'이 MCN에 들어가는 가장 큰 이유라고 말한다. 아무래도 같은 소속사면 컬래버레이션 영상을 찍거나 인사이트를 얻을 수 있는 기회가 늘어나기 때문이다.

그러나, 유튜버들이 MCN에 들어가는 진짜 이유는 브랜디드 콘텐츠 광고 때문이다. MCN에서는 광고를 수주해오고, 1인 크리에이터가 혼자서 계약하기 힘든 큰 광고까지 연결해준다. 유튜버

[유라야놀자]는 말했다.

"MCN에 들어가서 가장 좋은 점은 광고를 연결해준다는 거예요. 우리가 따로 영업을 뛰어서 광고 제안을 할 여력이 없잖아요. 콘텐츠 만드는 것만 해도 너무 바쁘거든요. 그런 부분을 MCN에서 해결하고, 그 수익을 나누는 형태예요."

MCN에서는 광고주와의 커뮤니케이션까지 담당해주기 때문에 크리에이터의 불필요한 시간을 줄여주고, 콘텐츠에만 집중할 수 있게 만들어준다.

이렇게 보면 모든 유튜버가 MCN에 소속돼야 할 것 같지만, 꼭 그렇지는 않다. 익명 기재를 부탁한 유튜버는 다음과 같이 말했다.

"MCN에 1년 정도 있었는데 아무 의미가 없었어요. 관리를 받기 위해 들어간 것인데, 관리는커녕 거의 방목 수준이더라고요. 저작권 없는 음악, 유료 폰트 지원 말고 해주는 게 아무것도 없었어요. 영업도 부진해서 광고 제안도 잘 안 들어오고요. 그 MCN에 3~4년 계셨던 분도 있는데 브랜디드 콘텐츠 광고를 한두 개밖에 못 했더라고요."

또 다른 유튜버도 이에 동의했다.

"아무래도 큰 MCN에 있으면 회사에서 밀어주는 크리에이터 몇 명 외에는 신경을 아예 안 써주는 경우가 많아요. 그거에 대한 불만을 가지고 회사를 나오시는 분들이 상당히 많죠. 저도 그중에 하나였어요. 사실 상위 10% 정도만 혜택을 누릴 수 있는 것 같아요. 나머지는 다 불만을 가질 수밖에 없는 거죠."

MCN의 특성상 수많은 크리에이터들이 있기 때문에 회사에 큰 이익을 주는 유튜버에게 훨씬 더 많은 신경을 쓰고 있는 것이다. 유튜버 [itsjinakim]은 구독자가 최소 20만~30만 명이 안 되면 MCN에 들어가지 않는 게 낫다고 말한다. 왜냐하면 회사에서 유튜버에게 도움을 주고 싶어도, 구독자 수가 너무 적으면 광고주와 매칭을 시켜주기 어렵기 때문이다.

MCN에 들어가는 것이 유튜버에게 이득이 될 수도 있고, 손실이 될 수도 있다. 사실 MCN의 입장에서는 회사에 소속된 크리에이터가 많을수록 좋다. 유튜버 수익의 약 20%를 가져가는 구조이기 때문에 많은 유튜버를 보유할수록 그 합이 커지기 때문이다. 크리에이터 입장에서도 MCN에 소속되어 나쁠 것은 없다. 매니저들과 함께 채널을 분석할 수 있고 다른 크리에이터들과의 인맥을 쌓을 수도 있다. 때로는 강의, 컨설팅 등 유튜브를 벗어난 다양한 기회도 제공해준다. MCN의 영업력 덕분에 좀 더 편리하게 브랜디드 콘텐츠 광고를 제작할 수도 있다.

MCN에 들어가기 전, 딱 한 가지만 고민하면 된다. 회사에서 얻을 수 있는 혜택이 과연 내가 포기해야 하는 비용보다 많은지. 무게의 추가 혜택 쪽으로 움직였을 때 MCN에 들어가면 된다.

두 번째로 만나야 할 집단은 다른 유튜버들이다. MCN에서 아무리 내 채널을 관리해준다고 해도, MCN 직원은 유튜버가 아니기에 나를 이해해주는 데 한계가 있다. 유튜버들의 마음을 이해할 수 있는 사람은 역시 유튜버뿐이다. 그렇기 때문에 유튜브를 시작했다면 크리에이터들과의 관계를 쌓기 위한 노력이 필요하다.

유튜버 [애니한TV]는 말했다.

"유튜버들간의 네트워크가 반드시 필요하다고 생각해요. 제가 처음 유튜브를 시작했을 때는 방구석에서 기획도, 편집도 혼자 하니까 외로워서 못하겠더라고요. 그랬던 제가 처음 숨통이 트였던 게 키즈 채널 유튜버들을 만나 커뮤니티가 형성되면서부터였어요."

특히 같은 분야의 유튜버를 알게 되면 큰 도움이 된다고 [리뷰엉이]는 말한다.

"같은 카테고리의 크리에이터들끼리 인맥을 유지하는 건 굉장히 중요한 거 같아요. 영화 리뷰를 하는 제가 게임이나 자동차 유튜버를 알아서 큰 도움이 될 것이 없어요. 왜냐면 업계 자체가 다르니까요. 하지만, 같은 업계에 있는 유튜버들이랑 주고받는 정보는 확실히 도움이 많이 되더라고요."

관심사가 똑같은 유튜버를 만나면서 서로의 노하우를 공유하고, 현재 트렌드를 파악하는 것은 중요하다. 너무 어렵게 생각하지 말자. 유튜버란 이유만으로도 좀 더 쉽게 다가갈 수 있고 많은 대화를 나눌 수 있을 것이다. 또한 친분을 쌓은 유튜버와 컬래버레이션 영상을 찍게 되면 빠르게 구독자를 늘릴 수 있다고 유튜버 [JAUKEEOUT x VWVB]는 말한다.

"유튜버로서 가장 빨리 성장할 수 있는 방법 중에 하나가 컬래버레이션이잖아요. 비슷한 성향의 채널 크리에이터랑 만나서 영상을 찍으면, 그쪽 채널과 우리 쪽 채널에 영상이 올라가면서 구독자가 같이 상승하는 효과가 있더라고요."

어느 정도 구독자와 채널이 맞는 크리에이터들끼리 협업을 하는 것은 서로의 팬덤을 흡수할 수 있고, 윈윈 하는 효과가 있다. 다만, 함께 협업을 할 때는 상대방의 채널에 대해 잘 이해하고 어느 정도 친분이 있어야 그 효과가 나타날 수 있다. 단순히 구독자가 많다고 해서 컬래버레이션을 하게 되면 자칫 재미없는 영상이 나올 수 있고, 채널에 악영향을 줄 수도 있다.

유튜버 [제이제이]는 네트워크보다는 혼자서 헤쳐 나갈 수 있는 능력이 제일 중요하다고 생각한다.

"예를 들어, 제가 구독자가 100명, 200명이라면 구독자 수 50만 명의 유튜버랑 컬래버레이션을 한다고 구독자 수와 조회 수가 올라갈까요? 절대 아니에요. 결국은 본인 영상이 재밌어야 돼요. 저한테 '지금 구독자가 몇백 명인데 협업을 하고 싶다' 이런 메일이 굉장히 많이 왔어요. 처음에는 제가 다 받아들이고, 해드렸어요. 그분들 입장에서는 약간이라도 도움이 될 수 있는데 그게 메인이 되면 안 돼요. 결국은 본인의 콘텐츠와 개성으로 승부할 수 있어야 조회 수가 잘 나오는 거예요."

컬래버레이션은 단발성의 특별한 기획이 되는 것이 적당하다. 그걸 메인 콘텐츠로 생각하면 안 된다. 언제나 콘텐츠는 자기 안에 있어야 한다.

세 번째로 유튜버는 편집자를 만나야 한다. 내가 만난 23명의 크리에이터 중 73.9%가 함께 일하고 있는 편집자 또는 PD들이 있었다.

유튜버 [제이제이]는 구독자가 9만 명일 때 1명, 구독자가 30만 명일 때 2명, 구독자가 40만 명일 때부터 3명의 편집자와 함께 일하고 있다. 유튜버 [단희TV]도 함께 일하는 편집자가 있다.

"초기에는 직접 편집을 했어요. 근데 편집을 제가 하니까 하루 종일 유튜브에 매달리게 되더라고요. 이래서는 콘텐츠의 질이 떨어질 거 같아서 편집자를 구했어요. 크리에이터가 콘텐츠 기획하는 것도 힘든데, 편집까지 어떻게 다 해요. 콘텐츠 만드는 것에만 집중해야죠. 초기에 돈이 들더라도 투자를 해야죠."

크리에이터라면 처음에는 기획, 촬영, 편집까지 모두 혼자 해야 하지만, 구독자가 어느 정도 쌓인 뒤에는 혼자 할 수 없다는 걸 인정해야 한다. 크리에이터가 편집을 할 줄 몰라서 편집자에게 맡기는 것이 아니라, 크리에이터마저 편집을 하면 정작 중요한 기획, 촬영을 할 사람이 없기 때문에 편집자를 활용하는 것이다. 그래야 크리에이터가 본인의 일에 집중할 수 있어서 채널이 더욱 크게 성장할 수 있다.

결국 유튜브를 좀 더 효율적으로 운영하기 위해서는 팀 시스템으로 가야 한다. 유튜버 [유라야놀자]는 유튜브가 일종의 방송국 시스템처럼 운영돼야 한다고 본다.

"그로 인한 장점은 내 삶을 영위하면서 일을 할 수 있다는 거예요. 삶의 질을 높이면서 유튜브를 해야 3년이고, 5년이고 쭉 할 수 있다고 생각해요. 혼자서 채널을 운영하면 내가 기분 나쁜 일이 있거나 편집이 너무 하기 싫을 때 업로드 일정을 못 맞출 수도 있잖아요. 저희는 팀으로 일을 하니까 그런 일이 없어요. 덕분에 영상의 퀄리티가 더 높아지는 거 같아요."

지금 우리가 알고 있는 크리에이터 중에 팀이 아닌 사람은 아무도 없을 정도다. 내가 일을 하기 싫을 때도 나를 끌고 갈 수 있는 시스템을 만들어야 한다. 그리고 제때 팀을 만들어야 내 채널이 더 커질 수 있다. 아이가 크는 속도에 맞춰서 큰 옷을 사야 하듯이, 유튜브 또한 마찬가지이다. 좀 더 큰 기획을 하기 위해서, 나 혼자 할 수 없었던 촬영을 하기 위해서 함께 할 수 있는 팀원을 찾아야 한다.

다만, 편집자를 구하더라도 자기 채널의 색깔과 정체성을 잃지 않는 것이 중요하다. 유튜버 [프리티에스더]는 편집자에게 채널의 색깔을 강조하는 편이다.

"편집하는 사람이 바뀌어도 프리티에스더의 콘텐츠 색깔을 잃어버리면 안 되거든요."

이처럼 내 콘텐츠를 잘 이해할 수 있고, 크리에이터가 의도하는 하는 바를 잘 표현해줄 수 있는 사람을 찾아야 한다. 그리고 끊임없이 편집자와 소통을 해야 한다.

점차 1인 크리에이터의 시대는 사라지고, '팀 크리에이터'의 시대가 오고 있다. 크리에이터 혼자서 모든 것을 할 수 있는 시대는 점차 저물어 가고 있다. 유튜브가 점점 사업화되면서 더욱 그렇다. 남들은 1주일에 영상을 대여섯 개씩 올리는데 나 혼자서 영상 한두 개 업로드하며 경쟁할 수는 없다. 양의 속도와 퀄리티의 경쟁에서 살아남기 위해서 우리는 시스템을 만들어야 한다.

수치를 벗어나면
수익이 보인다

　내가 유튜브를 시작한 이후 가장 많이 받는 스트레스는 '어떤 콘텐츠를 만들어야 하나' 하는 기획에 대한 고민도 아니었고, '어떻게 하면 영상을 재밌게 만들 수 있나'와 같은 편집에 대한 고민도 아니었다. 내게 스트레스를 주는 것은 다름 아닌 '앱'이었다.

　처음에는 하루에 1번, 시간이 지나면서 하루에 2번, 몇 달 뒤에는 하루에 3번씩 보다가 이제는 매일 아침 일어나면 가장 먼저 확인하는 것이 바로, '유튜브 스튜디오 앱'이었다. 이제 내가 가장 많이 보는 앱은 카카오톡도 아니고 T맵도 아니다. 내 채널의 현황을 알 수 있는 유튜브 스튜디오 앱이다.

　그 앱은 편리하게 내 채널의 현황을 알려주었지만, 큰 스트레스도 함께 주었다. 특히 조회 수에 대한 강박을 갖게 했다. 왜냐하면 내가 하고 있는 과정들이 매일매일, 아니 실시간으로 계속 업데이트되어 숫자로 나타났기 때문이다. 나는 정말 조회 수를 신경 쓰고 싶지 않았지만, 쉽사리 그 앱의 강박에서 벗어날 수가 없었다. 다른 유튜버들이 가장 많이 받는 스트레스 중 하나도 역시 자신의 유튜브 조회 수, 수익에 대한 것이었다.

유튜버 [제이제이]는 그래서 요즘에 유튜브 스튜디오 앱을 잘 보지 않는다.

"유튜브라는 게 내가 며칠 전에 얼마를 벌었는지, 조회 수가 얼마가 나왔는지 그래프로 나타나 매일 눈으로 볼 수 있는 시스템이니까 거기에 말리면 사람이 숨을 못 쉬어요. 주식 차트랑 똑같아요. 어떤 종목을 1,000만 원어치 샀으면 주식이 올랐는지 떨어졌는지 계속 보잖아요. 유튜브도 며칠 전에 올린 영상이 터지면 조회 수랑 수익 그래프가 위로 쪽 올라가요. 이 수익이 계속 유지가 되면 엄청난 부자가 될 수 있으니까 그날은 기분이 좋겠죠. 그런데 어느 순간부터 기분이 좋지 않은 거예요. 다음날 떨어질 것을 알기 때문이죠. 결국 차트는 떨어질 수밖에 없어요.

그런데 그걸 어떻게든 유지하고 싶은 욕심이 생기니까 조바심을 내고, 그래프의 오르내림에 끌려다니게 돼요. 예를 들어 어제 100만 원을 벌었는데, 오늘은 20만 원을 벌었어요. 그러면 기분이 들쑥날쑥할 수밖에 없잖아요. 지금 이 영상을 만들기 위해 내 온 힘을 쏟았는데 수익이 저조하면, 다음번 영상에선 더 큰 힘을 쏟게 돼요. 유튜버가 일을 열심히 할 수 있도록 채찍질하는 역할을 하지만, 다르게 보면 사람을 빨리 지치게 만드는 원인인 거죠."

유튜브를 딱 한 달만 해보면 이 말이 주는 의미를 정확히 알게 될 것이다. 조회 수 수치에 집착하다 보면 영상을 한 편, 한 편 만들어내는 것 자체가 힘들어진다. 더군다나 많은 시간을 투자해서 만든 영상이 조회 수가 안 나오면 박탈감까지 느끼게 된다.

심지어 수치에 대한 스트레스는 나의 채널에만 국한되지 않는다. 다른 사람들의 구독자 수와 조회 수까지 확인할 수 있기 때문에 지나친 경쟁의식을 갖게 될 수도 있다.

대한민국에서 최초로 ASMR 방송을 시작한 유튜버 [Miniyu ASMR]도 이와 비슷한 경험이 있다.

"지난 6년 동안 하고 싶은 일을 할 수 있어서 정말 재미있고 행복했지만 동시에 고통스러웠던 거 같아요. 늘 경쟁해야 하는 것에 너무 많은 고통을 느꼈어요. 1위의 자리에 있다가 내려오는 게 참 힘든 일이더라고요. 한국에서 최초로 ASMR을 시작했는데 이제는 저보다 구독자 수가 많은 분이 몇 명 생겼어요. 그걸로 인한 스트레스가 정말 심했어요. 사람들이 댓글로 '너는 이제 누구한테도 밀리겠네' 이렇게 비교를 할 때마다 힘들었죠. 더 이상 발전하지 못하고 정체되어 있는 나를 볼 때 자괴감도 느꼈고요."

유튜버 [승우아빠] 또한 경쟁으로 힘든 적이 있었다.

"아주 선택받으신 분이 아니면 지름길이 없습니다. 천부적인 재능을 타고 나신 분들은 순식간에 크실 거예요. 그런데 그분들하고 비교하기 시작하면 그것만큼 우울해지는 것도 없어요. 누군가가 날 추월한다는 것에 스트레스를 받으면 유튜브를 하면 안 되는 것 같아요."

나보다 공부를 못하던 친구의 등수가 내 등수보다 올라가면 스트레스를 받는다. 하물며 유튜브처럼 전 세계가 보고 있는 플랫폼에서 경쟁하면서 느끼는 고통은 훨씬 심하다. 내 숫자와 다른 사람의 숫자를 비교할수록 자괴감의 골은 깊어진다. 그렇게 되면 영상을 만들면 만들수록 불행해진다. 문제는 시청자들도 이런 수치에 민감하다는 사실이다. 유튜버 [채채]는 말한다.

"조회 수를 신경 쓰지 말라고 하는데 사실 신경 안 쓸 수가 없죠. 유튜브는 숫자가 보여지는 곳이니까요. TV를 보는 시청자들은 굳이 찾아보지 않는 이상 시청률을 알 수 없어요. 그냥 재미있으면 자기만의 주관을 가지고 드라마나 예능을 보거든요. 그런데 유튜브는 그렇지 않아요. 채널의 구독자 수와 조회 수가 다 보이니까, '어? 재미없나 봐' 하고 안 보게 되는 거죠. 사람들이 제 조회 수를 보고 구독 취소를 누른다니까요."

그럼, 어떻게 해야 그 스트레스에서 벗어날 수 있는 걸까? 유튜버 [신사임당]은 불과 얼마 전에야 겨우 그 수치의 강박에서 벗어났다고 말했다.

"저도 수익에 대해 많이 고민했었는데, 수익에만 방점을 두다 보니까 수익이 나지 않는 것에 대해서는 의미가 없게 느껴지는 거예요. 그 생각이 들면서 어느 순간 수익화를 포기했어요. 그러니까 아무 스트레스가 없어지더라고요. 조회 수가 안 나오는 것에 대한 스트레스는 조회 수 수익을 바라보고 있기 때문이잖아요. 만약에 내 채널이 브랜디드 광고 수익 기반 채널이면 조회 수가 적은 거에 대해서 스트레스가 없겠죠. 그런데 브랜디드 광고가 안 들어오면 스트레스를 받겠죠. 저는 둘 다 내려놓았어요. 그냥 유튜브 수익을 보너스로 생각하는 거죠. 마음이 편해지더라고요."

유튜버 [Miniyu ASMR]도 이제는 안정을 찾았다.

"저랑 경쟁 채널이었던 유튜버들이 저를 앞선 뒤, 많은 걸 내려놓자 마음이 편해졌어요. 사실 제가 언제 저 사람한테 밀릴까 생각하는 그 순간이 제일 힘들었고, 오히려 저를 앞질러 나간 이후로는 마음이 너무 편해진 거 같아요."

유튜버 [제이제이살롱드펏]은 스트레스 받지 않는 법을 알고 있었다.

"저는 수치에 대한 스트레스가 별로 없어요. 왜냐하면 '오늘은 몇 명이 늘었지', '오늘은 몇 명이 봤지' 그렇게 채널 관리를 해본 적이 없어요. 조회 수나 구독자 수를 체크 안 해요. 유튜브는 재미로 만들어야 잘할 수 있다고 생각해요. 남과 경쟁하면서 오늘 몇 개의 수치가 올랐고, 남들보다 뒤떨어졌다고 생각하면 그 순간부터 쉽지가 않아요. 그래서 저는 유튜브 스튜디오 앱을 안 본 지 굉장히 오래됐어요. 그게 중요한 거 같아요. 일일이 스트레스를 받으면 재밌게 못해요."

수치 때문에 너무 많은 스트레스를 받고 있다면 내 눈에서 그 수치들을 안 보이게 하는 것이 현명하다. 동종 카테고리에서 나를 힘들게 하는 채널이 있다면 영상에 '관심 없음' 버튼을 누르거나, 구독 취소 버튼을 눌러야 한다. 나만의 길을 걷기 위해서는 때때로 남들이 어떻게 하고 있는지 잠시 외면해야 할 때도 있는 법이다.

나아가, 지금까지 쌓아온 것에도 만족하고, 지금 이 순간 최선을 다하는 태도를 가지면 상처받은 멘탈은 회복될 것이다. 유튜버 [한국언니]도 처음에는 구독자와 조회 수를 보며 스트레스를 받았다고 고백했다.

"처음에 제 목표가 '구독자 5만 명 만들기'였어요. 5만 명쯤 되면 남들한테 '나 유튜브하고 있어'라고 얘기할 수 있을 거 같았거든요. 그 뒤 5만 명이 됐는데 10만 명을 보고 있고, 10만 명이 됐는데 또 그 위를 보고 있는 거예요. 거기에 만족하지 못했던 거죠. 분명히 10만 명이 되면 나는 행복하고 다른 감정으로 살아갈 줄 알았는데 왜 만족하지 못하는 걸까에 대해서 생각을 많이 하고 명상도 했어요. 그러면서 지금 현재에 만족하자는 생각을 하게 되었고 지금은 스트레스를 안 받는 것 같아요."

내가 가야 할 길이 너무 힘들게 느껴질 때는 내가 지금까지 걸어온 길을, 내가 쌓아놓은 과정을 보는 것만으로도 성취감과 행복을 느낄 수 있을 것이다. 내가 갖지 못한 것에 대한 욕망 때문에 이미 내가 가지고 있는 것들의 소중함을 잃지 말아야 한다.

누구나 수치에 대한 스트레스는 있게 마련이다. 하지만 스트레스를 받기보단 '지금 이 순간, 열심히 하면 언젠가 알아줄 거야'라는 마음으로 열심히 임하는 것이 최고의 답은 아닐까? 성과에 대한 스트레스는 어쩔 수 없지만, 그 스트레스 때문에 앞으로 나아가야 할 에너지마저 뺏기지는 말자. 차라리 그 시간에 좀 더 쉬고 재충전을 하는 게 낫다.

<u>유튜브는 노력의 결과가 실시간으로 눈에 보이는 직업이다.</u> 아이러니하게도 유튜브 스튜디오 앱 모양은 톱니바퀴다. 계속 앱을 보고 있으면 잘되도 고민, 안 돼도 고민에 빠질 수밖에 없다. 톱니바퀴에 내 감정도 함께 돌아가고 있는 것이다. 구독자가 많은 사람은 한 달에 몇천만 원을 벌지만 그 수익을 지키기 힘들어서 걱정일 것이고, 조회 수가 낮은 사람은 낮은 대로 고통을 느낄 것이다.

유명한 톱 크리에이터들이 그렇게 다 번아웃 상태가 되었다. 유튜브를 하다 보면 그 안에 내 일상의 모든 것이 들어가게 되어 인생 희로애락의 집합체가 될 것이다. 조회 수나 구독자의 숫자를 보고 일희일비할 때도 올 것이다. 하지만, 우리들의 인생이 유튜브 톱니바퀴와 함께 굴러가도록 놔두지는 말자. 거기서 벗어날 수 없는 사람들은 유튜버 [애니한TV]의 말을 꼭 기억했으면 한다.

"구독자 수로 자신을 판단하지 않았으면 좋겠어요. 누구나 구독자 0명에서 똑같이 시작했어요. 그런데 어떤 사람은 구독자가 10만 명이 되고, 어떤 사람은 구독자가 50만 명이 돼요. 그런 경우가 되게 많아요. 저랑 같이 비슷하게 시작한 분 중에 저보다 구독자가 적으신 분이 '나는 이것밖에 안 되나 보다'라고 이야기했을 때 너무 안타까웠어요. 비교하기 시작하면 한도 끝도 없잖아요. 그 사람이랑 저랑 구독자 수 다 떼고 일반 사람으로 만났으면 저보다 더 재능 있고 가치가 있는 분일 수 있는데, 구독자 수라는 걸 딱 붙이니까 마치 그게 인기와 성공의 척도가 된 것처럼 보이는 거잖아요. 그 수치가 낮더라도 스스로 가치가 없는 사람이라고 생각하지 않았으면 좋겠어요. 저도 솔직히 사람인데 100만 구독자 넘은 분들을 보면 '왜 나는 안 되지?' 이런 생각을 하거든요. 그게 제 살 깎아먹기더라고요. 구독자 수와 관계없이 당신은 뭘 해도 가치 있는 사람이라는 걸 알았으면 좋겠어요."

채널명	**효기심**	구독자 수	**65만 명**
총 조회 수	8,987만 회	주 콘텐츠	국제 정치
카메라	-		
마이크	인프라소닉 UFO		
편집 프로그램	어도비 프리미어 프로, 애프터 이펙트		

우리나라 사람들이 정치적 문제로 많이 싸우는 모습을 보고 '내가 정치를 배워서 좀 더 나은 대안을 제시해야겠다'는 마음으로 정치외교학과에 진학했다. 그런 마음이 그대로 유튜브에 반영되어 국제 정치라는 어렵고, 따분하고, 재미없는 주제를 사람들에게 쉽게 설명해주는 크리에이터가 되었다.

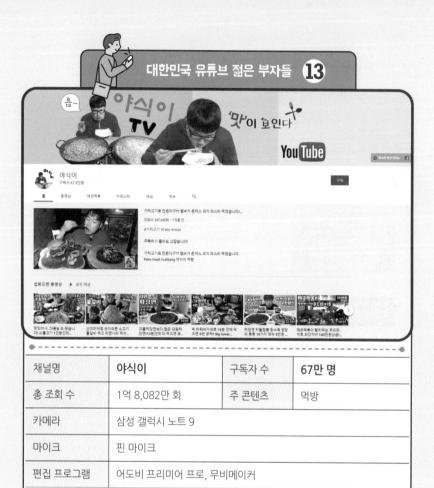

채널명	야식이	구독자 수	67만 명
총 조회 수	1억 8,082만 회	주 콘텐츠	먹방
카메라	삼성 갤럭시 노트 9		
마이크	핀 마이크		
편집 프로그램	어도비 프리미어 프로, 무비메이커		

국사 선생님을 꿈꾸던 수험생이 3번의 임용 시험에 떨어진 뒤 우연찮은 계기로 먹방을 시작하게 되었다. 2018년 10월까지 구독자 10만 명에 불과했지만, 불과 1년 만에 구독자 67만 명이 되며 대세 먹방 크리에이터가 되었다. 한 번에 라면 14봉지를 먹은 적이 있는 그에게 직접 들은 놀라운 사실은 '원래 더 먹을 수 있다'는 것이었나. 도대체 그의 위장에는 어떤 비밀이 숨겨져 있는 걸까?

좋은 제품들의 진짜경험
생활양품 디스커버리

양품생활

채널명	양품생활	구독자 수	12만 명
총 조회 수	568만 회	주 콘텐츠	가전, 테크 리뷰
카메라	캐논 200D		
마이크	아즈덴 SMX-30		
편집 프로그램	어도비 프리미어 프로		

영상 16개 업로드 만에 구독자 12만 명을 만들었다. 기존의 테크 유튜버들이 인물 중심의 크리에이터라면 양품생활은 제품 중심의 경험을 전달하는 영상을 만든다. 기존 리뷰 채널들의 브랜디드 콘텐츠 광고에 시청자들이 피로도를 느끼는 모습을 보고 현재 전혀 협찬을 받고 있지 않고 있다. 진정으로 시청자들을 위한 영상을 만들고 있는 채널이다.

PART 5

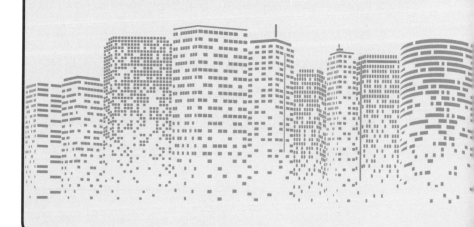

유튜브 플랫폼이 만든
젊은 부자들의 신화

치킨집 배달부에서
만능 크리에이터로 변신한, 제이제이

프로 마술사에서 빚쟁이로

유튜버 [제이제이]는 원래 프로 마술사였다. 그것도 12년 동안 한국에 있는 날이 거의 없을 정도로 국제적으로 촉망 받는 마술사였다. 하지만, 위기가 찾아왔다. 군 입대를 해야 했던 것이다. 대한민국 남자라면 당연한 일이지만, 그의 경력엔 치명적이었다.

"제가 군대에 있을 때 6개월에서 1년 동안은 해외에서 무대에 서달라고 계속 연락이 오는데, 군대에 있어서 활동을 못한다고 계속 반려하니까 1년 뒤부터는 연락이 거의 없더라고요. 이메일로 연락이 1년에 한두 개 정도 올까 말까 할 정도였어요. 비둘기 마술을 하는 사람이 전 세계에 저 혼자만 있는 게 아니잖아요. 공연 업계에서 다른 대체자를 찾은 거죠. 군대 전역하고 나서 마술 대회에 참가하며 활동이 가능하다는 걸 보여주려고 노력했는데, 이미 세계적으로 이름이 알려져 있는 공연에 제가 설 수 있는 자리는 없었어요."

제이제이는 제대 후 1년 정도 마술사 활동 복귀를 위해 노력하는 동시에 마술 도구를 해외에 수출하는 사업도 시작했다. 그러나 겨우 생계를 유지할 정도였고 점차 빚만 늘어갔다.

솔직히 처음엔 유튜브를 '그냥' 시작했죠

마술사 활동을 재개하려고 노력했지만 기대만큼 잘되지 않고, 금전적으로 힘든 상황이 지속되면서 재미를 위해 선택한 것이 유튜브였다.

"화려한 무대에 다시 서려면 처음부터 시작한다는 마음으로 준비를 해야 하는데, 제가 가지고 있는 게 아무것도 없다 보니 너무 힘들더라고요. 돈이 안 들면서 재밌는 걸 찾다가 시작한 게 유튜브예요. 그 당시에는 돈을 벌기 위해 시작한 건 전혀 아니에요. 그저 취미 생활로 내 일상을 찍어서 올리고, 봐주는 사람이 한두 명이라도 있을 수 있으니 해보자는 마음이었죠. 처음부터 '나는 유튜버가 될 거야'가 아니었어요."

구독자 1만 명 기념 방송을 찍으면서 울었어요

제이제이는 2017년 4월 유튜브에 첫 영상을 올렸고, 그해 10월 에 구독자 1,000명이 되었다. 그 뒤로도 구독자가 빨리 늘지 않는 긴 정체기를 겪다가 2018년 2월에 구독자 1만 명을 달성했다. 거의 1년 만에 달성한 '구독자 1만 명'이라는 숫자에 감격에 겨워 기념 영상을 찍으면서도 울음을 참지 못했다. 그때부터 '유튜브로 생계를 유지하게 될 수도 있겠구나'라는 희망을 갖기 시작했다고 한다. 구독자 10만 명일 때 그가 방송에서 밝힌 수익은 1,100만 원이다. 그리고 현재 제이제이의 구독자는 58만 명이다.

"치킨집 배달 아르바이트 영상을 찍은 적이 있는데 그 모습을 담기 위해 며칠이 걸렸어요. 거의 촬영하는 데 2주, 편집하는 데 1주를 썼어요. 일부러 씬 구성을 해서 장면을 찍은 게 아니고, 실제로 제가 배달하는 모습을 찍은 거죠. 그때 많이 울었어요. 제 자신이 지금 처한 상황이 너무 서러웠어요. 힘든 일을 하면서 유튜브를 하는데 뭐 하나 제대로 잘되는 건 없고, 자리가 잡힌 것도 없고 나이가 서른 살이 넘었는데 어떻게 해야 될지 모르겠더라고요. 미래가 불투명하다는 현실이 제일 크게 다가왔죠. 누군가 나를 도와줄 사람도 없고, 나 혼자 해나가야 하는데 너무 막막했어요."

그렇지만 제이제이는 유튜브 영상을 올리는 것을 멈추지 않았다. 그런 노력이 있었기에 그의 영상의 평균 조회 수가 30만 회가 되는 것은 아닐까?

"힘들어도 그만두지 않았어요. 실패했다고 생각하고 포기하면 그때 실패한 거예요. 그만둔 것 자체가 실패인 거죠. 계속했으면 언젠가 됐을 수도 있잖아요. 본인이 실패한 유튜버라고 생각할 필요가 없어요. 언제, 어떻게 될지 모르거든요. 계속 두드리면 문은 언젠가 열린다고 생각해요."

사람들이 궁금해하는 걸 해결해주면 돼요

"리얼 리뷰 콘텐츠는 제가 진짜 궁금해하는 내용을 기획한 것이거든요. 마약 베개 광고를 보면 계란 위에 베개를 올려놓고 위에서 뛰고 밟아보라고 하잖아요. 안 깨진다고 하는데, 진짜 계란이 안 깨질까 싶었죠. 광고에서 나온 대로 해봤는데 역시 깨지더라고요. '도대체 이걸 왜 먹는 걸까?' 콘텐츠도 마찬가지예요. 유튜버들이 많이 먹는 음식이 무슨 맛이 나는지 다루는 건데, 솔직히 별거 아닌 기획이거든요. 먹방 유튜버분들이 다양한 음식을 많이 먹는데 맛있다고만 하잖아요. 근데 저는 그 맛이 너무 궁금한 거예요. 그래서 제가 음식을 먹어보고 느끼는 대로 얘기를 해드린 거예요. 시청자들이 궁금해하는 것을 다루고, 속 시원하게 다 풀어줬기 때문에 많은 사람들에게 사랑을 받았던 거 같아요.

조회 수를 올리기 위한 돌파구는 따로 없어요

"저는 구독자가 적을 때도 혼자서 할 수 있는 한에서는 최대한 열심히 만들었어요. 그때 영상들을 지금도 보면서 가끔 깔깔깔 웃어요. 그런 영상을 쌓아놓으면 우연히 하나의 영상이 터졌을 때 다른 영상도 다 재밌게 봐줄 거라고 믿고 있어요. 그래서 제가 제일 추천해드리고 싶은 건 본인이 봤을 때도 재밌는 영상을 만들라는 거예요. 내가 봤을 때 재밌는 영상을 만들어서 올려두면 누군가는 나와 같이 재밌게 봐주지 않을까요?"

유튜브 한번 해보세요, 세상에서 가장 좋은 동기부여 플랫폼이에요

"유튜브의 장점은 피드백이 굉장히 빠르다는 거예요. 성과가 바로바로 나오는 플랫폼인 거죠. 마술은 하나의 작품을 만들기 위해서 몇 년 동안 계속 갈고닦고 연습하고 난 뒤에야 무대에 올라요. 그랬는데도 혹평을 받을 수도 있어요. 그런데 유튜브는 준비하는 데 몇 년씩 걸리는 게 아니잖아요. 길어야 며칠이란 말이에요. 영상에 대해 피드백을 받고 또 다음 영상을 만들어서 피드백을 받을 수 있어요. 본인이 한 노력에 대한 결과가 빨리 나오기 때문에 성취감 또한 빨리 느낄 수 있는 플랫폼이죠."

국사 선생님을 꿈꾸던 청년이
먹방계의 스타가 되기까지, 야식이

원래 꿈은 국사 선생님이었어요

야식이의 꿈은 학교 교사였다. 대학에서 국사학을 복수 전공하고, 역사교육학과 대학원을 졸업한 뒤 임용 시험을 준비했다. 학원에서 학생들을 가르치며 시험을 3번 쳤지만 모두 다 떨어졌다. 그러다 4번째 시험을 준비하고 있던 중 시험 접수를 놓쳐 버리는 상황이 발생한다.

임용 시험을 놓치고 유튜버가 되다?

"저는 예전부터 아프리카TV로 먹방을 즐겨봤어요. 제가 먹는 걸 좋아하고 잘하거든요. 그래서 자연스럽게 '나도 해보고 싶다'는 생각을 가지고 있었죠. 한 9개월쯤 고민하다가 아무 생각 없이 시작했어요. 시작하는 데 고가의 장비가 있어야 하는 게 아니고, 컴퓨터랑 캠만 있으면 되는 거잖아요. 어차피 저도 밥은 먹고 살아야 하니까 낮에는 공부하고 저녁에 간단하게 먹으면서 시청자들과 소통하면 되겠다는 가벼운 마음으로 시작을 한 거죠. 어느 날 먹방을 하고 있는데 시청자가 질문을 해요. '야식이님 임용 시험 접수해야 되는 거 아닙니까?' 저는 임용 시험을 안 보겠다고 생각한 적이 없었거든요. 근데 이미 찾아보니까 접수가 끝난 거예요. 먹방에 너무 몰입하다가 접수를 못 한 거죠. 그런데 먹방이 처음에는 돈이 되지 않았는데 어느 순간 한 달에 100만 원 정도 수익이 나더라고요. 내가 의도하든, 의도하지 않았든 소득이 발생하면 그건 직업이잖아요. 그때부터 유튜브를 열심히 한 거 같아요."

어떻게 그렇게 많이 먹는 거죠?

나 또한 일반 사람들과 마찬가지로 먹방 유튜버를 만났을 때 가장 궁금한 것이 도대체 어떻게 그 많은 양의 음식을 먹을 수 있냐는 것이었다. 그리고 그 대답은 내 상상 이상이었다.

"체중이 먹방 전과 먹방한 뒤 두 개라고 보면 돼요. 어제 방송 전 체중이 84킬로그램이었어요. 방송 후에는 87킬로그램이 나오더라고요. 많이 먹을 수 있는 체질인 거 같아요. 소화기내과에서

CT 촬영을 했는데 먹방을 하고 나니 위장이 최소 10배 이상 커졌다고 말씀하시더라고요. 그때 초밥 100개, 메밀국수 1개만 먹은 거라 평소보다 적은 양을 먹은 거였거든요. 의사 선생님 말씀이 위가 다른 사람보다 크기도 하고, 위 내부에 근육이 많이 발달되어 있어서 위산 분비도 잘 된다고 하더라고요. 지금은 많이 먹는 게 몸에 안 좋다는 걸 인식하고 있어서 내가 감당할 수 있을 정도만 먹고 있어요. 원래 더 먹을 수도 있어요."

왜 살이 안 찌나요?

야식이가 일반인보다 많이 먹을 수 있는 건 발달된 위장 덕분이었다. 하지만 그만큼 많이 먹었다면 당연히 살이 쪄야 하지 않는가? 왜 먹방 유튜버들은 살이 안 찌는 걸까?

"칼로리를 숫자로 계산하면 이해하기가 쉬워요. 제가 이틀에 한 번 격일로 방송하거든요. 예를 들어 오늘 방송에서 라면 10봉지를 먹어요. 그럼 5,000kcal잖아요. 방송하는 날에는 낮에 간단하게 500kcal 정도를 먹어요. 그럼 먹방하는 날 섭취하는 칼로리가 5,500kcal죠. 먹방한 다음 날은 1,000kcal 정도만 섭취해요. 이틀치를 합하면 6,500kcal예요. 6,500kcal를 반으로 나누면 하루 평균 3,250kcal거든요. 그 정도만 먹기 때문에 살이 많이는 안 찌는 거예요. 보통 성인 남자들도 많이 먹는 사람들은 그 정도 먹거든요.

그리고 운동도 최대한 열심히 해서 체중을 유지하려고 하죠."

먹방도 차별화가 중요하죠

"집에서만 방송을 하다가 처음으로 이태원에 가서 엄청나게 큰
점보 라면 먹방을 했어요. 그때는 스마트폰으로 안 찍고 노트북을
들고 가서 화상캠 놓고 처음으로 야외 방송을 했어요. 이 영상이
한동안 야식이 영상의 조회 수 1등이었어요. 그래서 지금은 밖에
돌아다니면서 먹어요. 야외 방송하고 나서 조회 수가 더 잘 나오
고, 시청자들에게도 '야식이 채널에 들어가면 내가 찾아가서 먹을
만한 식당을 발견할 수 있을 거 같아'라는 기대 심리를 주는 거죠.
제 채널을 보고 있는데 '어, 우리 집이랑 가까운 곳이네, 한번 가봐
야겠다' 이런 느낌을 주는 거죠."

돈은 벌었는데 아무것도 바뀐 것은 없다

"저는 돈이 있을 때나, 없을 때나 별 차이가 없어요. '돈이 많으
면 많은가 보다, 없으면 없는가 보다' 하고 생활상의 변화가 없는
거죠. 옛날이나 지금이나 똑같이 일을 하는데 통장에 돈만 있다는
차이에요. 집도 원래 살던 집에 그대로 살고 있고, 차도 안 바뀌었
고 그대로예요. 바뀐 건 통장 잔고뿐이에요. 사실 돈 많은 사람이
라고 해봤자 통장에 돈이 있는 거지, 그걸 다 쓰는 게 아니잖아요.

어떻게 생각하느냐에 따라 돈이 많고 적은 건 크게 중요하지 않을 것 같아요."

지난 5년의 시간을 한 문장으로 표현하면?

먹방 유튜버답게 야식이는 한 번에 참깨라면 14봉지, 짜장면 10그릇, 햄버거 20개, 신라면 12봉지까지 먹어본 적이 있다. 그에게 지난 5년 동안의 크리에이터 생활은 어땠을까 물어봤다.

"즐겁게 잘 먹었고, 지금도 맛있게 먹고 있어요."

역시, 먹방 유튜버다운 마지막 멘트였다.

아무도 가지 않은 길로 나아간
ASMR 분야의 개척자,
Miniyu ASMR

아르바이트로 하루하루를 살아가던 그녀

Miniyu ASMR은 뚜렷한 직업이 없었다. 취업했던 회사는 잠깐 일했다가 그만두고, 아이스크림 가게에서 아르바이트를 하며 근근이 살고 있었다. 원래 꿈은 연극배우였지만 몇 년을 해도 이름을 알릴 수 있을지 없을지 모르는 힘든 직업에 도전하기가 망설여졌다. 그러다 보니 점점 자신감도 없어져 우울한 나날을 보내고 있던 평범하지도 못한 사람이었다.

"늘 제가 좋아하는 일을 하고 싶었는데 직업도 못 찾는 저 스스로 '난 할 수 있는 게 아무것도 없다'면서 자괴감을 많이 느꼈어요. 저는 인생의 실패자라고 생각한 거죠."

수많은 콘텐츠 중에 어쩌다 ASMR을 하게 된 걸까?

"유튜브라는 이름만 들어 봤지, 원래 유튜브를 보던 사람이 아니어서 아예 무지했어요. 어느 날 해외 크리에이터의 영상을 보고 ASMR에 대한 매력을 느꼈죠. '너무 좋은데, 왜 다 영어일까? 한국어로 듣고 싶은데 왜 없을까? 그럼 내가 한번 해볼까?' 그렇게 시작하게 된 거예요."

시작할 때 사람들의 시선이 신경 쓰이지 않았는지?

사실 그 당시만 해도 한국에 ASMR 영상이 없었기 때문에 사람들의 정서상 받아들이기 쉬웠던 것은 아니었을 것이다. 그런 콘텐츠를 '내가 시작해야겠다'고 생각했을 때는 그만큼의 심리적인 부담이 있을 수 있었다.

"저는 그런 생각은 전혀 하지 않았어요. 그냥 단순히 재미있어서 했다는 것 말고는 뭐라고 말을 표현해야 될지 모를 정도로요. 처음에는 '왜 이런 이상한 짓을 하려고 얼굴까지 노출하냐'고 우려하시는 분도 있었는데 전 그것도 이해가 안 갔어요. 제가 뭘 잘못한 것도 아니잖아요. 그렇게 유튜브를 시작하고 한 3년까지는 미쳐 있었던 거 같아요. 어디를 가도 ASMR 생각밖에 안 나고, 빨리 집에 가서 영상을 찍고 싶었거든요. 저는 유튜브라는 곳에서 돈을 벌 수 있다는 것도 몰랐어요. 돈이랑 정말 상관없이 그냥 ASMR에 미쳐 있었죠. 태어나서 이렇게 재미있는 일을 내가 할 수 있다니, 할 수 있는 것 자체가 너무 감사하고 행복했어요. ASMR 영상을 찍으면서 '나도 뭔가 할 수 있구나!'라는 걸 깨닫고 나에 대한 자존 감이 높아진 것 같아요."

사람들은 왜 ASMR 영상을 볼까?

현대인들에게 하루를 버티는 것은 너무 힘들고 지치는 일이다. 이런 지친 상태에서 위안을 받고 싶은 이들이 손안의 스마트폰을 통해 ASMR 영상을 보고 듣는다. ASMR의 다른 말은 '힐링'과 '위로'이다.

"'당신의 비 대신 맞아줄게요'라는 제목의 영상을 만든 적이 있어요. 비가 막 쏟아지는 날에 제가 혼자 놀이터에 나가서 우산 없이 비를 맞는 영상이에요. 그 영상을 보고 진짜 많은 분들이 펑펑 울었다고 말씀하시더라고요. ASMR은 누군가 나를 케어한다는 느낌을 주는 것 같아요. 실제로 우울증이 나았다거나 불면증을 고쳤다는 이야기가 많아요. 그런 걸 볼 때마다 제가 사람을 살리고 있다고 생각해요."

ASMR 영상도 자극적이어야 조회 수가 높아지는가?

"ASMR은 무엇보다도 잘 때 편하게 들을 수 있는 영상이 꾸준히 조회 수가 올라가더라고요. 자극적이거나 특별한 요소가 있다기보다는, 자면서 들었을 때 아무런 방해 요소 없이 자연스럽고 좋은 소리로만 구성된 영상들이 진짜 효자 영상이에요."

ASMR 영상은 광고를 많이 넣지 못해요

"ASMR 영상은 굉장히 길어요. 자면서 들어야 하기 때문에 영상이 짧으면 '이 짧은 시간 안에 내가 잠들지 못하면 어떡하지?' 이렇게 시청자들은 불안해하세요. 그래서 영상 길이는 보통 40분 정도이고, 1시간 넘어가는 분들도 많아요. 다만, 중간 광고는 절대 넣을 수 없어요. 마지막에도 못 넣어요. 처음에만 넣을 수 있어요. 구독자 분들이 ASMR을 들으며 편안하게 잠들었는데 갑자기 광고에서 큰 소리가 나면 큰일 나잖아요. 그래서 ASMR 영상은 채널 규모 대비 조회 수 수익은 좀 낮을 수도 있어요."

작업과 내 생활을 분리하세요

"저는 얼마 전까지 집에서 촬영을 하다가 이제 작업실을 구해서 거기서 영상을 찍어요. 일과 여가를 구분하는 것이 정말 중요한 거 같아요. 1인 크리에이터라 혼자 집에서 일하다 보니까, 일과 휴식 시간의 경계가 모호하더라고요. 쉬어도 쉬는 게 아니었어요. 내가 이 시간에 일을 하면 돈을 더 벌고 채널을 키울 수 있을 텐데 나는 너무 안일한 거 같다면서 죄책감을 느끼는 거죠. 그래서 일과 생활을 분리해야겠다고 생각했어요. 쉴 때는 쉬는 시간과 장소를 정해놓고 쉬는 게 좋은 거 같아요."

유튜버는 어느 정도 각오가 필요한 일

"제가 만나 본 성공한 유튜버들은 정말 열심히 하세요. 밥도 안 먹고 일하고, 편집을 밤새워서 하더라고요 실패한 유튜버는 일단 영상을 올리지 않고, 올리더라도 그 주기가 너무 길어요. 그러면 구독자와의 신뢰를 잃게 돼요. 차이점은 노력인 거죠. 그렇기 때문에 특히 초보 유튜버라면 영상을 무조건 많이 올릴 각오를 해야 한다고 생각해요."

마지막으로 하고 싶은 말이 있다면

"유튜버가 진짜 매력적인 직업이라는 것을 알려주고 싶어요. 무언가를 창작해서 만들어낸다는 게 진짜 대단한 일이라고 생각해요. 앞으로 10년 뒤에도 저는 ASMR을 하는 것이 목표예요. 오래오래 ASMR 영상 찍으면서 살고 싶어요."

유튜브 세상에서만큼은
신사임당보다 더 유명한, 신사임당

2018년 말 가장 핫한 유튜버가 있었다. 영상 업로드 2개월 만에 구독자 10만 명을 달성한 [신사임당]이다. 신사임당은 유튜브를 운영하기 전 한국경제 PD였다. 그 당시 받았던 월급 170만~180만 원으로는 부자가 될 수 없다는 사실을 깨달은 그는 회사를 박차고 나왔다. 쇼핑몰, 스튜디오 사업, 임대업을 하다 유튜브까지 시작하게 되었다. 본인이 직접 운영했던 쇼핑몰의 운영 노하우와 돈 버는 방법에 대한 정보들을 영상으로 찍어 올리게 된 것이다.

방송국 PD 경력이 단절되지 않으려고 시작했죠

"제 입장에서는 유튜브가 가장 큰 헤지('자산의 가치가 변환에 따라 발생하는 위험을 없애려는 시도'라는 뜻의 재테크 용어)예요. 원래 전직 방송국 PD였는데, 회사를 그만두고 나와서 사업을 하게 되면 PD로서의 경력은 단절되는 거잖아요. 근데 유튜브를 하면서 일정 수준 이상의 구독자를 모으면 뉴미디어 PD라고 경력에 쓸 수 있는 거잖아요. 나중에 제 사업이 망해도 구독자 28만 명을 보유한 유튜브 채널을 운영했다고 쓸 수 있으니까요."

누군가 성공하면 저도 할 수 있다고 생각해요

신사임당은 이 채널 이전에도 총 5개의 채널을 운영했지만 잘 되지 않았다. 보통은 몇 번 해보고 안 되면 '아, 이거 아닌가 보다' 하고 접을 텐데 왜 계속했던 걸까?

"할 수 있는 영상은 다 해봤는데 마지막 남은 아이템이 신사임당 채널이었어요. 근데 이 채널이 잘 안 됐어도 다른 거 했을 거예요. 유튜브를 보면 '저 정도는 할 수 있을 것 같은데' 싶었거든요. 예전에 100m 달리기는 10초가 인간의 한계라고 했잖아요. 근데 10초 벽 깨고 나서부터는 매년 기록 갱신이 되잖아요. 그런 것처럼 누가 성공하면 저도 할 수 있다고 생각해요. 할 수 있을 때까지 해보는 거죠. 뭔가 방법이 있을 테니까요."

방송국 PD가 왜 스마트폰으로 촬영을?

신사임당은 방송국 PD 출신이면서 왜 좋은 촬영 장비를 쓰지 않는 걸까?

"이건 진짜 영업 비밀인데, 제 채널은 무조건 미니멀하게 가요. 딱 봤을 때 만만하게 보이는 게 제 채널의 목표예요. 누구나 접근할 수 있는 게 유튜브의 특성이잖아요. 제 채널도 그렇게 만드는 거죠. 제가 쓰는 장비는 스마트폰, 녹음기, 삼각대뿐이에요. 제 채널은 돈을 쓰기 위한 채널이 아니고, 돈을 벌기 위한 채널이잖아요. 제 구독자들이 경제적으로 충분하지 않다는 걸 가정한 거죠. 보시는 분들을 위해서 데이터를 아낄 수 있게 하는 거예요."

부업이라 유튜브하면서 불안할 게 없죠

"저는 쇼핑몰이 주업이고, 유튜브가 부업이에요. 유튜브하기 위해서 퇴사할 필요가 없어요. 저는 지금 하루에 두세 시간 정도만 유튜브에 시간을 쓰고 있거든요. 그 두세 시간을 내기 위해서 회사를 그만둔다는 건 아닌 것 같아요. 절대로 대책 없이 퇴사해서는 안 돼요. 유튜브는 시간을 많이 투입했다고 꼭 성공하는 곳도 아니에요. 부업으로 유튜브를 하고 싶다면 주저할 필요는 없다고 봐요. 진입 장벽도 없잖아요. 전 사실 유튜브가 별 게 아니라고 생각해요. 솔직히 그냥 하는 거 아니에요? 저도 그냥 스마트폰 가지고 찍잖아요. 그 정도 투입해서 경력도 이어가고, 재미도 있고요."

사람들의 손에 잡히는 콘텐츠

신사임당 채널은 콘셉트가 좋다. 지금 시대의 사람들이 필요로 하는 내용을 다루고 있기 때문이다. 현재 저성장기의 한국에서 부자가 되는 방법을 함께 고민하고, 사람들의 손에 잡히는 재테크를 말하고 있다.

"제 채널에서 주로 인기 있는 콘텐츠는 돈 버는 방법인데 그중에서도 가장 조회 수가 높았던 건 '매달 1,000만 원을 만드는 가장 현실적인 방법'이에요. 사람들이 1,000만 원이란 단위를 좋아해요. 손에 잡히잖아요. 월 1억 하면 너무 먼 이야기인 거 같아요."

지속 가능한 콘텐츠는 어떻게 만드는가?

"어떤 프로그램이든 끝나요. PD의 입장에서 프로그램을 편성한다고 생각하면 돼요. 예전에 저 혼자 돈 버는 방법에 대해 이야기하는 코너가 있었고, '창업다마고치'라고 친구와 함께 돈 버는 방법에 대해 이야기하는 코너가 있었어요. 지금은 여러 인터뷰 코너를 하고 있잖아요. 오랜 기간 인기를 끌었던 〈긴급구조 119〉도 끝났고, 〈경찰청 사람들〉도 끝났고, 〈무한도전〉도 끝났잖아요. 모든 프로그램은 끝나게 되어 있어요. 프로그램의 생명은 짧을 수밖에 없어요. 거기다 초보 기획자가 만든 프로그램의 생명력은 필연적으로 짧을 수밖에 없어요. 간혹 채널 자체를 프로그램으로 생각하는 사람이 있더라고요. '내가 만든 이 프로그램이 끝나면 내 채널도 끝이야'라고 생각을 하는데, 콘텐츠는 언젠가는 고갈될 수밖에 없어요. 이게 내 방송국이라고 생각하고 한 프로그램의 인기가 다하면 다음 새로운 프로그램을 기획하는 거예요. 대신 프로그램을 바꾸면 바뀐 콘텐츠에 사람들이 적응할 때까지 꾸준히 계속 올려야 돼요. 프로그램을 바꾸면 기존의 기록을 넘어서는 조회 수가 나올 때까지 멈추면 안 돼요."

대한민국이 유튜브 콩깍지에 씌었어요

"본인이 지금 하고 있는 일이 정말 중요한 일이고, 가치 있는 일이라는 걸 잊지 않았으면 좋겠어요. 유튜브가 잘되면서 일반 직장인들이 '유튜브 수익 대비 나는 얼마를 번다' 그런 이야기를 많이 하잖아요. 유튜브 수익과 본인의 수익을 비교하지 않았으면 해요. 누구나 유튜브를 해야 되는 것도 아니고, 내가 바쁘면 유튜브는 나중에 해도 되는 거잖아요. 모든 직업은 그만큼의 가치가 있어요. 지금 너무 유튜브에 대한 콩깍지가 씌어져 있는 거 같아요. 유튜브의 수익 뉴스 기사를 보고 자신의 직업이 주는 가치를 낮추지 않았으면 좋겠어요."

STORY 31

지천명의 나이에
유튜브 스타로 다시 태어난,
단희TV

1967년생 아저씨가 유튜브를 한다고?

단희TV는 50대 중반의 부동산 재테크를 하는 사업가다. 그는
2018년 6월에 유튜브를 시작한 지 불과 1년 만에 구독자 26만 명
을 만들었지만, 유튜브를 시작할 때만 해도 주변 사람들 모두 그를
만류했다.

"요즘 유튜버 나이를 보면 보통 10대, 20대인데 무슨 50대가
하냐면서 직원들뿐만 아니라 주변 지인들도 다 반대를 했었어요.
제가 예전에 네이버 밴드, 블로그, 페이스북 등 다양한 SNS 마케
팅 공부를 했었는데, '이제는 글이나 사진에서 영상으로 가겠구나'
라는 확신이 있었어요. 그런 것들을 보니까 선택의 여지가 없더라

고요. 무조건 해야겠다는 생각이 들었죠."

가장 먼저 해야 하는 건 절대 시간 확보

"기존에 하고 있는 일이 부동산 재테크, 마케팅, 외부 강연 등 다양하고 바쁘다 보니 시간을 내는 것이 어려웠어요. 유튜브를 하려면 절대적인 시간을 확보해야 되잖아요. 그때 제가 하고 있는 일 중에서 중요하지 않은 것을 하나씩 포기하고 그 시간을 확보해서 유튜브를 시작한 거예요. 유튜브 해보시면 알겠지만 적어도 하루에 콘텐츠 만드는 시간이 최소 서너 시간은 걸리거든요. 그 서너 시간을 확보한 것이 작년 6월이었죠. 제가 사무실에 매일 아침 5시에 출근해서 8시까지 3시간 동안 콘텐츠를 만들었어요. 그걸 지금 10개월 넘도록 하고 있어요. 하루 일과가 되었어요. 유튜브를 하시겠다면 일정 시간을 무조건 만들어내야 해요."

시청자들에 대한 기본 매너를 갖춰라

"제가 유튜브를 하려는 분들께 항상 말씀드리는 게 스피치 학원을 다니라는 거예요. 말하는 게 준비가 안 된 사람이 말을 하면 듣는 사람 입장에서 신뢰감이 안 들고, 발음도 정확하지 않아서 메시지 전달력이 떨어져요. 우리가 똑같은 내용을 전달해도, 말하는 사람이 누구냐에 따라서 많은 차이가 있잖아요. 첫인상을 줄 수 있는 기회는 오로지 한 번밖에 없어요. 말하는 사람의 외모, 말투, 표정 이런 것들이 굉장히 중요하다고 생각해요. 적어도 유튜브를 할 때는 옷을 깔끔하게 입고, 특히 나이 드신 유튜버분들이라면 저처럼 안 하던 파마도 하고, 염색도 하고, 피부 관리도 받고, 비비 크림도 바르는 자기 관리가 필요하다는 거죠. 내가 충분히 준비된 상태에서 카메라 앞에 서는 것이 시청자들에 대한 기본적인 예의잖아요. 제가 요즘에 피부가 굉장히 젊어졌어요. 얼굴이 환해졌다는 소리를 많이 들어요. 유튜브를 하면서 외모 관리에 신경을 많이 썼는데 결과적으론 저에게 도움이 되는 것 같아요."

결국 오래 가는 것은 How to 콘텐츠

"수많은 콘텐츠가 있겠지만, 오래도록 사람들의 사랑을 받는 콘텐츠는 나의 문제와 고민을 해결해주는 How to 콘텐츠인 거 같아요. 그런 콘텐츠는 오래 갈 수밖에 없어요. 제가 하고 있는 게 다 그런 콘텐츠잖아요. 부동산 재테크도 사람들의 고민과 걱정, 1인 지식 기업도 인생 2막을 어떻게 할지에 대한 고민 해결이 담겨 있는 거죠. 제 콘텐츠는 사람들이 먹고 사는 가장 기본적인 문제를 해결하는 콘텐츠인 거죠. 생존과도 관련이 있잖아요. 특히 40~50대 분들은 대부분 은퇴를 직면하고 있기 때문에 이분들이 느끼는 은퇴 이후의 삶에 대한 공포는 말로 설명하기 어려워요. '내가 은

퇴해서 어떻게 먹고살지?' 죽느냐 사느냐의 문제인데 그거에 대한 How to 콘텐츠를 제공하고 있잖아요. 미국에도 초기에는 자극적인 콘텐츠가 인기가 많았는데 지금은 콘텐츠 질을 높이기 위해서 유튜브 측에서도 How to 콘텐츠를 많이 밀어준다고 하더라고요. 조금 느리더라도 내 구독자의 걱정과 문제를 해결해주는 콘텐츠를 하게 되면 그들과 함께 할 수 있는 이야기들이 더욱 많아질 거예요."

부동산 전문가들이 유튜브에서 다 실패하는 이유

"저는 부동산 재테크 같이 어려운 콘텐츠를 사람들이 쉽게 이해할 수 있도록 만들기 위해 최선을 다해요. 초기에는 부동산을 모르는 사람한테 브리핑을 많이 했어요. 그분이 이해가 잘 안 되면 다시 만들었어요. '지식의 저주'라고 하잖아요. 어느 정도 알면 당연히 다른 사람도 알 거라고 생각하고 너무 어렵게 설명하는 거죠. 그런 지식의 저주를 없애기 위해서 초기에는 브리핑을 한 거였는데 아니나 다를까 다들 이해를 못하는 거죠. 그래서 쉽게 만드는 노력을 많이 했어요. 될 수 있는 한 전문 용어는 빼고, 어려운 건 풀어서 설명하고, 비유해서 설명하고, 스토리텔링으로 사례로 설명하면서 콘텐츠를 만들어요. 다른 분야도 같은 맥락으로 접근하면 돼요."

힘들 때는 새벽 시장에 갑니다

"제 노트에 적어 놓고 항상 보는 글이 있어요. '오늘 내가 헛되이 보낸 하루는 어제의 죽은 이가 그토록 원했던 내일이다' 이걸 매일 아침에 보고 하루를 시작해요. 유튜브 콘텐츠 만들기가 힘들지만, 진짜 시한부 인생을 사는 분들에게는 그 하루하루가 얼마나 소중하겠어요. 유튜브의 힘듦은 정말 아무것도 아닌 거죠. 슬럼프에 빠질 때 저는 새벽 시장에 가요. 새벽 시장은 정말 삶의 에너지가 어마어마하잖아요. 택시 타고 가서 그 에너지를 탁 받고 오죠. 에너지가 빠질 때 쓰는 저만의 방법이에요. 자기계발서 읽어도 안 될 때가 있거든요. 그때는 현장에 나가서 피부로 느끼는 거죠."

채널명	승우아빠	구독자 수	23만 명
총 조회 수	1,764만 회	주 콘텐츠	요리
카메라	캐논 80D		
마이크	소니 UWP-D11		
편집 프로그램	어도비 프리미어 프로		

16년 차 경력의 요리사인 그는 중학교 동창 4명과 함께 주중에 한 번씩 만날 겸 유튜브를 시작했다. 그렇게 올린 동영상이 100개였는데 구독자는 700명밖에 되지 않았다. 한 개의 채널에 지나치게 많은 카테고리를 만든 게 문제였다. 그 뒤 자신의 전문성을 살린 요리 채널을 만들어 지금은 구독자 23만 명의 크리에이터 가 되었다.

채널명	〈책 읽어주는 남자〉 콘텐츠 그룹	구독자 수	130만 명 (인스타그램, 페이스북, 카카오 스토리, 카카오 플러스 친구, 유튜브)
총 조회 수	-	주 콘텐츠	지식, 에세이
카메라	-		
마이크	-		
편집 프로그램	어도비 프리미어 프로		

'책 읽어주는 남자', '지식을 말하다' 채널을 인스타그램, 카카오 스토리, 페이스북, 유튜브 등에 운영하며 총 구독자가 130만 명이다. 어린 시절부터 책 속에 있는 글을 수집하는 걸 좋아했던 그는 SNS에 글을 올리며 크리에이터가 뇌었다.

채널명	itsjinakim	구독자 수	**31만 명**
총 조회 수	2,153만 회	주 콘텐츠	패션, 뷰티
카메라	GH5, 캐논 G7X Mark 2, 캐논 빅시아		
마이크	로데 비디오 마이크로		
편집 프로그램	파이널 컷		

싸이월드 블로그를 운영하다가 플랫폼의 한계를 느껴 네이버 블로그를 시작했다. 하지만 네이버도 외국인이 찾아오기는 힘든 플랫폼이라는 사실을 깨닫고, 답답함에 전 세계 사람들이 하고 있는 유튜브로 넘어왔다. 지금은 세상 모든 사람과 소통하며 한국 문화, 데이트, 패션에 대한 영상을 주로 올리고 있다.

PART 6

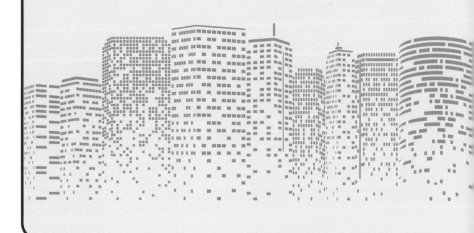

그럼에도 당신이
유튜버가 되기를
머뭇거리는 이유

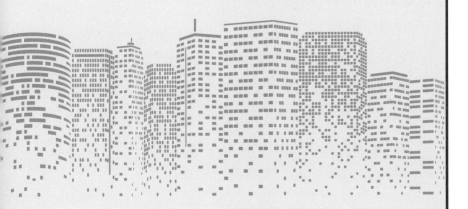

어떻게 레드오션을
돌파할 것인가

광화문 교보문고에 가면 사람들의 주요 관심사를 알 수 있다. 요즘 베스트셀러 매대에는 억대 연봉 유튜버의 도서와 함께 유튜브를 시작하는 방법을 안내하는 도서들이 많이 보인다. 아예 유튜브 관련 도서 매대가 따로 있을 정도로 사람들의 관심이 늘어나고 있다. 그만큼 유튜브 시장 역시 치열해지고 있다.

크리에이터들도 실제로 이 경쟁이 예전과 다르게 과열된 것을 느끼고 있었다. 유튜버 [유라야놀자]는 유튜브 시장을 포화 상태로 봤다. 유튜버 [승우아빠]도 같은 생각이었다.

"유튜브는 2017년에 시작했던 사람과 2018년에 시작했던 사람이 가지고 갈 수 있는 구독자 규모 자체가 달라요. 제 주변에 구독자가 많은 크리에이터가 저한테 말씀해주시더라고요. '승우 아빠가 2년 전에 시작했으면 지금 구독자가 50만 명은 충분히 넘고, 100만 명이 됐을지도 모르는데 작년에 시작해서 지금 고생하는 거고, 올해 시작했으면 10만 명도 안 됐을 거야'라고요. 맞는 얘기 같아요. 공급이 굉장히 많이 늘었잖아요."

공급자가 늘어난 것에 대해서는 그 누구도 부정하지 않는다. 하지만 여전히 그 속에도 기회는 있다고 유튜브 젊은 부자들은 말한다.

유튜버 [한국언니]는 유튜브가 레드오션이 됐다고 생각하지 않는다. 그렇게 치면 미국 유튜브는 한참 전부터 레드오션이었는데 기존의 유튜버들을 뛰어넘는 신생 유튜버들이 계속 생겨나고 있지 않은가. 실제로 해외 문화 유튜버 중에는 업로드 된 영상이 단 6개뿐인데, 구독자 수가 190만 명을 넘어선 크리에이터가 있다.

[Jennelle Eliana]란 이름의 유튜버는 흑인 여성으로, 밴을 타고 세상을 돌아다닌다. 집 없이 밴에서 살며, 흰색 뱀을 키우는 독특한 생활을 보여준다. 그녀의 첫 번째 영상은 조회 수가 무려 800만 회가 넘는다. 남들과 차별화된 콘셉트로 가파른 상승세를 보이고 있는 것이다. 이렇게 치열한 경쟁에서도 뜨는 사례는 국내에도 있다. [프리티에스더]는 말한다.

"유튜브가 레드오션이라고 하지만 콘텐츠가 정말 좋으면 하루

아침에 구독자가 크게 상승하는 경우도 있어요. 예전에 키즈 크리에이터 대회에 같이 나갔던 유튜버의 채널이 그 당시 구독자가 2만 명밖에 안 됐어요. 그 유튜버가 구독자 250만 명인 유튜버에게 멘토링을 받았었는데 그때가 한창 전업을 해야 할지 고민했던 시기였다고 하더라고요. 근데 지금 그 채널이 구독자 412만 명인 채널 [서은이야기]가 됐어요. 멘토를 뛰어 넘은 채널이 된 거죠. 유튜브는 그런 일들이 굉장히 비일비재하니까 희망이 있는 거죠."

유튜버 [효기심]은 본인만의 특색이 있으면 살아남을 수 있다고 강조했다.

"유튜브가 경쟁이 심해져서 조회 수나 구독자 수 올리기가 힘들어졌다는 것에 전 동의하지 않아요. 레드오션이더라도 옆에 치킨집이랑 다르게 자기만의 치킨을 만들면 돼요. 치킨집이 100개 있어도 내가 하는 치킨집이 제일 맛있으면 사람들은 줄 서서 먹게 되어 있어요. 남들이 치킨 파니까 '나도 치킨 팔면 그만큼 벌겠지', '쯔양이 먹방하니까 나도 먹방하면 그만큼 벌겠지'라는 생각으로 하면 안 될 수밖에 없어요. 똑같은 카테고리를 해도 본인만의 차별화되는 특성이 있어야 돼요."

유튜버 개인의 독특한 개성은 다른 유튜버들과의 경쟁에서 살아남을 수 있는 유일한 방법이다. 영화 리뷰 유튜버 200명이 동시에 영상 200개를 올린다면 시청자들은 그 모든 것을 볼 수 없기 때문에 그중에서 몇 개만 선택을 해야 한다. 그때 다른 영상과 구별되는 유튜버 고유의 색깔이 묻어나는 영상이라야 '이 영상은 뭐지?' 사람들에게 호기심을 유발하여 선택받을 수 있을 것이다.

한편 유튜브 젊은 부자들 중에는 오히려 지금 <u>유튜브는 레드오션이 아니라 블루오션</u>이라고 판단하는 사람도 있었다. 대표적으로 유튜버 [제이제이]는 10년 뒤에 시작해도 블루오션일 거라고 얘기했다.

"똑같은 걸 하려고 하니까 안 되는 거예요. 지금 성공한 사람들이랑 다른 걸 하면 돼요. 저는 지금도 특출하게 아이디어가 좋거나, 자기 캐릭터가 뚜렷하면 충분히 성공할 수 있다고 보거든요."

유튜버 [핫도그TV]도 같은 생각이었다.

"저는 완전히 블루오션이라고 생각해요. 할 수 있는 게 무궁무진하고, 아직 누구도 시도하지 않은 콘셉트도 정말 많아요. 제가 아는 다른 크리에이터들은 대부분 이렇게 판단해요. 아직까지 예상치 못한 곳에서 너무 쉽게 100만 조회 수가 터지잖아요. 그만큼 기회가 많다는 소리예요. 잘되는 사람만 계속 잘되는 게 아니에요. 심지어 아직 콘텐츠도 세분화가 안 돼 있어요. 먹방, 쿡방 이 정도로 되어 있지 한식, 일식, 중식 이렇게 안 되어 있잖아요. 우리가 밖에만 나가면 일식집, 중식집 이렇게 다양하게 있는데 말이죠. 그런 것만 봐도 유튜브에서는 아직 할 게 너무 많다는 거예요. 그리고 지금 유튜브를 제일 많이 보는 연령대가 초등학생들이거든요. 5년 뒤, 10년 뒤에는 유튜브의 시청층이 훨씬 다양해지기 때문에 그만큼 많은 기회가 있는 거죠. 유튜브는 무조건 해야 돼요."

그렇다면, 유튜브를 시작하는 사람들은 무엇을 해야 하는가? 치열한 경쟁에서 살아남기 위해 어느 정도 양의 경쟁에 속도를 맞춰야 한다.

유튜버 [단희TV]는 말했다.

"제가 2018년 6월에 유튜브를 시작할 때만 해도 부동산 콘텐츠를 다루는 유튜버들이 그렇게 많지 않았어요. 한 20~30명 밖에 안 됐죠. 지금은 수백 명이 넘어요. 1년도 안 되는 기간에 콘텐츠 공급자들이 엄청나게 많이 들어온 거잖아요. 앞으로 더 많이 늘어날 테고요. 그만큼 경쟁이 심해질 수밖에 없죠. 초반에는 1주에 한 두세 개의 영상을 올렸었는데 지금은 1주에 5개씩 올리고 있어요. 일단 양적으로 그들을 추월해야겠다는 생각이 든 거죠."

양의 경쟁에 속도를 맞춘 다음에는 끊임없이 유튜브를 분석해야 한다. 경쟁이 치열해지긴 했지만, 그래도 잘하면 뜨게 되어 있다. 단, 시장을 제대로 분석해야 한다. 분석한 뒤에, 무엇을 해야 되는지 정확히 알고 틈새시장을 찾는 것이 중요하다. 유튜버 [단희TV]는 경쟁이 치열한 시장에서 중요한 건 차별화라고 말했다. 준비 없이 유튜브에 진입하는 사람들은 고전할 것이다. 차별화 포인트를 분명히 가지고 진입해야 하는 것이 유튜브다. 넓은 바다에서 모든 고기를 다 잡으려고 하면 힘들다. 좁은 영역에서 독점을 할 수 있는 전략으로 가는 것이다. [단희TV]는 부동산 재테크 영상은 너무 많기 때문에, '40대 직장인'을 위한 부동산 재테크만 이야기하는 식의 전략을 취한다. 시장을 좁히고 그들에게 꼭 필요한 콘텐츠를 집중적으로 만들어 경쟁력을 갖추는 것이다. 이게 차별화고, 브랜딩이다.

설사 유튜브가 레드오션이 되었다고 해도 자신만의 콘텐츠는 결국 살아남는다. 유튜버 [제이제이살롱드핏]은 단순히 유튜버가 되고 싶다는 생각만으로는 성공할 확률이 희박하다고 말한다.

"단순히 유튜버가 되고 싶다는 생각만으로는, 경쟁이 생겼을 때 살아남기가 쉽지 않아요. 유튜브를 잘하려면 본인에게 확고한 콘텐츠가 있어야 돼요. 자신이 직접 만들 수 있는 전문 분야가 있어야 되고, 일주일에 내 아이디어로 3개의 콘텐츠를 만들 수 있어야 돼요. 그러기 위해선 본인이 진짜 참된 지식이 있어야 하고, 경험도 있어야 돼요. 만약 없으면 굉장히 힘들어요. 다른 채널을 계속 참고해야 하고, 모방한 티를 내면 안 되니까 적당히 또 섞어야 되잖아요. 이런 작업은 하루 이틀이면 가능해도, 채널을 지속적으로 운영하려면 본인의 콘텐츠가 제일 중요한 거죠."

지금까지 치열해진 유튜브 시장에서 살아남을 수 있는 여러 방법을 이야기했지만 결국 잘하든, 못하든 계속해서 유튜브를 지속할 수 있는 사람은 살아남는다고 본다.

내가 유튜브를 시작한 지 1년이 다 되어 가고, 유튜브 관련 도서까지 집필하다 보니 나에게 유튜브를 알려달라고 부탁하는 사람들이 꽤 많다. 그 숫자가 대략 30명 정도라고 친다면 그중에서 유튜브를 시작한 사람은 단 1명뿐이다. 심지어 그 1명조차 지금은 유튜브를 하고 있지 않다. 이렇게 남들과 치열한 경쟁을 시작하기도 전에 이미 탈락하는 사람이 많다. 아무리 시장이 치열하다고 해도 허수 또한 많은 것이다. 어쩌면 유튜브 젊은 부자들은 잘했다기보다 잘되든, 잘되지 않든 지속적으로 영상을 올려 살아남은 사람이 아닐까? 지금 이 순간에도 뜨는 채널은 반드시 있다.

현실의 그림자는
생각보다 거대하다

많은 사람들이 유튜버가 되고 싶어 한다. 그러나 한편으로는 유튜버가 되는 것을 불안해한다. 이번 스토리에서는 유튜브 젊은 부자들이 말하는 '유튜버로서 고려해야 하는 요소'와 '유튜브를 계속하는 이유'에 대해 다루려고 한다.

첫 번째 고려해야 할 요소는 '수익'이다. 유튜버는 항상 수익에 대한 불안감을 떠안고 살아야 한다. 최근 가장 각광 받고 있는 직업은 공무원이다. 사회가 너무 불안정하다보니, 안정적인 직장을 갖고 싶은 열망에 다들 노량진으로 모인다. 직장인들은 늘 '이놈의 회사 때려치우고 말지'라고 말한다. 그럼에도 불구하고 매일 아침 9시에 출근하는 이유는 매달 25일, 월급이 입금되는 안정적인 생활을 무시할 수 없기 때문이다. 확실히 직장 생활은 나의 근로에 대한 대가가 고정적으로 나오기 때문에 어느 정도 안정성이 보장된다. 반면 유튜버의 수익은 매달 변하는 것을 넘어, 매일매일의 수익마저 다르다. 유튜버 [MKH]는 이런 수익의 불안정성 때문에 힘들었다고 말한다.

"많은 시간을 쏟아붓고 있음에도 불구하고 수익이 너무 안 나왔을 때, 유튜브를 지속해야 되는지, 말아야 되는지 고민을 많이 했죠. 그때가 힘들었던 거 같아요. 그래서 더 많은 기회를 만들고 강연, 교육, 뭐든지 다 했었죠."

확실히 유튜브는 불안정하다. 다만 그 불안정함이 가진 장점은 수익의 높이 제한 또한 없다는 것이다. 자신이 어떻게 하느냐에 따라 더 많은 기회를 쟁취할 수 있다. 익명을 요청한 한 유튜버는 자신에게 유튜브는 꿈이었다고 얘기했다.

"2016년에 유튜브를 시작했을 때, 2달 동안 벌어들인 수익이 3만 원도 채 안 됐어요. 그런데 3개월 차에 벌어들인 수익이 380만 원이었어요. 저한테는 정말 어마어마한 액수여서 눈이 동그래졌죠. 그런 돈은 처음 만져봤거든요. 유튜브로 돈을 벌 수 있다니 너무 신기했어요. 은행에서 돈이 들어왔는데 받겠냐는 말에 희열을 느꼈던 기억이 나요. 그해 7월에는 수익이 1,000만 원을 넘었어요. 2018년은 조회 수 광고 수익만 2억 원 정도였던 것 같아요. 제 인생에 진짜 이런 날도 오는구나 싶었어요."

불법적인 일을 제외하고 세상에 단 3년 만에 연봉 2억이 될 수 있는 직업은 거의 없다.

하지만 금전적인 불안감은 유튜브 젊은 부자들도 마찬가지다. 이미 4개의 채널을 운영하며 구독자 124만 명이 된 유튜버 [유라야놀자]는 말한다.

"유튜버가 일반 직장인들보다 훨씬 만족도가 높은 것 같아요. 하지만 이 플랫폼이 영원하지는 않을 것이라는 불안감을 느껴야 한다는 것이 단점이에요. '만약 유튜브가 망하면 뭐 먹고 살지', '다른 플랫폼이 생기면 이동해야 할텐데 내가 거기서 다시 자리를 잡을 수 있을까' 하는 불안감이 있어요."

실제로 요즘 유튜브의 정책이 바뀌거나, 크리에이터의 부주의로 채널이 삭제되는 경우를 많이 본다. 정말 열심히 노력해서 올려놓은 채널이 한순간에 와르르 무너진다면, 그 높이만큼의 충격이 따를 것이다. 그렇기 때문에 유튜브를 통해 쌓은 인지도를 활용해 미리 그 위험을 대비해야 한다. 출판사를 통해 도서를 출간할 수도 있고 기업에 강연이나 컨설팅을 나가는 등의 다양한 기회는 있으니 수익처를 다양하게 만드는 것이 중요하다.

두 번째 요소는 '사람들과의 소통'이다. [EO]는 유튜버라는 직업이 남들에게 자기 이야기를 할 수 있는 게 장점이라고 얘기한다.

"사람은 누구나 이야기를 하기 위해서 태어났다고 생각해요. 어떤 사람은 제품을 통해서, 어떤 사람은 서비스를 통해서 자기 이야기를 하는데 크리에이터는 유튜브 덕분에 영상이라는 창작 도구를 활용해 자기 이야기를 할 수 있는 거죠. 사실 죽을 때까지 자기 이야기를 못하는 사람도 많잖아요. 유튜버에게는 그 기회가 주어진 거죠. 그걸 통해서 누군가와 연결되어 있다고 느끼는 건 정말 축복받은 일이에요."

많은 사람들에게 알려지는 것은 기분이 좋은 일이기도 하지만, 때로는 불편한 상황이 생기기도 한다. 내 목소리를 낼 수 있는 소통 창구가 생겼으나, 그 창구가 생긴 만큼 반송되는 사람들의 의견과 악성 댓글 또한 견뎌내야 한다는 것을 의미한다. 유튜버 [제이제이살롱드핏]은 그로 인해 힘든 점을 덧붙였다.

"밖에 나가면 사람들이 많이 알아보는 것이 힘들 때도 있어요. 비행기를 타면 스튜어디스분들이 알아보는 경우도 굉장히 많고, 백화점 쇼핑을 가면 직원 분들도 많이 알아보세요. 그래서 아무리 피곤하거나 상태가 안 좋아도 항상 누군가가 지켜볼 수 있고 구설수에 오를 수도 있으니 신경 쓰게 되더라고요."

<u>세 번째 요소는 '불평등과 평등'에 관련된 것이다.</u> 유튜버 [핫도그TV]는 말한다.

"유튜브의 제일 큰 장점은 기회가 평등하다는 거예요. 누구나 채널을 만들고 영상을 올릴 수 있잖아요. 연예인이 유튜버가 된다고 해서 반드시 잘되지 않거든요."

우리가 살고 있는 사회나 직장에는 보이지 않는 장벽이 있다. 성공을 가로막는 장애물은 학력이 되기도 하고, 때로는 인맥이 되기도 한다. 하지만 유튜브에는 그런 장벽이 없다. 심지어 유튜브는 크리에이터의 나이 제한도 없다. 유튜브는 누구에게나 평등하기 때문에 자신의 역량을 표출하는 데 가장 최고의 플랫폼이다.

네 번째 요소는 '자유와 자유가 가져다주는 책임'에 관련된 것이다. 유튜버 [리뷰엉이]는 본인이 하고 싶은 대로 일하고, 돈을 많이 벌어서 여유 시간을 즐기고 싶다면 유튜버만 한 직업이 없다고 말한다. 유튜브를 하면 자기가 원하는 시간에, 원하는 장소에서 일할 수 있다. 이 자유가 주는 행복은 이루 말할 수 없다. 시간 제약에서 자유롭기 때문에 여행도 자주 갈 수가 있다. 다만 그 자유를 잘못 누렸을 때의 책임 또한 자신에게 있다. 자기 마음대로 하다가 몰락하는 유튜버들을 우리는 심심찮게 본다. 그리고 자유는 있지만 그 자유 때문에 일과 삶의 균형이 무너지는 경우도 많다. 유튜버 [Miniyu ASMR]은 시간이 워낙 자유롭다 보니, 일과 휴식이 명쾌하게 나눠지지 않아 워라밸이 무너지는 것에 대한 스트레스가 있다고 말한다.

크리에이터의 장점은 시간, 공간에 제약이 없이 일할 수 있다는 것이다. 그런데 제약이 없다 보니 항상 조회 수와 댓글을 체크하고, 어디에 있든지 계속 일을 하는 경우가 생긴다. 일과 개인 생활의 경계가 무너지는 것이다. 내게 주어진 자유를 어떻게 사용하는지에 따라 그 자유의 힘은 완전히 달라진다. 자유라는 시간을 잘 활용해 창의력을 발휘하는 데 쓰는 것이 중요하다.

다섯 번째 요소는 '성취감'에 대한 것이다. 직장에서는 아무리 하고 싶은 일이라 하더라도 내 것이 아니다. 유튜브와 직장의 차이는 결국 '내 일이냐, 아니냐'인 것이다. 유튜버 [JAUKEEOUT x VWVB]는 말한다.

"저도 직장 생활을 2년 정도 했지만 회사를 나온 이유가 남의 것을 그만 만들고 싶었기 때문이에요. 저를 위한 제 것을 만들고 싶었거든요."

회사에서 일을 하면 생활이 안정되고, 여러 가지 혜택이 있지만 명확히 말해서 내 일은 아니다. 유튜브를 하게 되면 수익을 떠나서 나만의 콘텐츠가 하나하나 쌓이는 성취감이 무엇인지 알게 될 것이다. 마치 그 기분은 가수, 작곡가들이 앨범을 낸 것과 비슷하고, 작가들이 도서를 출간한 기분과 흡사하다. 그렇게 내 재산이 차곡차곡 쌓여 가는 것이다.

유튜버가 되는 길은 쉽지 않다. 유튜버 [한국언니]는 전형적인 엘리트 학생이었다.

"제가 유튜버가 되는 걸 어머니가 계속 반대를 했었어요. 제가 나름 공부를 잘해서 외고를 나왔고, 미국에 유학도 다녀왔는데 갑자기 유튜브하겠다고 하니까 '뭐, 유튜버?' 하고 놀라셨죠. 좀 번듯한 직업을 가지길 바라셨는데 일반적인 코스는 아니잖아요. 그래서 오히려 더 열심히 해서 졸업할 때쯤에 이걸로 돈을 벌고 뭔가 이뤄서 부모님을 설득하자고 생각했어요. 지금은 엄마도 너무 자랑스러워하세요. 아마 두려움 같은 게 있지 않으셨나 싶어요. 부모님 세대에게 유튜버라는 직업이 좋게 보일 수는 없잖아요. 안전성이 있는 건 아니니까요. 근데 지금은 오히려 그 가치를 인정해주시는 것 같아요."

특히 기성세대에게 유튜브로 돈을 번다는 건 여전히 먼 이야기처럼 느껴질 것이다. 세상이 바뀌었다는 것을 그 세상 안에 사는 사람들은 때때로 모르니 말이다.

직장과 유튜버 이 2개의 답안 중 꼭 하나만을 선택해야 하는 것은 아니다. 크리에이터 [책 읽어주는 남자]는 직장을 다니면서 채널을 운영하고 있다.

"제가 직장 생활 3년 차에 막 대리를 달았을 때 어떤 드라마를 하나 봤어요. 드라마에서 과장 2명과 부장 1명이 부서의 내년 사업 계획에 대한 이야기를 나누고 있었죠. 그때 어떤 이사님이 와서 부장과 어깨동무를 하면서 이렇게 얘기를 해요. '부장님께서 이달까지 일하고 그만두시기로 하셨어요. 회사를 위해 노력해주신 부장님에게 좋은 말씀 부탁드려요.' 그리고 장면이 바뀌면서 부장이 화장실에 앉아서 '내가 이 회사에 바친 게 얼만데' 하며 우는 장면이 있었어요. 제가 그렇게 안 된다는 보장이 없잖아요. 그때 무언가 시도해봐야겠다는 생각이 들었어요. 내가 뭘 좋아할까, 뭘 잘할 수 있을까를 고민했죠. 제가 옛날부터 책 읽기를 좋아하고 책 속에 있는 글 수집하기를 좋아했더라고요. 그래서 제가 치유 받았던 글, 공감 받았던 글을 올려서 사람들하고 나누기 시작했어요. 이게 첫 시작이었어요. 그리고 지금까지 회사를 다니면서 유튜브도 함께 운영하고 있어요. 직장 다니는 사람들 보면 매번 '뭐 하면서 먹고 살지?'라고 얘기하잖아요. 근데 막상 뭐를 하진 않아요. 제가 2012년도에 드라마를 보고 1개부터 시작했던 것처럼 한번 시작하셨으면 좋겠어요. 저도 지난 몇 년 동안은 잠잘 시간이 부족했어요. 저라고 퇴근하고 두세 시간씩 일하고 싶을까요. 피곤했지만 행복했던 시간이에요."

이처럼 일과 유튜브를 꼭 양자택일의 문제로 생각하지 않아도 된다. 회사 생활은 평일에 하고, 주말에 취미로 크리에이터 생활을 하는 것도 하나의 방법이다. 그리고 많은 사람들이 유튜버의 안정성을 고민하는데 과연 직장 생활은 정말 안전한 걸까? 오히려 내가 통제하지 못하는 것은 회사가 아닐까? 회사가 나를 더 불안하게 만드는 것은 아닐까? 안정적인 월급이 가져다주는 매혹에서 한 번쯤 떨어져 생각해볼 필요는 있다. 정말 이게 안정적인 것인지 말이다.

나는 여러분들이 유튜버를 하든, 직장 생활을 하든, 무엇을 하든 적어도 본인이 하고 싶은 일을 했으면 좋겠다. 그리고 그 일을 하면서 행복했으면 좋겠다. 나아가 그 일이 무엇이든지 스스로에게 쌓일 수 있는 일이었으면 한다.

유튜브 젊은 부자들과 인터뷰를 하면서 가장 좋았던 점은 자기 직업을 싫어하는 사람은 단 한 명도 없었다는 사실이다. 매주 새로운 일이 있고, 매일 재밌는 일이 펼쳐지기 때문에 다들 힘들지만 자신의 일을 정말 즐기고 있었다. 세상에 모든 것이 완벽한 직업은 없다. 유튜버를 하고 싶은데 고민이 된다면 우선은 유튜버의 장점만을 보자.

두려움을 이겨내고
열정을 불러일으키는 절실함

유튜브로 많은 돈을 벌 수 있다는 수많은 뉴스 기사 때문에 유튜브에 대한 사람들의 관심은 하루하루 높아지고 있다. 그렇다면 실제로 유튜브를 하는 사람도 많이 늘었을까?

내가 유튜버들을 인터뷰하면서 가장 궁금했던 것 중 하나는 이 것이었다. '유튜브 젊은 부자들의 지인들도 유튜브를 하고 있을까?' 아무래도 구독자 50만, 70만 명의 크리에이터라면 유튜브에 대해 잘 알고 있기 때문에 유튜브에 관심 있는 사람들이 손쉽게 도움을 요청할 수 있을 것이라고 생각했다. 기획은 어떻게 해야 하는지, 촬영 장비는 뭘 사야 하는지, 편집은 어떻게 해야 하는지 성공한 유튜버 지인이 알려준다면, 유튜버에 대한 부담감이 줄어들어

그 진입 장벽을 낮출 수 있을 것이다.

그렇다면 실제로 유튜브 젊은 부자들의 지인들 중에 유튜브를 하는 사람은 몇 명일까? 34.7%의 유튜버가 자신으로 인해 지인들이 유튜버가 되었다고 말했다. 생각보다 낮은 수치였다. 그마저도 대부분 지인 중 한두 명이 하는 정도였다. 유튜버 [단희TV]는 주변에 유튜브를 하라고 많이 권하는 편인데 정작 유튜브를 시작한 지인은 없다고 한다. 유튜버 [itsjinakim]도 주변에서 유튜버에 대해 물어보는 친구들은 많은데 시작한 친구는 없었다.

유튜버들의 지인은 왜 유튜브를 시작하지 못하는 걸까? <u>첫 번째는 당연히 두려움 때문이었다.</u> 유튜버 [승우아빠]는 말한다.

"제 지인 중에서 유튜브를 하는 사람은 없어요. 물어보기는 하는데 결국은 안 하죠. 두려움 때문에 시작을 못하기 때문이에요. 내가 모르는 것에 대한 두려움이요. 그리고 너무 막연해서 어디부터 시작해야 할지 모르는 사람들도 많아요. 이 두려움과 막연함이 합쳐지면 대부분 시작을 안 하는 것 같아요."

<u>두 번째는 노출에 대한 부담감 때문이었다.</u> 유튜버 [양품생활]은 말했다.

"주변 지인 중에 저 때문에 유튜브를 시작한 사람은 없어요. 다들 호기심은 있는데 실제로 실행에 옮긴 분은 거의 없는 거죠. 대부분은 자신이 노출되는 것에 대해 두려움이 크더라고요. 용기 있

게 한번 해보면 될 거 같은데, 그 한 번의 용기를 내기가 쉽지 않은 것 같긴 해요."

세 번째는 열정의 문제였다. 유튜버 [JAUKEEOUT x VWVB]은 말했다.

"일단 채널을 개설하고 영상을 올렸으면 좋겠어요. 그런데 고민만 하는 사람이 너무 많은 거 같아요. 제가 유튜브 처음 할 때 재밌어 보이니까 주변에서 다들 한다고 하는 거예요. 전 너무 좋았죠. 같이 할 수 있는 사람이 생기는 거니까요. 근데 정작 '내가 도와줄게 하자'고 해도 절대 안 해요. 안 하는 사람만 100명 있었어요. 하고 싶은 마음은 있는데 다른 우선순위에 밀리는 거죠. 유튜브에 대한 열정이 다른 거니까요."

유튜브를 하는 사람들의 이유는 제각기 다르지만, 유튜브를 시작하지 못하는 사람들의 이유는 다 비슷하다. 새로운 플랫폼에 대한 두려움이 열정을 가로막는 것이다. 두려움은 당신이 앞으로 충분히 나아갈 수 있는 추진력을 방해할 뿐이다.

그렇다면 유튜브를 시작한 사람 중에 잘된 사람이 있었을까? 유튜버 [핫도그TV]는 주변 지인 중에 유튜브를 시작한 사람은 많은데 구독자 수가 1만 명이 넘는 사람은 없었고, 유튜브를 해보고 싶어서 영상을 한두 개 올렸다 마는 경우가 제일 많았다고 얘기했다. 유튜버 [제이제이] 또한 같은 이야기를 했다.

"저한테 촬영 장비는 뭘 사야 하고, 어떻게 촬영해야 하는지 물어보는 사람들이 정말 많아요. 그중에서 시작하는 사람들은 10%도 안 되는 것 같아요. 저는 사소한 거에 신경 쓰지 말고 일단 찍어서 올리라고 말씀드리는데 시작을 못 해요. 시작할 용기 없이 물어보기만 하는 거예요. 그런데 시작한 10%도 구독자 1만 명 이상인 사람은 아무도 없어요. 영상을 두세 개 올려보다가 안 되면 말아요. 꾸준히 하는 사람이 없는 거죠."

유튜버 [프리티에스더] 또한 유튜브 강의를 통해 청중 중에 몇몇이 유튜브를 시작하긴 하지만, 그 비율이 매우 낮다고 한다. 교육 초창기 유튜브를 시작하는 경우가 많은데 5회, 6회까지 이어지지 않는다. 단시간 내에 퍼포먼스가 나오지 않기 때문에 포기하게 되는 것이다. 절실함이 없어서 이런 결과가 나온다.

그렇다면 이것을 어떻게 뚫어야 할까? 유튜버 [리뷰엉이]는 명확한 목표가 필요하다고 말했다.

"제 주변 지인 중에서 3명이 유튜브를 시작했는데 1명은 구독자가 5만 명 정도 되고, 나머지 2명은 채널이 망했어요. 차이점은 확실했던 거 같아요. 성공한 사람은 명확한 목표가 있었어요. 그 친구는 베트남과 한국의 문화, 베트남과 한국의 음악, 음식 얘기를 하는 채널을 만들었는데, 베트남에 가서 하고 싶은 일이 있으니까 벤치마킹도 하면서 꾸준히 하고 있더라고요."

유튜브를 시작했다고 하더라도 많은 사람들은 유튜브에서 가장 중요한 요소가 '지속가능성'임을 알지 못한다. 잘되는 채널을 만들기 위해서는 최소한 몇 개월 동안 열심히 해야 하는데 2~3개 올려보고 안 되면 접는다. 유튜브로 본인이 잘 될 수 있다는 확신이 없기 때문에 지금의 힘든 시간을 버틸 수 없는 것이다. 고통의 언덕을 넘어서야만 희망을 볼 수 있다는 단순한 사실을 유튜브에는 왜 적용하지 않는가.

나는 이 책을 집필하면서 수많은 크리에이터들의 채널을 봤다. 처음부터 어설프지 않은 사람은 한 명도 없었다. 그들의 첫 영상 또한 지금의 초보 유튜버들과 별반 다르지 않았다. 그들과 우리의 가장 큰 차이는 딱 하나였다. 일단 시작했고, 그걸 계속했다. 그것만으로도 유튜브 생태계에서는 가장 큰 경쟁력이 되는 것이다.

이미 플랫폼 비즈니스를 하고 있던 사람들도 매체가 텍스트, 이미지에서 영상으로 넘어가는 것에 대한 부담감을 가지고 있었다. 유튜버 [EO]는 말했다.

"카드 뉴스를 제작하거나 블로그를 하는 분들은 유튜브가 더 좋은 전달 방식이라는 걸 알고 있지만, 안 하는 분들이 더 많아요. 알면서도 안 하는 건 기업가 정신이 없는 거라고 생각해요. 기존의 플랫폼에서 명성과 부를 쌓았던 사람들이 유튜브로 가서 구독자 0명부터 시작해야 하는 것이 두려운 거죠. 자신이 가진 것들이 너무 무거워서 도전을 못하는 거예요."

실제로 텍스트와 카드 뉴스 콘텐츠 비즈니스는 지금 유튜브로 많이 넘어가고 있다. 콘텐츠 비즈니스의 과도기에 우리에게 기회가 있다. 물론 불안하고 무서울 것이다. 나 또한 작가라는 업을 가진 채 '유튜브를 시작하는 게 맞는 걸까' 수없이 고민했다. 그런 불안감을 가지고 있는 사람들에게 유튜버 [애니한TV]의 이야기는 큰 도움이 될 것이다.

"저한테 유튜브를 물어본 사람은 진짜 많은데 유튜버가 된 사람은 없어요. '내가 잘하지 못하면 어떡하지? 나는 편집을 잘 못하는데' 등의 두려움이 있는 거 같아요. '해봐야지' 하고 한 사람이랑 '할까 말까' 망설이는 사람의 차이는 어마어마하다고 생각해요. 그 한 끗 차이가 인생도 바꿀 수 있다고 생각해요. 제가 잘한 것 중에 하나가 '유튜브를 해야지' 생각하고 3일 만에 시작한 거예요. 망설이지 않았다는 거예요. 사람들이 항상 고민하잖아요. '나는 잘 못할 것 같은데 할까, 말까?' 이런 건 중요하지 않은 거 같아요. 두려움을 극복하고 일단 하는 게 중요하다고 생각해요. 일단 시작해보면 내가 뭘 잘하는지 알게 될 거고, 사람들이 원하는 게 뭔지 알게될 거니까요."

유튜브를 해야 한다는 걸 알고 있는데 실행에 옮기지 않는 사람에게 하고 싶은 말은 딱 하나다. 겁먹지 말자. 유튜브 바닥에 아직 전문가는 많지 않다. 지금은 예전처럼 영상에 대한 허들이 높은 시절도 아니다. 누구나 스마트폰으로 촬영하고 편집까지 할 수 있다. 굳이 돈을 못 벌어도, 실패하더라도 유튜브는 나 자신의 포트폴리오가 될 수 있다. 내 한계를 스스로 결정하지 말자. 유튜브로 인해 내 세계가 어떻게 달라질지 아무도 모른다.

□ADE IN ㅋOREA
learn & communicate
#dongdongsquad

채널명	Korean Unnie 한국언니	구독자 수	**73만 명**
총 조회 수	2,635만 회	주 콘텐츠	영어권 국가 대상으로 K-패션, 한국 문화
카메라	캐논 M50, 캐논 G7X Mark 2, 고프로 7, 캐논 빅시아, 소니 액션캠		
마이크	-		
편집 프로그램	파이널 컷		

미국에서 대학 시절을 보내면서 자연스럽게 유튜브를 접할 일이 많았다. 유튜버들이 세상에 말하고 싶은 것, 보여주고 싶은 것을 공유하면서 자기만의 브랜드를 쌓아나가는 모습에 매력을 느꼈다. '아, 나도 저렇게 되고 싶다'는 마음으로 유튜브 채널을 개설해 구독자 73만 명의 한류 대표 크리에이터가 되었다. 그녀에게 유튜브 채널은 꿈을 이루기 위한 최고의 플랫폼이었다.

채널명	MKH	구독자 수	10만 명
총 조회 수	1,769만 회	주 콘텐츠	국제 결혼, 다문화
카메라	캐논 80D, 삼성 갤럭시 S10 Plus, 고프로 6		
마이크	-		
편집 프로그램	어도비 프리미어 프로		

웹툰으로 호주 여자와 한국 남자의 문화적 차이를 다루는 콘텐츠를 만들었다. 그러다 직접 영상에 나와서 사람들과 소통하면 좋을 것 같다는 생각에 유튜브를 시작했다. MKH 채널에 들어가서 영상을 보다 보면 국제 결혼, 다문화에 관한 우리의 편견을 조금은 줄일 수 있을 것이다.

채널명	핫도그TV, 핫도그 스튜디오 [HOTDOG STUDIO]		
구독자 수	**97만 명**	총 조회 수	2억 9,077만 회
주 콘텐츠	엔터, 먹방		
카메라	캐논 200D, 캐논 800D, 소니 액션캠 X3000R		
마이크	소니 UWP-D11		
편집 프로그램	어도비 프리미어 프로, 파이널 컷		

원래는 개그맨이나 MC가 되고 싶었지만 계속해서 낙방했다. 군대를 다녀온 뒤, 남들과 똑같이 해서는 발전이 없겠다 싶어 유튜브를 시작했다. 어떤 콘텐츠를 만들까 고민하다가 친구랑 함께 노는 게 제일 재미있다는 걸 깨닫고, 그 주제로 영상을 찍었다. 지금은 구독자 97만 명의 채널을 운영하며 많은 사람에게 특별한 웃음을 선물하고 있다.

PART 7

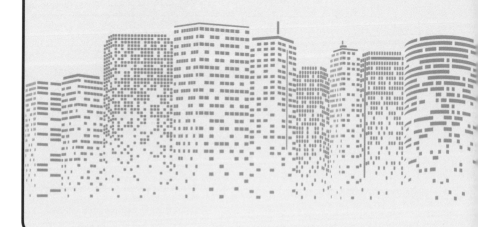

오늘의 유튜버가
내일의 유튜버에게

▶ STORY 35

당신도 유튜브 젊은 부자가
되고 싶다면

▶ 제이제이

"일단 시작해보세요. 영상 촬영을 할 줄 알고, 편집 능력이 있으면 좋겠지만 그런 능력이 없으면 스마트폰으로 대충이라도 찍어서 올리는 거예요. 어렵다고 생각하니까 어렵게 느껴지는 건데, 사실 쉽게 할 수 있거든요. 처음부터 완벽하게 하려고 하지 말고, 좀 내려놓고 시작하셨으면 좋겠어요. 그래야 시작할 수 있으니까요."

"처음부터 촬영 장비, 편집 프로그램 같은 거 복잡하게 생각하지 말고 일단 찍어보세요. 찍다 보면 유튜브란 세상을 알게 된답니다."

▶ 프리티에스더

"영상을 업로드했다고 끝이 아니에요. 한 시간 정도는 지켜봐야 해요. 실시간 데이터 조회 수 올라가는 게 10초마다 갱신되거든요. 저는 영상이 너무 재밌는데 조회 수가 생각보다 너무 안 나오면 썸네일과 제목을 싹 바꿔요. 사람들의 클릭을 유도하지 않는 이미지와 텍스트일 수도 있으니까요. 그다음에 댓글을 달아 준 구독자들한테 답변을 해줘요. 처음에 댓글이 많이 쌓이면 영상 추천에 좀 유리한 것 같아요.

초반에 구독자를 늘리기 위해서 무턱대고 맞구독을 하면 안 돼요. 만약, 맞구독을 할 거면 같은 카테고리에 있는 채널을 하는 게 좋아요. 그 채널에 가서 댓글도 달고 활동을 하면 제 아이콘을 보고 시청자들이 유입되는 경우도 있어요. 구독자가 1,000명이 넘어가면 메인 타깃이 되는 시청자들이 좋아할 만한 아이템을 가지고 콘텐츠로 승부를 보셔야 해요.

그리고 절대 초기에 장비를 사지 마세요. 스마트폰으로 4K의 화질까지 촬영 가능하고, 쉽게 편집도 가능하거든요. 처음부터 카메라와 편집에 욕심을 내고, 그걸 배우는 데 시간을 보내다 보면 어느 순간 좌절하게 돼요. 일단 시작하는 게 중요하잖아요. 뭔가 하나라도 만들어내는 게 중요하다고 봐요. 스마트폰으로 찍고 스마트폰으로 편집해서 영상 하나를 올리는 작업을 한번 해보는 거예요. 처음에는 너무 길면 힘드니까 영상 길이도 30초, 1분 단위부터 시작하자는 거죠. 일단 시작하는 게 중요한 거니까요."

▶ 제이제이살롱드핏

"유튜브가 지칠 때 영상에서 벗어나서 할 수 있는 나만의 취미나 스트레스 해소 방법이 필요해요. 카메라 앞에서는 항상 최상의 컨디션을 보여줘야 하잖아요. 아주 조금만 피로해도 카메라에는 잘 보이거든요. 좋은 컨디션을 유지하기 위해선 항상 즐거워야 하겠죠. 내가 스트레스를 받거나 기쁘지 않은 상태에서는 좋은 영상이 나올 수가 없어요. 크리에이터들도 자기 관리를 해야 된다는 거예요. 규칙적으로 숙면을 취하고, 좋은 음식을 먹고, 운동하는 것이 가장 기본이에요. 이 리듬이 깨지면 콘텐츠를 규칙적으로 올리는 게 힘들어져요. 몇몇 크리에이터들의 업로드 일정이 들쑥날쑥해지면서 구독자와 조회 수가 떨어져나가는 걸 많이 봤어요."

▶ 유라야놀자

"첫 영상이 굉장히 중요한데 사람들은 계정을 만든 뒤에 아무거나 올리는 것 같아요. 유튜브에서 첫 영상을 엄청 띄워주고, 그 영상을 기준으로 거의 등급이 매겨진다고 보면 돼요. 처음 만든 영상에 엄청 공을 들였으면 좋겠어요. 보통 처음 올리는 영상이 '저는 누구이고, 앞으로 이런 콘텐츠를 올릴 겁니다. 많이 지켜봐 주세요.' 하고 끝이에요. 그러면 안 되고 정말 심혈을 기울여 만들어야 해요. 유튜브 채널의 운명이 바뀔 수도 있어요."

▶ 효기심

"유튜브 알고리즘을 보면 영상을 자주 올릴수록 유리한 것 같아요. 하루에 하나가 가장 좋고, 이틀에 하나가 그다음으로 좋고, 사흘에 하나가 그다음으로 좋습니다."

▶ 양품생활

"저는 유튜버들의 조회 수 수익을 예측하는 사이트를 통해 같은 분야에 있는 크리에이터들의 데이터를 많이 봐요. 그 사이트에 들어가서 보면 이미 답이 나와 있어요. 한 분은 리뷰 분야에서 상위 5위 안에 드시는 분인데 그분의 조회 수 수익이 200만~300만 원이더라고요. 리뷰 카테고리는 조회 수 수익에 어느 정도 한계가 있는 거죠. 그런 걸 미리 분석해야, 그 한계를 뛰어넘기 위해 자신이 무엇을 해야 하는지 알 수 있다고 봐요."

▶ 승우아빠

"유튜브를 스마트폰으로 시작하라는 분들도 많은데 저는 현실적으로 장비도 중요하다고 생각해요. 남들과 다른 뛰어난 퀄리티를 보여주는 것도 하나의 차별화 전략이 될 수 있잖아요. 지금은 투자 없이는 경쟁을 뚫을 수 없습니다.

일단 제일 처음 수음이 잘되는 마이크를 사야 하고요, 두 번째가 조명, 세 번째로 좋은 화질을 위해 카메라를 사야 해요. 카메라는 요즘 스마트폰이 4K 화질까지 촬영 가능하니까 대체할 수 있지만, 음성이 울리거나 안 좋으면 보다가 그냥 나가버리거든요."

"진짜 유튜브를 해야겠다고 결심한 사람이라면 내가 좋아하는 게 뭔지, 내가 잘하는 게 뭔지, 나는 어떤 것들을 했을 때 즐거워했는지를 한번 되돌아봤으면 좋겠어요. 고민하다 보면 '나는 이런 사람이었구나, 그럼 이런 것들을 할 수 있는 사람이 되면 좋겠다'는 생각이 들 거예요."

"본인이 영상에 대해 배울 의지가 없으면 유튜브를 시작하지 마세요. 크리에이터인데 영상의 기본도 모르면 말이 안 되잖아요. 배울 수 있는 방법은 많아요. 유튜브에서 유튜브를 시작하는 방법에 대해 검색하면 다 나오는데 무작정 저한테 '유튜브 어떻게 해요?'라고 연락이 와요. 할 말이 없는 거예요. 크리에이터라면 기본적으로 촬영과 편집이 어떻게 이루어지는지에 대한 이해는 있어야 한다고 생각해요. 그런 것 없이 무조건 남한테 맡기고, '나는 스타가 될 거야'라고 생각하면 하지 않는 게 좋을 거 같아요."

▶ 핫도그TV

"유튜브를 무조건 많이 봐야 돼요. 요즘 어떤 채널이 잘되고 있고, 유튜브를 보는 사람들이 원하는 게 뭔지를 알고 있어야 되니까요. 분석을 해야 유튜브를 잘할 수 있어요. 가장 중요한 게 내가 하고 싶은 것과 사람들이 좋아하는 것을 섞는 일인데, 사람들이 뭘 좋아하는지 모르면 섞을 수가 없어요. 자기 생각 안에 갇혀 버려요. 그러면 해도 해도 발전이 없어요."

▶ MKH

"100가지 안 되는 이유가 아니라, 무조건 해야 하는 한 가지 이유가 있었으면 좋겠어요. 그게 확실해야죠. 왜 이걸 하는지가 명확하지 않으면 힘든 순간에 분명 포기하게 될 테니까요."

▶ EO

"'나는 누구에게 말을 하고 싶은가?', '나는 무엇을 말하고 싶은가?', '나는 그것을 왜 말하고 싶은가?' 이렇게 세 질문에 대한 답을 내려 봤으면 좋겠어요. 만약 내린 답변이 '나는 대학생들에게 말하고 싶다', '취업 준비에 대해 말하고 싶다', '많은 사람이 취업에 대해서 궁금해하니까' 라면, 거기에 대해서 한번 의심을 해봤으면 좋겠어요. 사람들이 진짜 궁금해하는 주제인지, 취업 준비생이 정말로 도움을 받을 수 있는 내용인지. 그런 시간이 있어야 내가 생각하는 게 나의 고집인지, 정말 누군가 원하는 콘텐츠인지 구분할 수 있는 것 같아요."

▶ 최마태의 POST IT

"영상을 만들 때는 구독자들이 어떤 걸 원하고, 어떤 걸 많이 볼까를 가장 중요하게 생각해요. 구독자층이 10대, 20대 여성이라면 이 사람들이 쫓는 가치관이 뭘까를 생각하고, 그 사람들이 봤을 때 내 영상의 가치관과 잘 맞을지 꼭 점검하고 찍어요. 그게 중요한 거 같아요."

▶ 유튜버 K

"솔직히 유튜브를 하겠다는 결심이 섰다면 100만 원은 투자했으면 좋겠어요. 그걸 가지고 마이크, 카메라, 삼각대 딱 3개만 사면 되거든요. 저는 100만 원 쓸 정도의 의지가 없으면 하지 말라고 해요. 이건 돈의 문제가 아니라, 의지의 문제라고 보거든요. 장비를 꼭 사지 않더라도 그 정도 투자할 마음도 없고, 의지도 없으면서 유튜브에서 어떻게 큰돈을 벌 수 있다고 생각하는지 모르겠어요. 그런 마음으로 시작하는 건 오히려 위험하다고 생각해요. 유튜브를 자영업이랑 비슷하게 생각하고 진지하게 접근했으면 좋겠어요. 정말 내 가게 하나 차리듯이 카메라는 뭐가 좋은지, 마이크는 어떤 게 수음이 잘되는지, 기획은 어떻게 하면 되는 건지 고민하는 채널이 당연히 잘될 확률이 높지 않을까요?"

당신의 인생을 바꿔줄
마지막 기회

▶ 제이제이

"내가 봤을 때, 내가 가지고 있는 재능이나 취미가 별 게 아니지만, 누군가가 봤을 때는 굉장히 흥미롭거나 훌륭해 보일 수 있어요. 이 세상 어딘가에는 내가 하는 일을 매력적으로 봐주는 사람들이 분명 있거든요. 그게 유튜브의 가장 큰 장점인 거 같아요."

▶ 단희TV

"40~60대 90%가 은퇴한 뒤에 노후 준비가 안 되어 있어요. 제가 이렇게 얘기하죠. '은퇴하고 막노동을 하시겠어요? 아니면 매일 영상 하나를 올리시겠어요?', '은퇴하고 보조금도 못 받고 하루 한두 끼 먹으면서 어렵게 사시겠어요? 아니면 영상 하나 올리시겠어요?', '자식들한테 손 벌리면서 평생 부담 주시겠어요? 아니면 지금 영상 하나 올리시겠어요?' 이게 현실이잖아요. 정말 정신이 확 들죠."

▶ 리뷰엉이

"유튜브라는 플랫폼은 사람들의 비전이나 꿈을 이루게 해주는 가장 빠른 길인 거 같아요. 다만, 그게 쉽지는 않으니까 각오를 단단히 하셨으면 좋겠어요. 저도 다른 걸 다 포기하고 유튜브에만 집중해서 여기까지 올라왔거든요. 큰 꿈을 갖고 있다면 유튜브는 당신한테 그만한 보답을 해줄 거예요."

▶ 애니한TV

"유튜브는 나를 알아갈 수 있는 기회라는 점에서 도전했으면 좋겠어요. 영상을 통해 수익을 내는 것도 중요한데, 영상을 찍다 보면 내 이야기를 하게 되잖아요. 그러면서 내가 누군지 알게 되고, 내가 좋아하는 게 뭔지 알게 돼요. 그런 시간이 참 값진 것 같아요. 박막례 할머니도 그렇잖아요. 처음에 할머니가 돈을 벌려고 한 것이 아니라, 손녀분과 함께 자신의 인생을 찾기 위해 시작한 거잖아요. 그러니 돈을 벌든 안 벌든 자신에게 값진 시간 아니겠어요?"

▶ JAUKEEOUT x VWVB

"유튜브를 하게 되면 단기간에 많은 돈을 벌 수 있지만 그보다 인생이 즐거워져서 정말 좋아요. 일반인들이 캠핑 가고, 스키 타러 가고 재밌는 일이 한 달에 한 번씩 있다면 유튜버들은 재밌는 일이 일주일에 몇 번씩 있어요. 그게 참 좋은 거 같아요."

▶ 야식이

"우리가 페이스북이나 인스타그램 계정을 만들 때 '이거 하면 성공할 수 있을까?' 이런 생각으로 하는 사람은 없잖아요. 유튜브도 그런 가벼운 마음으로 시작했으면 좋겠어요. 그러면 부담 없이 할 수 있는 거잖아요. 그렇게 가벼운 마음으로 시작해서 자기 장점을 찾아가는 게 좋을 거 같아요."

"연예인이 되지 않는 이상 살면서 이렇게 많은 사람과 만날 수 있는 기회가 유튜브밖에 없지 않나요? 저는 그것만으로도 충분히 도전해볼 가치가 있다고 생각해요. 내가 가진 장점을 알아봐 주는 대중들과 만나 소통하는 경험을 반드시 해보셨으면 좋겠어요. 유튜브를 했을 때 어떤 결과를 만들어낼지 아무도 모르는 거잖아요. 그 경험을 해보고 나서 할지, 안 할지 결정해도 늦지 않는다고 생각해요. 지금은 유튜브를 더 빨리 시작하지 않은 걸 후회해요. 저도 고민의 시간이 길었거든요."

"저는 유튜브를 취미로 하고 있는데 본업보다 많이 벌고 있어요. 본업에 영향이 가는 것도 없어요. 잠만 줄이면 충분히 병행할 수 있거든요. 의외로 한번 굴러가기 시작하면 어떻게든 알아서 하게 돼요. 본인이 하고 싶으면 일단 시작해보셨으면 좋겠어요. 어차피 살면서 취미 활동을 하잖아요. 그거랑 같다고 생각하면 시작하기가 쉬워요. 저도 처음에 요리 영상을 찍게 된 게, 집에 와서 저녁을 해야 하는데 그냥 하기보다는 10분, 20분만 더 투자하면 영상을 찍을 수 있단 말이에요. 평소에 TV를 보거나 운동을 하는 한두 시간을 유튜브에 투자를 하면 영상이 하나씩 쌓이는 거고요. 본인 의 생활 패턴 중에서 취미 활동에 쓰는 부분을 유튜브에 할애할 수 있다면 누구든 할 수 있을 거예요."

▶ 책 읽어주는 남자

"영상 한 개부터 시작하시면 돼요. 제가 처음에 시작했던 것처 럼 한 개부터요."

▶ itsjinakim

"지금 시대가 정말 말도 안 되는 세상이잖아요. 유튜브 톱 크리 에이터들을 보면 영상 하나로 스타가 되어 한 달에 몇억 원을 벌 고, 콘서트를 하러 전 세계를 돌아다니잖아요. 10년 전만 해도 이 런 세상이 올 줄 누가 알았겠어요? 이런 크리에이터가 본인이 되 지 말라는 법이 없잖아요. 일단 실패하더라도 꼭 시도를 해봤으면 좋겠어요. 해보면 실패의 순간도 많겠지만 많은 걸 배울 수 있을 거예요. 분명한 건 득이 되는 건 있어도, 결코 실이 되는 건 없다는 거예요."

"유튜브는 나의 가치를 드러낼 수 있는 플랫폼이라고 생각해요. 예전에는 연예인이 아니면 나를 드러내는 게 어려운 세상이었는데 지금은 아니잖아요. 스마트폰만 있으면 내가 어떤 사람인지, 나의 생각과 이야기를 남들에게 공유하고 세상에 보여줄 수 있잖아요. 저는 그 플랫폼을 통해 자아실현을 하고 있어서 너무 행복해요."

"좋은 영향력을 끼치는 사람이 돼야 한다고 말하잖아요. 근데 그 영향력을 미치는 사람이 대단한 사람이 아니라, 바로 내가 될 수도 있다고 생각해보셨으면 좋겠어요. 어떤 사람한테는 나의 작은 말 한마디가 그 사람 인생을 바꾸는 계기가 될 수도 있으니까요."

"유튜브를 해서 좋은 건 내가 혼자가 아니라는 걸 느낄 수 있다는 거예요. 내 이야기를 보고, 들어주는 사람이 있다는 거잖아요. 내 이야기를 누군가 들어준다는 거 자체가 굉장히 높은 차원의 만족감을 제공하는 거 같아요."

▶ 신사임당

"솔직히 유튜브는 진입 장벽도 없잖아요. 시작하는 데 어려울 게 아무것도 없어요."

▶ 최마태의 POST IT

"저처럼 인생을 기록한다고 생각하고 시작하면 쉬울 거 같아요. 하루하루 낭비하는 게 싫어서 영상으로 남기는 거거든요. 거기서부터 접근을 하면 좀 더 쉽게 시작할 수 있지 않을까요?"

▶ 제이제이살롱드핏

"본인이 잘할 수 있을 거라는 확신이 있으면 시작을 해야 해요. 시작하지 않고서는 모르는 거죠. 특히, 유튜브는 누구나 쉽게 시작할 수 있어요. 생각보다 장비나 편집에 부담을 가지고 있는 사람들이 많은데, 유튜버에게는 장비가 중요하지 않아요. 스마트폰으로 찍어도 좋은 콘텐츠가 나오면 구독자 100만 명을 모을 수도 있는 거고요. 스마트폰 영상만으로도 흥한 영상들이 아주 많아요. 제가 촬영 장비를 산 건 퀄리티로 승부를 보고 싶었고, 제가 남들보다 앞서나갈 수 있는 요소라고 생각했기 때문에 투자를 한 거예요. 그게 아니라 본인의 색깔이 있다면 그럴 이유가 전혀 없어요. 시작하는 건 나쁘지 않습니다. 나중에 안 되더라도 접으면 되고, 장비는 팔면 되니까요. 그러니까 일단 해보세요."

▶ 핫도그TV

"많은 사람에게 특강을 하면서 느낀 게 있어요. 특강을 하면 유튜브 운영에 대한 실질적인 방법을 알려줄 때가 있고, 용기를 심어주는 얘기를 주로 할 때가 있어요. 그런데 한 개인이 좋은 유튜버로 성장하기 위해선 그 어떤 실질적인 방법보다 용기, 즉 동기 부여가 더 효과적이더라고요. 못하는 것까지 할 수 있게 만드는 힘이 바로 희망의 힘인 것 같아요. 실질적인 방법을 알기 위해서 이 책을 보는 분들이 있겠지만, 실질적인 방법은 아무래도 경험으로 부딪히면서 얻는 게 훨씬 더 많아요. 다들 이미 답은 알고 있어요. 도전할 용기가 없을 뿐이지. 이 책을 통해 확실한 동기 부여가 되었으면 좋겠어요."

▶ KyunghaMIN

"어차피 한 번뿐인 인생인데 하고 싶은 거 하셨으면 좋겠어요.
남들 말 들으면서 하고 싶은 일을 못 한다면 너무 안타깝잖아요.
진짜 하고 싶은 일을 할 수 있는 수단과 방법이 유튜브라고 생각해
요."

내게 유튜브란
OOO이다

▶ 프리티에스더

"내게 유튜브란 제2의 인생이다."

"유튜브를 하지 않았던 2년 전과 지금의 라이프 스타일, 만나는 사람이 완전히 달라졌어요. 정말 신기해요."

▶ JAUKEEOUT x VWVB

"내게 유튜브란 좋은 플랫폼이다."

"제가 하고 싶은 것을 효율적으로 힐 수 있게끔 해주는, 현존하는 가장 좋은 플랫폼이에요."

Miniyu ASMR

<u>"내게 유튜브란 인생 2막이다."</u>
"인생 1막은 정체성을 못 찾아서 방황하던 시절이었다면, 인생 2막은 유튜브를 통해 나에 대한 자존감도 생기고, 방향과 정체성을 찾은 거 같아요."

itsjinakim

<u>"내게 유튜브란 기회다."</u>
"내가 지금까지 하고 싶고, 꿈꿔왔던 것을 할 수 있게 해주었고, 만날 수 없었던 사람들을 만날 수 있도록 기회를 줬어요."

MKH

<u>"내게 유튜브란 인생을 저장하는 아카이브이다."</u>
"인생을 저장하는 도서관 같은 곳이에요. 지난 6~7년 동안 저의 좋았던 순간, 힘들었던 순간이 유튜브 안에 있어요. 제 아들이 태어나기 전부터 태어나서 걷고 있는 지금까지의 모든 순간이 다 저장돼 있어요. 언제 어디에서나 그때의 숨소리, 감정들을 유튜브

를 통해 다시 보고 느낄 수 있어요. 유튜버가 된 뒤로 가장 행복했던 순간은 내가 살면서 행복했던 순간이랑 같아요. 제 모든 일상이 유튜브에 있으니까요."

▶ 승우아빠

"내게 유튜브란 좋은 취미이다."

"유튜브는 스스로 동기부여가 돼서 원하는 걸 할 수 있는 곳이에요. 제가 해봤던 것 중에 가장 좋은 취미인 거 같아요. 부채가 없는 1인 기업 같아요."

▶ KyunghaMIN

"내게 유튜브란 자서전이다."

"제가 뭘 하면서 살았는지 기억도 안 나는데 유튜브에는 다 나와 있어요. 하나의 자서전 같아요. 제가 살아온 길이 다 보이잖아요. 저는 유튜브에 대해 아무것도 몰랐기 때문에 구독자들과 함께 채널을 성장시켰거든요. 그러다 보니 미국, 러시아 등 20개 정도 되는 나라의 사람들과 같이 커왔어요. 전 세계에 있는 구독자 50만 명과 함께 쓴 자서전 같아요."

▶ 양품생활

"내게 유튜브란 대중을 만나는 접점이다."
"제가 이야기를 전달하고, 그에 대해 반응해주는 소중한 분들을 만나는 공간이에요."

▶ 책 읽어주는 남자

"내게 유튜브란 친구이다."
"함께 성장한 거 같아요."

▶ 핫도그TV

"내게 유튜브란 수단이다."
"어렸을 때부터 저로 인해서 다른 사람이 웃고 있으면 제일 행복하다고 느꼈어요. 그런 제가 가지고 있는 밝은 에너지나 좋은 행동으로 사람들을 웃게 하고 싶은데, 유튜브는 그걸 전파할 수 있는 강력한 수단인 거 같아요."

"내게 유튜브란 꿈을 향해 가는 과정이다."

"국제 정치를 잘 모르는 사람들에게 국제 정치에 대해 알려주고, 이미 국제 정치에 관심이 많은 사람들에게는 좀 더 쉽게 정보를 전달하는 역할을 하는 것이 제 꿈이에요. 유튜브는 그런 저의 꿈을 향해 가는 과정이에요."

"내게 유튜브란 내 존재에 대한 증명이다."

"제가 여기 존재한다고 얘기하는 거죠. 제가 방송국에 있다가 나왔잖아요. 제 동기들이나 선배들을 보면 JTBC 방송국 메인 앵커로 간 선배도 있고, 리포터를 하는 후배들도 많거든요. 친구들은 성장하는데 전 계속 멈춰 있는 것 같았어요. 근데 유튜브하면서 그게 많이 해소됐죠."

"내게 유튜브란 일기장이다."

"제 인생을 기록하는 사람이 되고 싶어요. 제가 있었다는 흔적을 영상으로 남기는 거예요."

▶ 유라야놀자

"내게 유튜브란 원동력이다."

"직장 생활을 하면 새로운 생각을 할 기회가 많이 없고, 똑같은 일을 계속하게 되잖아요. 근데 유튜브는 끊임없이 새로운 걸 생각해야 하니까 창작에 대한 원동력이 되는 것 같아요."

▶ 한국언니

"내게 유튜브란 삶의 과정이다."

"유튜브를 통해 저에 대해서, 이 세상에 대해서 너무 많이 배웠어요. 처음에 구독자 수가 늘지 않고, 수익이 없던 시련도 감사해요. 출퇴근 시간이 없기 때문에 자율적으로 제 삶을 컨트롤하고, 제 삶의 방향을 스스로 정하는 과정에서 많은 걸 배웠어요. 1년 전과 비교했을 때 채널도 성장했지만, 저 자신도 정말 많이 성장한 거 같아요. 사실 제 나이에 다들 취업 준비를 하고 있잖아요. 유튜브를 통해 수많은 경험을 쌓은 거죠."

제이제이

"내게 유튜브란 방송국이다."

"작가, PD, 촬영, 효과팀이 함께 있는 방송국의 콘텐츠에 밀리고 싶지 않아요."

세상에서 가장 행복한 직업이
여기에 있다

　내 콘텐츠의 중심에는 늘 사람이 있었다. 책을 낼 때도 다수의 사람을 인터뷰하여 그 내용을 바탕으로 도서를 출간하고, 유튜브 채널도 다른 사람과의 인터뷰 영상을 제작하여 올리기 때문이다. 그렇게 공식 인터뷰로 만난 사람이 500명이 넘는다. 그만큼 다양한 직업에 종사하는 사람들을 만날 수 있는 기회였다. 장관, 시장, 국회의원에서부터 대기업의 CEO, 메이크업 아티스트, 택시기사, 중국집 배달부 등 수많은 사람을 인터뷰했다.

　누군가 내게 "가장 행복한 직업이 무엇인가요?"라고 물어보면 선뜻 대답하지 못했다. 내가 인터뷰한 그들 모두 각자의 분야에서 열심히 일하여 성공했지만, 그들의 성공과 행복은 꼭 일치하는 것이 아니었다. 돈을 많이 벌었다고 해서 반드시 행복해지는 것은 아니니까 말이다.

하지만 이제는 그 질문에 '유튜버'라고 확실히 답변해줄 수 있을 것 같다. 어느 정도의 수익이 보장되었다는 전제 조건 하에 1인 크리에이터들이 가장 행복해 보인다. 대부분은 자신의 직업으로 의식주를 해결하는 것에 중점을 두지만, 그 직업으로 인해 행복하다고 말할 수 있는 사람은 많지 않다. 하지만, 유튜버들은 한 치의 망설임도 없이 유튜버라서 행복하다고 말한다. 그들의 이야기에 귀를 기울여 직업이 주는 행복에 대해서 한 번쯤 고민해봤으면 한다.

▶ 단희TV

"영상 하나를 올릴 때마다 행복감을 느껴요. 콘텐츠를 만들기 위해 기획하고, 촬영하고, 편집해서 업로드하는 과정이, 그 영상에 대해 사람들이 반응하고 구독자가 1명씩 늘어가는 이 모든 과정 자체가 설렘이고 행복이라는 거죠. 가끔 야외 촬영을 하는데 창피할 때도 있지만 완전 새로운 경험이잖아요. 50대 아저씨가 어디에서 이런 놀이를 해보고 이런 감정을 느끼겠어요. 정말이지, 10대 때 느꼈던 설렘과 행복을 지금도 느끼고 있어요."

"진짜 유튜브 덕분에 삶이 너무 즐거워요. 남편이랑 저랑 유튜브를 하면서 가정이 더 탄탄해진 거 같아요. 남편이 유학생이었어서 큰아이는 아빠의 공부하는 뒷모습만 보고 자랐어요. 나중에는 큰아이랑 아빠랑 안 친한 거예요. 그러다 두 사람이 함께 유튜브 촬영을 나가면서 사이가 정말 좋아졌어요. 영상을 찍으려면 어딘가를 나가야 하니까 함께 놀러 다니면서 큰아이랑 아빠의 관계가 많이 개선되었어요. 남편이 직장을 다닐 때는 퇴근이 너무 늦어서 아이 잘 때 들어오는 거예요. 근데 지금은 일을 하면서 오히려 가족과의 시간이 훨씬 많아졌죠. 내일도 에버랜드 가서 촬영하고 놀기로 했는데 그런 부분에서 진짜 만족도가 높죠."

▶ Miniyu ASMR

"제 영상 덕분에 '진짜 의사도 못 고치는 우울증을 고쳤다', '불면증을 고쳤다'는 메일이나 댓글이 생각보다 많아요. 어떤 분은 자살 시도까지 하셨었는데, 영상을 보고 정서적으로 많이 안정되었다고 쓰신 글도 봤어요. 그런 걸 볼 때마다 제가 사람을 살리고 있다고 생각되고 보람을 느껴요. 앞으로 10년 뒤에도 ASMR을 하는 게 목표예요. 오랫동안 ASMR 영상을 찍으면서 살고 싶어요."

▶ 야식이

"원래 직업이라고 하는 건 돈을 벌기 위한 목적도 있지만, 내 덕분에 누군가가 만족감과 행복감을 얻을 때, 직업으로서 가치가 있는 거잖아요. 예를 들어 김밥집 사장이 김밥을 진짜 맛있게 말아 서 손님에게 김밥을 내줬을 때, 그 손님이 김밥을 먹으면서 행복 해하는 걸 보면서 사장님이 뿌듯함을 느끼는 거잖아요. 모든 직업 이 마찬가지인 거 같아요. 유튜브 또한 그래요. 내가 돈을 버는 것 과 동시에 다른 누군가에게 도움이 되었을 때 굉장히 보람을 느껴 요. 이런 댓글을 본 적이 있어요. '유방암 2기 환우입니다. 항암 치 료 시작하고서 입맛이 없어 힘들 때 야식이 영상 보면서 힘을 냈습 니다. 항상 맛난 영상 고마워요.' 항암 치료를 받으시는 분들이 음 식을 잘 못 먹을 때 제 영상을 보면서 삶에 대한 희망을 찾는 거잖 아요. 그 댓글에다가 '더 힘을 내서 완치하시길 바랍니다'라고 썼 을 때 뿌듯함이 있죠. 이게 구독자들과 소통하는 거잖아요."

▶ 양품생활

"회사 다니면서 유튜브를 처음 시작했을 때는 하루에 거의 4시간밖에 못 잤어요. 4시간이라도 많이 잔 거죠. 주말은 당연히 못 쉬고요. 주말 내내 촬영을 해서 평일에 편집해야 하니까요. 정말 고난의 시기였죠. 힘들었지만 너무 재밌었어요."

▶ 승우아빠

"제 구독자 수를 볼 때 보람이 느껴져요. 구독자 23만 명이 절대 적은 숫자가 아니거든요. 제가 태어난 곳인 강릉 인구보다 많아요. 제가 만든 콘텐츠로 한 도시가 보고 있다고 생각하면 보람이 있어요. 그리고 매번 영상을 업로드할 때마다 만족감을 느껴요. 남들에게 보여줄 수 있을 정도의 뭔가를 만들어냈다는 성취감이 있는 거죠."

▶ EO

"지난 3년 동안 정말 행복했다고 말하고 싶어요. 처음 1년 동안은 '잘하고 있는 걸까'에 대한 불안감 때문에 행복한지 몰랐고, 지금은 '아, 내가 행복하고 좋아하는 일을 하고 있구나'를 인지하고 있어요. 제가 첫 사업은 성공했었지만, 그 뒤로 실패를 많이 했어요. 실패한 이유가 사람들이 좋아하는 가치를 못 만들었기 때문이라고 생각하거든요. 제가 만든 결과물이 사람들한테 외면 받은 거죠. 지금은 제가 만든 영상이 누군가한테 쓸모가 있고, 도움이 된다는 걸 느껴요. 그 보람이 엄청 큰 거 같아요."

▶ 제이제이

"지난 과정을 돌이켜보면 이 일은 힘들지만 참 재밌는 거 같아요. 내가 하고 싶은 일을 하고 있고, 즐겁게 살고 있잖아요. 매일 영상을 올리는 게 쉽지 않지만 감내할 만한 힘듦인 거 같아요. '리얼리뷰'라고 SNS의 과장 광고들을 격파하는 영상을 만든 적이 있는데, 요즘에는 과장 광고 소재를 찾으려고 해도 찾기가 힘들어졌어요. 저로 인해서 조금이라도 변화된 것 같아서 되게 뿌듯해요."

▶ KyunghaMIN

"저로 인해 러시아 사람들이 한국에 대해 알기 시작했을 때, 한국 분들이 제가 러시아에서 한복을 입고 한국을 알리는 것을 알아주셨을 때 정말 뿌듯하더라고요. 사람들에게 알려진다는 것이 조금 불편할 때도 있지만, 남들을 위해서 무언가 희생할 수 있는 것도 좋은 일인 것 같아요."

▶ 프리티에스더

"지난 2년을 돌아보면, 참 재밌었어요. 가끔 힘들거나 힐링이 필요할 때 제 채널의 영상을 자주 보거든요. 우리 가족의 영상이니까요. 그러면서 힘을 얻어서 다시 일어서요. 무엇보다 가장 좋은 것은 우리 가족이 함께 보내는 시간이 많이 늘어났다는 거예요."

▶ 제이제이살롱드핏

"행사 때 팬미팅을 한 적이 있었는데 수백 명이 오셨어요. 팬분들이 오셔서 편지를 전해주시는데, 편지를 읽어보면 '인생이 바뀌었다', '사람을 한 명 살려주셨다', '거식증이 있어서 우울증에 약도 먹고 너무 힘든 상황에서 당신의 콘텐츠를 만나 인생이 바뀌어 지금은 행복하게 살고 있다'는 내용이 있어요. 어떻게 보면 사람 인생이 바뀐 거잖아요. 그런 분들이 생각보다 정말 많더라고요. 어떤 분은 저한테 생명의 은인이라는 말씀을 하시는데 그런 분들을 만났을 때 굉장히 보람이 있죠. 어떤 분은 아기를 데리고 오셨는데 저를 보자마자 너무 좋아서 발을 동동 구르면서 막 우시더라고요. 저를 좋아해주시니 저는 정말 감사하죠."

▶ 리뷰엉이

"사람들이 제 영상을 좋아해주고, 댓글로 '정말 재밌게 잘 봤어요. 거의 방송 프로그램 수준이네요' 이런 댓글을 남겨주시면 기분이 제일 좋죠. 사람들이 제 채널을 봐주고 좋아해준다는 게 가장 보람찬 일인 것 같아요."

▶ 유라야놀자

"유튜브가 제 인생을 구했어요. 방송국 PD라는 직업이 좋지만, 너무 거기에 매여 내 시간도 없이 일했거든요. 유튜브로 성공한 사람들은 그만큼 여유가 있는 거잖아요. 유튜브가 제 인생을 바꾼 계기가 된 거죠."

"저도 구독자 0명에서 채널을 시작했잖아요. 아무것도 없는 학생이 자신의 힘으로 영상을 만들어서 구독자 73만 명까지 만든 거죠. 그런 걸 일궈냈다는 게 너무 신기하고 뿌듯해요."

"제가 엄청나게 큰 영향을 받은 게 '무한도전' 프로그램이에요. 진짜 힘들다가도 일주일에 한 번 '무한도전' 볼 때 실실 웃고 있는 제 모습을 보면서 저도 '무한도전' 같은 사람이 되어야겠다고 생각했어요. 그런데 사람들이 제 채널의 영상을 보면서 그렇게 댓글을 남겨요. '온종일 지쳤는데 영상 보면 너무 행복해요. 많이 올려주세요.' 그때 제일 행복해요."

"제가 채널에서 제공해드리는 정보를 통해 사진 촬영을 시작하신 분이 많아요. 그런 분들 보면 보람을 느끼죠. 후회하는 건 없어요. '왜 진작 안 했을까? 더 빨리 시작할걸' 싶죠."

"유튜브를 시작한 지 6년이 지났는데 카메라를 보고 이야기를 한다는 게 아직도 부끄러워요. 근데 재밌어요. 직업이라는 게 보통 똑같은 패턴의 일을 반복하게 되는데, 유튜브 콘텐츠는 다른 걸 계속 시도할 수 있잖아요. 웃긴 걸 할 수도 있고, 멋진 걸 할 수도 있고, 바보 같은 짓을 할 수도 있고요. 다양한 걸 할 수 있어서 너무 좋아요. 저는 다시 구독자가 0명이 된다 해도 할 거예요. 또, 제 영상으로 다문화 가정을 보는 시각이 바뀌었다는 댓글을 봤을 때, 제 다이어트 동기부여 영상을 보고 본인도 살을 뺀 후 인생이 바뀌었다는 댓글을 봤을 때 정말 기뻤어요. '나 같은 사람도 지구 저편에 있는 사람들의 인생을 바꾸는 데 도움을 줄 수 있구나' 생각하면 이 일에 대한 큰 자부심이 느껴져요."

채널명	EO	구독자 수	8만 명
총 조회 수	503만 회	주 콘텐츠	스타트업, 혁신
카메라	소니 A7M3, 소니 A6400		
마이크	소니 UWP-D11		
편집 프로그램	파이널 컷		

몇 차례 사업 실패를 겪으며 의기소침해 있던 그는 무작정 실리콘 밸리로 떠났다. 카메라조차 미국에서 샀을 정도로 아무 계획이 없었던 그의 채널은 지금 스타트업, 혁신에 관해서는 가장 인지도가 높은 채널이 되었다. 스타트업 창업을 고민하거나 혁신적인 생각을 꿈꾸는 사람이라면 일단 구독을 눌러두자.

한국에서 버텨내는 방법

신사임당 ●
구독자 28.7만명

구독중 🔔

홈   동영상   재생목록   커뮤니티   채널   정보   Q

업로드한 동영상 ▶ 모두재생

인기 업로드 ▶ 모두재생

채널명	신사임당	구독자 수	28만 명
총 조회 수	1,502만 회	주 콘텐츠	재테크
카메라	삼성 갤럭시 S10		
마이크	소니 ICD-TX650		
편집 프로그램	어도비 프리미어 프로		

영상 업로드 2개월 만에 구독자 10만 명을 달성했다. 쇼핑몰 운영 노하우와 돈을 벌 수 있는 방법에 대한 실질적인 정보를 제공함으로써 많은 사람의 관심을 받았다. 가장 특이한 점은 기획도, 촬영도, 편집도 간소화했다는 사실이다. 스마트폰 카메라로 촬영하고, 편집도 컷편집만을 주로 한다. 유튜브가 어렵다고 생각하는 사람들에게 나도 할 수 있다는 자신감을 심어주는 채널이다.

채널명	최마태의 POST IT, 최마태의 노잼일기장, Ripple_S		
구독자 수	81만 명	총 조회 수	2억 3,466만 회
주 콘텐츠	카메라, IT 리뷰		
카메라	소니 A7M3, 소니 RX100M5		
마이크	소니 UWP-D11		
편집 프로그램	어도비 프리미어 프로		

처음 영상을 찍을 때는 좁은 3평짜리 방에 조명과 카메라를 욱여넣고 촬영했다. 그 옆방에서 편집을 하며 10일 동안 집 밖으로 안 나간 적도 많았다. 하지만 지금은 60평 이상의 사무실에서 팀원 15명과 함께 영상을 만들고 있다. 카메라에 대한 부담감을 가진 사람들에게 최마태의 채널은 큰 도움이 될 것이다.

구독자 0명,
당신도 유튜브로
젊은 부자가 될 수 있다!

2018년 10월 29일, 유튜브에 내 첫 영상을 올렸다. 이 책을 보는 사람들과 마찬가지로 구독자 0명에서 시작한 내게 구독자 10만 명, 30만 명 같은 숫자는 너무 멀게만 느껴졌고, 솔직히 유튜브를 통해 돈을 벌 수 있다는 것 자체가 믿어지지 않았다. 그렇게 시간이 지났다.

3개월쯤 지난 2019년 1월, 처음으로 4만 원이라는 돈이 들어왔다. 금액의 많고 적음을 떠나서 내가 올린 영상 콘텐츠를 통해 돈을 벌 수 있다는 것이 너무 신기했다. 그러던 수익이 2월에는 40만 원이 되고, 3월에는 140만 원, 8월에는 조회 수 수익 465만 원에 브랜디드 콘텐츠 광고 금액을 합쳐 약 900만 원을 기록했다. 1년도 채 안 된 시점에서 내가 운영 중인 [김작가TV] 채널은 어느덧 구독자 5만 명을 돌파하고 있었다. 이제는 세상이 바뀌어, 부를 축적하는 새로운 방식이 등장했고 전에 없던 방법으로 수익을 창출하는 새로운 부자들의 시대라는 것을 받아들일 수밖에 없었다.

이 책은 인터뷰를 통해 만난 1인 크리에이터 23명, 유튜브 젊은 부자들의 이야기와 그들의 이야기를 바탕으로 직접 내가 유튜브를 운영한 경험을 기록한 체험기이다.

유튜브 젊은 부자들의 노하우 중에서도 현실적으로 독자들에게 꼭 필요한 내용이라 판단되면, 익명으로 전달하더라도 내용을 공유하기 위해 노력했다.

이번에 인터뷰를 하면서 모든 유튜버들에게 똑같이 질문한 것이 있다.

"유튜브 플랫폼에서 성공하기 위해 필요한 것 세 가지는 무엇인가요?"

첫째는 성실성이다. 내가 만난 유튜버 대부분은 정말 머릿속에 영상 생각밖에 없었다. '그래서 성공할 수밖에 없지 않을까'라는 생각이 들 정도로 그들의 노력에 응원의 박수를 보내지 않을 수 없었다. 사실 유튜브 시장에 아직은 전문가가 그렇게 많지 않기 때문에 이 노력이 차지하는 부분은 굉장히 크다. 한 유튜버는 얘기했다.

"20년 전에 게임을 하는 사람과 현재 시점에서 게임을 하는 사람의 능력 차이는 엄청 크다고 생각하거든요. 그때의 고수가 지금은 프로 게이머 자격조차 따기 힘든 시점이잖아요. 그런 측면에서 유튜브는 아직 20년 전이에요."

성실성의 여부는 많은 유튜버가 이야기한 실패한 유튜버의 특징과 맞닿아 있다.

"실패한 유튜버들은 열심히 안 해요. 진짜 열심히 하느냐, 안 하느냐의 차이예요."

둘째는 캐릭터 개발이다. 본인만의 색깔이 곧 구독자가 채널을 선택하는 경쟁력이 된다. 자신의 색깔을 만들기 위해서는 스스로나 자신을 잘 아는 것부터 시작하면 된다. 내가 어떤 사람이고, 내 매력을 어떻게 표현을 할 것인가 고민하고 개발해야 한다.

셋째는 콘텐츠의 차별화이다. 앞으로 유튜브 플랫폼의 경쟁은 더 심해질 것이다. 이 경쟁 속에서 '나는 어떤 부분을 차별화시킬 수 있을 것인가'에 대해 고민해야 한다.

이 모든 조건을 채웠다면 마지막으로 필요한 것은 '인내심'이다. 조급해하지 말고 기다릴 줄 아는 진득한 자세가 필요하다. 내 콘텐츠가 언제 뜰지 아무도 모른다. 그걸 믿고 기다려줘야 한다. 어느 정도의 고집과 인내가 필요한 직업이 바로 '유튜버'이다. '결과가 안 나오는데도 시간과 정성을 쏟아서 얼마나 꾸준히 할 수 있을 것인가?' 마지막에는 꾸준하게 한 사람만이 살아남을 수 있다는 것이 유튜브 젊은 부자들의 결론이었다.

위에서 말한 네 가지 조건만 형성되면 유튜브 플랫폼은 여러분을 성장시키는 날개가 되어줄 것이다.

유튜브가 다른 일과 구별되는 한 가지는 피드백이 굉장히 빠르다는 것이다. 나의 직업인 작가로 예를 들자면, 내가 아무리 열심히 집필을 한다고 해도 1년에 겨우 책 한두 권을 내는 것이 최대치다.

하지만 유튜브의 세상은 다르다. 내가 지난 1년 동안 만들어 낸 영상의 숫자는 200개이다. 그리고 그 피드백이 '잘한 거 같아요', '이런 부분이 좋은 거 같네요' 같은 추상적인 결과가 아니라 클릭률, 조회 수, 시청 시간 등으로 아주 정확하게 수치화되어서 나온다. 나 자신에게 내가 만든 결과물을 객관적으로 바라볼 수 있는 장을 마련해주는 것이다. 그때마다 자신의 콘텐츠를 냉철하게 분석하고, 다음번에는 더 나은 영상을, 그 다음번에는 더 나은 영상을 만들면 된다. 그렇게 인기 크리에이터가 되어 가는 것이다. 유튜브 젊은 부자들 모두 그런 길을 걸었다.

또, 자신이 크리에이터라면 자기 생각에 갇혀 있으면 안 된다. 나를 좋아해서 구독하는 사람들의 이야기를 들어줘야 한다. 내가 만든 콘텐츠들이 어쩌면 내가 하고 싶은 말만 가득 담은 지루한 영상은 아니었는지 늘 생각해야 한다.

이를 바탕으로 유튜브란 플랫폼에서 승자가 되었다면, 그때 고민해야 할 것은 내가 유튜브라는 플랫폼을 어떻게 벗어날 것인가에 대한 고민이다. 영원한 것은 없다. 언젠가 유튜브도 사람들의 눈에서 멀어질 것이다. 그렇기 때문에 유튜브 세상에서 정점을 차지한 사람은 역설적으로 유튜브 플랫폼의 한계를 벗어나야 한다. 이 플랫폼을 벗어나서도 자기만의 아이덴티티를 가지고 어떻게 대중 앞에 설 것인가에 대해 고민하는 것이 마지막 단계이다.

지금까지 수많은 이야기를 통해 유튜브에 대한 많은 조언을 줬지만, 결국 본인이 직접 해보지 않으면 모를 것이다.

프로 게이머 페이커는 "나에 대한 평가는 내가 가장 정확하다. 누구도 나에게 답을 주지 않는다"라고 말했다. 이처럼 자신에 대한 정답은 스스로 찾는 것이지, 남들이 주는 도움을 받아선 결코 성장할 수 없다. 많은 사람들이 부딪히는 문제에 대해 누군가 정답을 내려줬으면 하지만, 그런 건 세상에 없다. 남들이 알려주는 정답이 내게는 오답일 수 있다.

그래서 이 책이 그저 여러분들이 유튜브 세상을 알 수 있는 참고서 혹은 유튜브를 시작하게 하는 동기부여 역할을 하길 바랄 뿐이다. 그렇게 유튜브를 시작하게 되어 본인의 경험으로 모든 걸 직접 겪기 바란다. 수많은 시행착오를 통해 유튜브는 여러분을 진정한 크리에이터로 만들어 줄 것이다.

내가 유튜브 젊은 부자들과 인터뷰를 끝낼 때마다 항상 마지막에 물어본 질문에 대해 이번엔 내가 직접 답변해보면서 이 책을 마칠까 한다.

"유튜브로 활동한 지난 1년, 어떤 생각이 드시나요?"

"세상이 정말 많이 바뀌었더라고요. 이제는 개인의 노력에 정당한 대가를 얻을 수 있는 시대가 온 것 같아요. 지금 당장 시작해보세요. 저도 구독자 0명에서부터 시작했어요. 그 숫자가 무엇이 될지는 아무도 모르니까요."

구독자 0명에서 억대 연봉을 달성한
23인의 성공 비결

유튜브 젊은 부자들

초판 1쇄 발행 2019년 9월 26일
초판 7쇄 발행 2023년 3월 13일

지은이 김도윤
펴낸이 김선식

경영총괄 김은영
크로스교 봉선미 **책임마케터** 문서희
콘텐츠사업5팀장 차혜린 **콘텐츠사업5팀** 마가림, 김현아, 이영진, 최현지
편집관리팀 조세현, 백설희 **저작권팀** 한승빈, 김재원, 이슬
마케팅본부장 권장규 **마케팅4팀** 박태준, 문서희
미디어홍보본부장 정명찬 **디자인파트** 김은지, 이소영 **유튜브파트** 송현석, 박장미
브랜드관리팀 안지혜, 오수미 **크리에이티브팀** 임유나, 박지수, 김화정, 변승주 **뉴미디어팀** 김민정, 홍수경, 서가을
재무관리팀 하미선, 윤이경, 김재경, 안혜선, 이보람
인사총무팀 강미숙, 김혜진, 지석배
제작관리팀 최완규, 이지우, 김소영, 김진경, 양지환
물류관리팀 김형기, 김선진, 한유현, 전태환, 전태연, 양문현, 최창우

외부스태프 본문디자인 디자인 잔

펴낸곳 다산북스 **출판등록** 2005년 12월 23일 제313-2005-00277호
주소 경기도 파주시 회동길 490 다산북스 파주사옥
전화 02-704-1724 **팩스** 02-703-2219 **이메일** dasanbooks@dasanbooks.com
홈페이지 www.dasan.group **블로그** blog.naver.com/dasan_books
종이 아이피피 **인쇄 및 제본** 갑우문화사 **코팅 및 후가공** 제이오엘앤피

ⓒ 2019, 김도윤

ISBN 979-11-306-2592-8

다산북스(DASANBOOKS)는 독자 여러분의 책에 관한 아이디어와 원고 투고를 기쁜 마음으로 기다리고 있습니다. 책 출간을 원하는 아이디어가 있으신 분은 다산북스 홈페이지 '투고원고' 란으로 간단한 개요와 취지, 연락처 등을 보내주세요. 머뭇거리지 말고 문을 두드리세요.